河北省社会科学基金项目

XINGSHI RENYUAN SHEHUI SHIYING SHIZHENG YANJIU

刑释人员社会适应实证研究

任建通 著

河北大学出版社
·保定·

刑释人员社会适应实证研究

XINGSHI RENYUAN SHEHUI SHIYING SHIZHENG YANJIU

出 版 人：朱文富
责任编辑：田　阳
装帧设计：杨艳霞
责任校对：冯博楠
责任印制：常　凯

图书在版编目（CIP）数据

刑释人员社会适应实证研究 / 任建通著. -- 保定：河北大学出版社，2021.12
ISBN 978-7-5666-1974-7

Ⅰ. ①刑… Ⅱ. ①任… Ⅲ. ①刑满释放人员－社会生活－适应能力－研究－中国 Ⅳ. ①D669

中国版本图书馆 CIP 数据核字 (2021) 第 260309 号

出版发行：河北大学出版社
地址：河北省保定市七一东路 2666 号　邮编：071000
电话：0312-5073019　0312-5073029
邮箱：hbdxcbs818@163.com　网址：www.hbdxcbs.com
经　　销：全国新华书店
印　　刷：保定市正大印刷有限公司
幅面尺寸：170 mm × 240 mm
印　　张：15.25
字　　数：223 千字
版　　次：2021 年 12 月第 1 版
印　　次：2021 年 12 月第 1 次印刷
书　　号：ISBN 978-7-5666-1974-7
定　　价：58.00 元

序

任建通博士的专著《刑释人员社会适应实证研究》即将出版。该书是以他的博士论文为基础增补、修改而成的，我作为他的博士生导师，看到学生在学术道路上的成长和进步，由衷地为他高兴。在接到建通博士的邀请后，很愉快地就答应为这本专著提笔作序。

这本专著可以看作是张晓红博士的专著《农村女犯人》（社会科学文献出版社，2018）的姊妹篇。这么说有两点理由。第一，都是在我的指导下，进入监狱开展实地调研，以此为田野材料撰写的博士论文。区别在于前者以在押女犯人为研究对象，后者以男性刑满释放人员为研究对象。第二，都采用了法律社会学的理论视角和研究方法。

我们都知道，逾越规范是要付出代价的。犯罪是一种触犯刑法的严重越轨行为，需要付出沉重的法律代价——坐牢。按理说，一个人服刑期满走出高墙后，被称为刑满释放人员（以下简称刑释人员），他的法律代价也就完结了，实则不然。《水浒传》中的林冲因误闯高俅的白虎堂被发配沧州，脸上还要被刺字，称之为“金印”。服满刑期的人回归社会，过去叫刑满释放犯（注意，还是“犯”!），现在叫刑满释放人员，这个特殊的称谓就像“金印”一样，将会伴随他的一生，终其一生不可磨灭。找工作、交朋友，这枚“金印”将如影随形，向人揭示着他不堪的过往。身份歧视，这是刑释人员回归社会面临的第一道难题。在信息时代，在大数据下，每个人都是“透明”的，无论你“小隐隐于野”，还是“大隐隐于市”，都躲避不过社会的“敞景式监视”。

刑释人员回归社会面临的第二个难题，是难以适应社会。一个人在高墙深院里度过了若干年的时光，接受了身体和思想上的规训，一旦回归社会，恍若隔世。社会变化日新月异，旧貌变新颜。这世界变了，他们连回家乡的路都找不到了，山还是那座山，河还是那条河，但都已不是他们进监狱之前的那个模样，物非人亦非。更不用说社会生活方式的巨大变迁，高铁、移动支付、外卖、快递，他们回归社会后很快就会发现，自己已经不具备生活的基本技能。

刑释人员社会适应问题不是我国独有之事实，而是一个世界性的难题。从社会治安综合治理的角度来讲，刑释人员社会适应是该系统工程中的最后一道防线。它既是对前期改造工作的效果检验，同时也具有预防重新犯罪的社会意义，所以受到世界各国的普遍重视。从某种程度上讲，任何刑释人员都将面临再社会化过程，即对社会再适应的复杂过程。当这样一个特殊的群体回归社会时，他们必然会面临人际关系、就业等方面的问题。可以说，刑释人员能否很好地适应当前社会，直接影响着他们的现实生活和再次出现违法犯罪行为的可能性，最终还会涉及社会的和谐与稳定。

任建通博士在书中对刑释人员适应社会的两个难题都有精彩论述。该书共分为七章，其中第六章是在博士论文基础上新增的内容。

第一章介绍了研究的背景、研究问题，对国内外刑释人员社会适应问题的相关研究进行了述评，并把研究的视角、田野、方法、意义进行了概括。

第二章主要分析了监狱内的时空规训。通过重回监狱进行观察、访谈与刑释人员具有类似经历的服刑人员，发现监狱在时间、空间上对服刑人员实施了全面控制和规训。在这个过程中，监狱通过定时的日常生活和隔离监视的空间，将规训式文化以连续的、不易察觉的方式渗透到服刑人员生活中的方方面面，以此剥离那些不符合监狱需要的特征，塑造合乎想象的个体或整体，这就导致他们重返社会时丧失了选择的能力。

第三章着重分析了高墙内的身体规训。监狱权力的运作是塑造服刑人员的重要方式，而纪律和监狱教育又是通过由外到内对身体的规训来实现形塑的。它通过躯体规训和思想规训把服刑人员塑造成为合乎监狱的要求，而监狱的规训最终成为服刑人员的“身体记忆”。监狱对服刑人员言语、思想和行为的教化与控制使他们适应了被动接受，丧失了选择和适应社会的能力，从而衍生出回归社会的障碍。

第四章分析了高墙外与高墙内文化的差异。基于监狱规训式文化和社会选择性文化背景的不同，该研究选取了规章制度、日常生活及行为规制三方面的内容对二者进行比较。经比较分析发现，受监狱规训式文化浸染的刑释人员从单一的、规训式文化场域与进入到多元的、选择性文化场域时，他们的观念、思想、认识、技术、经验等已经赶不上时代潮流，面对社会急速变迁中出现的多元选择的新元素，他们再次陷入从规训式文化到选择性文化的适应困境之中。

第五章论述了高墙外刑释人员关系网络的重组。基于社会关系网络的资源获取功能、组织管理辅助功能和日常生活联系功能的强大作用，它对个人的生存与发展起着重要的作用。在不同的社会结构下，个体或群体所建构的关系网络也存在差异。刑释人员在监狱内仅能和狱友交往，没有选择的权利。刑满释放后，他们虽然具备了选择关系网络的权利，但长期的监禁形成的“污名”效应，使他们在选择社会关系网络的过程中遭遇了冷漠对待和排斥，社会关系网络呈现出不同程度的疏远和分离，使得他们在社会交往中失去了选择的机会而困境重重。

第六章论述了高墙内外的专家指导系统。刑释人员从监狱场域回归到社会场域时，这一阶段又是发展社会化或者继续社会化的过程，他们为了适应当前社会的新形势、新特点，不断地进行学习来调适自身的角色要求。因此，我们要对他们进行分期、分阶段进行专家指导，即高墙内外的专家指导系统——监狱恢复型专家指导和社会发展型专家指导。应通过监狱（如适应型教育、模拟社会实训、职业技能培训、恢复型文化建设）、政府（如福利支持）、社会（如社区、社会组织、家庭的支持）和提升刑释人员主体抗逆力四个方面共同作用，使其恢复社会适应能力，与社会接轨，最终真正实现由“囚徒”走向“新生”。

第七章对整个研究进行了回顾与总结。总结了该研究文化的解释和尝试“跨域田野”的调查方法，探讨了规训式文化的相对价值，提出运用生命历程理论研究刑释人员社会适应问题是未来值得挖掘的学术富矿。

作者在研究中，力图创新性地运用法律社会学的理论和方法，其中有三点尤为值得赞许。

一是主体间性的视角。既往研究者们多是从一种“他者”的立场出发，以局外人的身份对这一问题进行“想当然”式的探讨，“主体视角”是缺位的，从而使研究结果的解释力相对较弱。该书试图摆脱既往同类研究的局限，去除附着在刑释人员群体身上的“他者性”，强调刑释人员主体建构，考察他们在适应社会过程中对于自己生活、行为意义的赋予，体现刑释人员的主体性和话语意义，让刑释人员既是叙述的主体，也是话语表达的主体。

二是文化的解释。该研究借鉴了布迪厄的场域理论，将刑释人员社会适应的个体行为与场域文化环境联系起来，试图以一种文化的理论来解释刑释人员社会适应的问题。由于监狱场域文化和社会场域文化之间存在着巨大的差异，这就导致了他们陷入了适应的困境。

三是尝试“跨域田野”的调查方法。该研究试图展现的是刑释人员从监狱生活到社会生活的整体过程，通过过程分析来解释刑释人员难以适应的原因。刑释人员社会适应的研究是一项历时性的研究，它需要研究者了解刑释人员在不同场域的生活状况。但由于监狱地理空间的隔离性、封闭性，在监狱的研究对象不可能短期内被释放到社会，而作者研究的刑释人员已经从监狱回归到社会上，如果不是重新犯罪，刑释人员就无法再次回到监狱中去，因此，研究者也就无法考察他们曾经在监狱的生活。面对现实中两个场域互相隔离的问题，作者试图通过一种共时性的方法来研究历时性的问题，以此实现历时与共时的通约化以及相互隔离场域间的衔接。作者尝试性地采用了“跨域田野”的方法进行研究。这种“跨域田野”的调查方法不是为了凸显研究的特殊性而“跨域”，主要目的在于解决两组具有共性的研究对象在“异域”间不能衔接的问题，是特殊问题特殊处理的方式，是不得已而为之。这就是《菊与刀》的作者本尼迪克特所谓的“仅可利用的研究方法和条件”。通过“跨域”实现了监狱与日常社会两个场域之间的衔接，破解了共时与历时不可通约的难题，展现了刑释人员在监狱和社会的不同生活形态，以动态的方式研究具有类似经历的刑释人员在社会和监狱的真实生活，呈现其全景图式。从一定意义上讲，这种“跨域”的方法可以对研究问题实现有效的延伸，将现实中分离的、具有相似性的人、事、景巧妙地裁剪在一起，把研究中出现的难题通过能动性的转化，使其得到有效的解决。

总体而言，该书在传承和借鉴国内外研究成果的基础上，通过质性研究，对刑释人员社会适应问题进行了积极探索，具有很强的理论和实践价值。未来，作者如果要将该研究更进一步深入的话，可以考虑将刑释人员所处区域、性别、生命历程、犯罪类型等方面的差异综合起来，作更全面的考察。

刑罚的目的，并不仅仅在于给予罪犯以法律惩罚，还在于对罪犯进行思想教育、行为矫正，使其重新做人、回归社会。在这个意义上来说，建通博士的专著既有理论意义又很有实践价值。该书不仅阐述了刑释人员适应社会的难题所在，分析了其中的原因，而且还提供了自己的解决方案和对策建议。这些都是在付出艰辛的田野调查、深入的思考和研究之后得到的，弥足珍贵。做为该书的第一位读者，我有责任向读者推荐阅读这本著作。

是为序。

中国人民大学社会学理论与方法研究中心　郭星华

2021 年 8 月 16 日于延庆　闻箫庐

前　言

当今世界正经历百年未有之大变局，我国社会正处于转型加速期。在传统消解和现代生成的巨变中，社会失范行为增多。一些大案、要案及恶性案件中不乏刑释人员的身影，如周克华持枪系列抢劫案等。从某种程度上讲，任何服刑人员刑满释放后必将面临再社会化过程。当他们重返社会时，这个庞大的特殊群体首先要面对的就是在人际关系、就业、求学、恋爱婚姻等方面的社会适应问题。这一问题能否得到很好地解决不仅会影响他们回归社会后的生活质量和重操旧业的可能性，最终还可能影响社会的稳定运行和更高水平平安中国地建设。由此，刑释人员回归社会后的适应状况问题需要我们给予密切关注。

刑释人员作为特殊的社会群体，一方面他们在适应社会正常生活方面呈现出“弱势”，另一方面他们在实施犯罪行为方面又表现出“强势”。刑释人员社会适应的“双维性”特征吸引了众多学者的关注。针对这一问题，法学领域的研究往往聚焦于探讨对刑释人员的法律保护和权利保障，试图通过调整法律保护机制、预测重新犯罪的方式将刑释人员社会适应问题纳入法律体系之中。犯罪学对刑释人员社会适应的关注，从社会防卫的层面将这一问题划入预防重新犯罪的领域，试图通过探究犯罪的原因来解决这一重大社会问题。社会学的有些研究则侧重于分析实践中的社会资本、社会排斥等阻碍社会适应因素，将刑释人员当作研究的客体来分析其不适应社会的因由。众多学者通过理论的探讨及个案的描述让我们看到了刑释人员社会适应的重重困境，同时也认识到刑释人员社会适应的多态面向。以往无论是从制度层面研究刑释人员社会适应的保障机制，还是从实践角度分析个案的生存状况，都是将刑释人员作为研究的客体进行探讨。在这种研究视角下，研究者所呈现或还原的事实真相是“他者”的建构，而非刑释人员的主体建构。鉴于以往研究中“他者”建构的非客观性，本研究将研究对象聚焦在暴力型犯罪的刑释人员个案上，通过主体间性的视角，站在刑释人员的立场上理解他们对问题的看法，让这些具有“类似经历”的服刑人员或刑释人员成为叙述和话语表达的主体，通过此种方式来考察他们从监狱到社会的“动态化”适应过程。这也是第一章中所要介绍的内容。

笔者在调研中发现，这些具有“暴力型犯罪”经历的服刑人员或刑释人员并非是龙勃罗梭所描述的“颊骨同耸、齿列不齐”的天生犯罪人，亦不是人们传统观念中“面目狰狞、阴险狡黠”的刻板形象，呈现在笔者面前的他们看起来和普通人并无两样，甚至在交谈中，他们的无助、忧虑、惶恐还使笔者心生同情与怜悯。而也正是这些人，在曾经的犯罪案件中表现出的残忍、无情是笔者所看不到的。那么，刑释人员为何难以适应社会？如何解释这样的困境？对于这些问题的理解，我们无法通过主观的判断去找寻答案，只有通过对刑释人员的理解，让他们成为研究的主体，才是析解这一问题的关键所在。

接下来，在第二章和第三章中，我们通过服刑人员的叙述和在监狱中的观察，勾勒出了服刑人员在监狱场域接受教育改造的“全景敞视”的生活。从时间、空间、身体三个方面全面地展示了服刑人员接受改造的情况。监狱场域既是服刑人员在监狱服刑期间的生活世界，又是他们被规训的客观关系存在的社会空间。从文化的角度来讲，这是一种监狱文化在时间、空间、身体上的具体体现。因此，本文借鉴福柯的“规训”一词，将监狱文化称为“规训式文化”，它通过外在的纪律、教育、生产等方式促使个体按照预定的计划在应该“做什么”和“怎么做”等方面符合规训机构的愿望，塑造合乎想象的个体或整体。当他们回归社会时，基于监狱规训式文化和社会选择性文化背景的不同，服刑人员从监狱场域回归到社会场域，一方面其角色发生了重大变化——由服刑人员转变为刑满释放人员；另一方面他们回归社会的过程实际上就是从规训式文化场域进入到社会选择性文化场域，这一过程也就是从文化冲突到文化适应的过程。

而第四章和第五章论述了高墙外社会变迁的日新月异和关系网络的变化，这些都是刑释人员回归社会所必然要经历和适应的选择性文化。面对激速的社会变迁，他们已悄然落伍并陷入多元选择的困惑之中。曾经不光彩的犯罪经历给他们带来了歧视和冷漠，社会关系理性化的趋势打破了传统以人情为纽带来联结的社会关系结构（如兄弟姐妹、亲戚、同学朋友、邻里），致使刑释人员社会关系网络出现了断裂和疏远，缺失了社会支持。客观来讲，刑释人员回归社会后虽然从形式上拥有了“选择”的权利，但他们已经在监狱规训式文化的作用下丧失了选择的能力，再加上当前多元社会的激速变迁和关系网络的变化使他们丧失了选择的机会，从而增加了适应社会的难度。

第六章论述了在高墙内外的专家指导系统作用下，如何从监狱、社会、家庭及培养刑释人员主体抗逆力四个层面促进刑释人员顺利适应社会。

第七章对整个研究进行了回顾与总结，并归纳出本研究可能的创新之处：一是我们将刑释人员社会适应的个体行为与场域文化环境联系起来，试图以一种文化的理论来解释刑释人员社会适应的问题。由于监狱场域文化和社会场域文化之间存在着巨大的差异，这就导致他们陷入了适应的困境；二是归纳出“跨域田野”的调查方法，并尝试通过此种共时性的方法研究历时性的问题，实现了共时性与历时性的通约化。最后，我们对规训式文化的相对价值和生命历程理论的运用进行了探讨，并指出本研究存在的局限性。

目　录

第一章　导论

他们，是一个“弱势”的群体。与普通的社会群体相比，他们都有曲折的经历和非同寻常的故事，与世隔绝的监狱生活已经使他们被规范化，“弱势群体”似乎已经成为他们的代名词。曾经的过错使他们失去了生活的支持、家人的接纳、社会的保护，出狱后也饱受世态炎凉、人情冷暖。面对生活节奏的加快、生存竞争的日趋激烈，他们该如何实现灵魂的救赎？

他们，是一个危险的群体。他们中的一些人缺乏辨别是非的能力，主观恶性较深，虽然经历了监狱再社会化，但仍抱有继续作案的侥幸心理。在监狱服刑期间，他们对未来感到绝望，对所受刑罚心感不公，怨恨社会、仇视法律，从而产生报复社会的对立情绪，人身危险性较高。回到社会后，他们常常成为一些大案、要案、恶性案件的“骨干力量”，让社会经受再罪之痛。

他们，是一个边缘的群体。因为不光彩的服刑经历，他们踏出监狱大门后大多谋生无着、就业无门，连最基本的生存也得不到保障；回到家中也得不到家人的支持和理解，家庭再不是心灵的港湾；在就业、婚姻等方面遭受到的社会排斥，使他们内心屡屡受挫，缺乏社会归属感，生存于社会的边缘。

他们，就是从监狱走出来的刑满释放人员①（以下简称刑释人员）。

---

① 广义的刑满释放人员是指刑罚执行完毕后被释放的人员，其中包括在监狱服刑和社区服刑的人员。为了体现刑释人员的社会适应性，本研究所考察的对象是狭义上的刑满释放人员，即仅指在监狱服刑期满回归社会的人员。

第一节　研究缘起和问题提出

一、研究缘起

犯罪是一种复杂的社会现象，它受到政治、经济、文化等多方面社会因素的影响。犯罪问题始终伴随着人类社会的延续而发展，并将随着人类社会的消亡而消亡。谈及犯罪必然要涉及服刑人员，而每一名服刑人员刑满释放后都将回归社会，因此，改造服刑人员、促进刑释人员适应社会便成为一个永恒的议题。可以说，刑释人员社会适应问题不是我国独有之问题，而是一个世界性的举足轻重的社会性难题。从社会治安综合治理的角度来讲，刑释人员社会适应是该系统工程中的最后一道防线，它既是对前期改造工作效果的检验，也是对重新犯罪的预防，所以受到世界各国的普遍重视。

从某种程度上讲，任何服刑人员期满释放后都必将面临再社会化，即重新适应社会的复杂过程。当这样一个特殊的群体回归社会时，他们必然会面临人际关系、就业等方面的问题。可以说，刑释人员能否很好地适应当前社会，直接影响着他们的现实生活和再次出现违法犯罪行为的可能性，最终还会涉及社会的和谐发展。

就目前情况来看，一些新问题、新矛盾的凸显，使社会刑事犯罪数量，特别是重新犯罪的发案率有增无减。社会上发生的一些大案、要案及恶性案件，大多由刑释人员所为，如周克华持枪系列抢劫案等。由此，刑释人员回归社会后的适应问题需要我们给予密切关注。党的十八届三中全会通过的《中共中央关于全面深化改革若干重大问题的决定》指出，要把创新有效预防和化解社会矛盾体制作为未来几年的重要举措之一。在这样的社会背景下，刑释人员社会适应问题显得愈来愈重要。

刑释人员这类特殊的社会群体，一方面他们在适应社会正常生活方面呈现出“弱势”，另一方面他们在实施犯罪行为方面又表现出“强势”。刑释人员社会适应的“双维性”特征吸引了众多学者的关注。针对这一问题，法学领域的研究往往聚焦于探讨对刑释人员的法律保护和权利保障，试图通过调整法律保护机制、预测重新犯罪等方式将刑释人员社会适应问题纳入法律体系之中。犯罪学领域对刑释人员社会适应的关注，从社会防卫的层面将这一问题划入预防重新犯罪的领域，试图通过探究犯罪的原因来解决这一重大社会问题。社会学中的有些研究则侧重于对实践中的社会资本、社会排斥等阻碍社会适应因素的探讨，将刑释人员当作研究的客体来分析其不适应社会的因由。众多学者通过理论的探讨以及个案的描述，让我们看到了刑释人员社会适应的重重困境，同时也认识到刑释人员社会适应的多态面向。但无论是从制度层面研究刑释人员社会适应的保障机制还是从实践角度分析个案，都是将刑释人员作为研究的客体来进行探讨的。在这种研究视角下，研究者所呈现或还原的事实真相是“他者”的建构，而非刑释人员的主体建构，从而致使研究结果不具有较强的解释力和针对性。鉴于以往研究中“他者”建构的非客观性，此次笔者将研究的对象聚焦于暴力型犯罪刑释人员的个案上，从他们的立场出发，以当事人的视角去理解他们对问题的看法，让这些具有“类似经历”的刑释人员成为叙述和话语表达的主体，通过此种方式来考察他们适应社会的过程。

二、问题提出

关于刑释人员社会适应的研究，大多数学者往往关注的是刑释人员的权利保障问题，静态地考察他们回归社会的制度性歧视，而极少有学者关注其从监狱到社会的过程。针对目前主流研究中将刑释人员社会适应“静态化”分析的现象，笔者认为刑释人员社会适应不仅是一种对困境的析解，更应是一种“动态化”理解的过程。

刑释人员社会适应问题是近代监狱改革运动的产物，是人道主义精神在刑罚制度上的体现，标志着社会共同体对于个体成员间休戚与共关系的新认识。20 世纪 90 年代以来，我国社会处于急速转型期，具体体现在经济快速发展、体制转轨和价值观念的更替。与此同时，我国的刑事犯罪状况不容乐观，根据国家统计局资料显示，自 2003 至 2012 年间，我国刑释人员的数量呈现上升趋势（图 1-1）。刑释人员因罪入刑，在监狱内经历了再社会化过程，重返社会后，他们将经历着艰辛的适应过程：一方面要进行自我保护，另一方面更需要社会给予支持和尊重。刑释人员由于其不光彩的过往，在知晓其特殊经历的社会关系结构网络中很容易被贴上犯罪的标签，同时又由于他们在服刑期间所处的监狱场域与社会场域基本处于区隔状态，使他们的社会适应能力相对减弱。因此，他们在适应日常社会生活，如就业、学习、人际交往、参与社会公共活动等时，就出现了适应的困惑。如果刑释人员重返社会后不能很好地适应社会，那么他们将存在重新犯罪的可能性，最终会影响到社会的稳定与和谐。因此，对刑释人员社会适应问题的研究不仅是关系到他们如何顺利回归社会的问题，而且是关系到保障社会良性运行和促进社会秩序得以可能的重大问题。

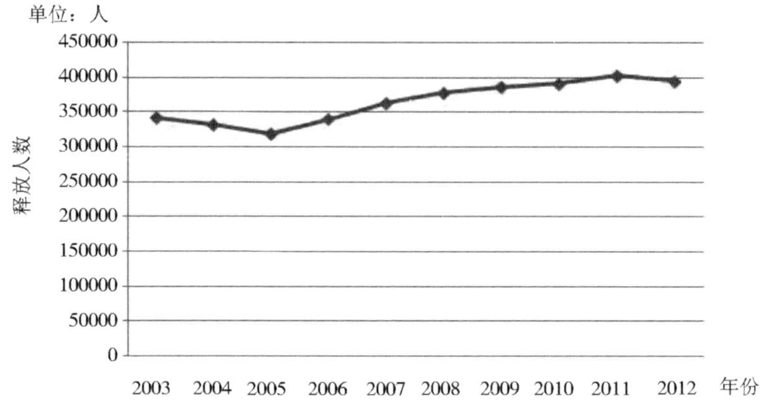

图 1-1　2003 至 2002 年我国每年刑满释放人数

数据来源：国家统计局网站。

本研究选取刑期较长的暴力型犯罪[①]的刑释人员作为研究对象，原因在

---

① 暴力型犯罪，是指使用暴力手段（包括以暴力相威胁），以特定的或者不特定的人或物为侵害象，蓄意危害他人人身安全、财产安全和社会安全的犯罪行为，如参加恐怖组织、强奸、抢劫、聚众斗殴、故意杀人、故意伤害、绑架、放火等具有暴力特征的犯罪行为。暴力型犯罪并不是刑法意义上的犯罪类型划分，而是犯罪学研究中以犯罪的手段和对社会的危害性来划分的犯罪类型，与其类似的还有“激情型犯罪”等。

于：一方面，与其他犯罪类型相比，暴力型犯罪对于社会的危害程度更大，如果这类刑释人员出现重新犯罪行为，就会直接威胁到整个社会的良性运行，研究这一类群体的社会适应问题更具有针对性；另一方面，与刑期短的刑释人员相比，刑期长的刑释人员对社会的变化感受更加深刻，而且在监狱服刑时间越长，监狱化的烙印在个体或群体身上体现得更加明显，他们适应社会的难度更大，可以更加真实地说明本研究涉及的问题。

笔者在监狱和社区的调查中发现，这些具有暴力型犯罪经历的服刑人员或刑释人员并非是龙勃罗梭（Cesare Lowbroso）所描述的“颊骨同耸、齿列不齐”的“天生犯罪人”，亦不是人们传统观念中“面目狰狞、阴险狡黠”的刻板形象，坐在笔者面前的他们，看起来和普通人并无两样，甚至在交谈中，他们的无助、忧虑、惶恐还让笔者心生同情与怜悯。也正是这些人，在曾经的犯罪案件中表现出的残忍、无情是笔者所看不到的。那么，监狱对服刑人员的矫正是否有利于他们回归社会？刑释人员为何难以适应社会？对于这些问题，我们无法通过主观判断去找寻答案，而通过对刑释人员的深度访谈，让他们成为研究的主体方是析解这一问题的关键所在。正如荷兰哲学家巴鲁赫·德·斯宾诺莎（Baruch de Spinoza）关于犯罪问题的教诲：“既不要谴责，也不要嘲笑，而要努力理解。”① 在本研究中，笔者站在刑释人员的立场，通过他们的口述来了解其回归社会后的适应状况，让他们成为叙事的主体，以此来了解刑释人员的处境和厘清事实的发展脉络。

第二节　文献综述

目前关于刑释人员社会适应的研究可谓卷帙浩繁，蔚为大观。众多研究者从不同的理论视角出发对这一问题进行了探讨，归纳起来主要包括刑释人员社会适应的困境研究和权益保障研究。

---

① ［美］托马斯等著，钱军等译：《不适应的少女》“前言”，山东人民出版社1988年版，第1页。

一、刑释人员社会适应的困境研究

刑释人员社会适应的困境问题作为社会防卫研究的重要内容，一直受到法学家和犯罪学家的青睐。在此，笔者从刑释人员的重新犯罪和社会排斥这两个主题进行回顾和分析。

（一）刑释人员的重新犯罪研究

这一视角主要探讨的是刑释人员因适应的困境而出现重新犯罪行为。学者们通过找寻重新犯罪的原因来实现社会防卫，客观上促进了刑释人员社会适应，包括内部因素和外部因素两部分。

第一，刑释人员重新犯罪的内部因素研究。内部因素片面强调人的主观意志和生理因素，如古典犯罪学派代表贝卡利亚坚持“自由意志论”，他认为犯罪是自由选择的结果，任何人都有同样的意志自由，都能根据自己的意愿选择实施或不实施某种行为。而边沁从功利主义出发，认为具有自由意志的人之所以去实施违法犯罪而放弃了遵纪守法的行为，原因在于功利的因素对人们起到了决定作用。① 换言之，任何社会成员都具有趋利避害的意识，尤其是对于犯罪者而言，实施犯罪行为的收益要远大于付出成本，这是一种理性选择的结果。依据古典犯罪学派的观点，刑释人员重新犯罪行为的出现完全是个体或群体自由意志或理性选择的结果，与社会、家庭、监狱等外在因素无关。

关于古典犯罪学派的观点，实证主义犯罪学派进行了批判，认为罪犯中很少出现自由意志的反常状态。实证主义犯罪学派代表龙勃罗梭于1876年在其《犯罪人论》一书中认为，犯罪是生理异常和一种隔代遗传（返祖）现象，犯罪与先天的生理异常相关。② 他在进行生理解剖的基础上发现，人的犯罪行为是先天遗传因素所致，实施犯罪行为的人都是“天生犯罪人”。依他的观点来看，无论是初次犯罪还是重新犯罪皆是先天的生物因素导致的。

在今天看来，龙勃罗梭的“天生犯罪人”学说不免有些片面，但它标志着

---

① 参见张远煌：《犯罪学原理》，法律出版社2008年版，第86页。

② 参见［意］吉娜·龙勃罗梭·费雷罗著，吴宗宪译：《犯罪人：切萨雷·龙勃罗梭犯罪学精义》，中国人民公安大学出版社2009年版，第14页。

人类开始把犯罪作为一种自然现象进行描述和解释的科学历程，用实证的研究方法取代了理性思辨的方法，开创了犯罪学研究的实证主义阶段。尽管如此，龙勃罗梭对犯罪研究的历史性贡献并不意味着可以掩饰其说辞的片面性，如片面突出犯罪人的生理因素，对外在的社会因素关注不够；对犯罪人的人格有很精细的描述，但这种描述本身也是不准确的。正因为如此，他的学说不断地受到批判和抨击。

国内学者主要侧重于刑释人员重新犯罪的心理研究。黄国强认为，刑释人员之所以存在重新犯罪的心理，是因为他们违法犯罪的思想根深蒂固，存在改造不彻底、犯罪人格的定型、心理不健康以及心理期待与现实社会相矛盾等方面的问题，导致了刑释人员重新犯罪率较高。① 还有研究者认为，道德品质低下、反社会人格突出、恶习成癖的不良动力定型②以及出狱后的自卑心理和报复社会心理③是刑释人员重新犯罪的个体心理归因。从刑释人员个体的心理进行归因来解释重新犯罪问题，虽然可以实现心理预防或个体预防，但个体的心理是由外部环境或社会结构所致，因此，刑释人员重新犯罪不完全是由个体的心理因素造成的，还需考虑到他们所生活的外部因素。

第二，刑释人员重新犯罪外部因素。将因外部因素重新犯罪与社会环境联系起来的理论有标签理论、社会失范理论、不同交往理论、非正式社会控制理论等。弗兰克·坦南鲍姆（Frank Tannenbaum）主要研究在城镇的成年人和未成年人犯罪群体，在实证研究的基础上归纳出犯罪的标签理论。他认为，“人会变成他被人们描述成的那种人”④。坦南鲍姆解释的是“贴标签”对青少年从正常社会行为到越轨社会行为出现所发生的作用。利默特（Lemert）借鉴了坦南鲍姆的犯罪标签理论，并根据“贴标签”的过程提出了越轨理论。利

① 参见黄国强：《刑释解教人员重新犯罪的心理原因及对策》，《福建论坛（人文社会科学版）》2010 年第 4 期。

② 参见殷晓：《重新犯罪的心理归因分析及其心理预防》，《中州大学学报》2004 年第 7 期。

③ 参见丁金城：《重新犯罪问题研究》，《铁道警官高等专科学校学报》2005 年第 1 期。

④ ［美］乔治·B. 沃尔德等著，方鹏译：《理论犯罪学》，中国政法大学出版社 2005 年版，第 265 页。

默特指出，社会成员的越轨行为产生的根源在于人们生活的社会环境，他还区分了初级越轨和次级越轨。[①] 他特别强调了次级越轨行为产生的原因，人们之所以出现次级越轨行为，是因为人们自身的形象所致。这种自身形象是一种经过他人否定性反应并转化为自我认同的趋势，即被贴上“犯罪的标签”。贝克（Becker）把犯罪标签理论作了进一步的推进，他认为，人们会把被贴上犯罪标签的人视为犯罪人，这种犯罪的标签将会成为被贴上标签的人的最重要的标签。[②] 例如，刑释人员由于被贴上了犯罪的标签很难在社会上立足，为了生存他们可能会重操旧业。最终，被贴上犯罪人标签的人的交往群体也会发生很大的变化，主要与那些同样被贴标签的人交往，从而成为社会的边缘人。[③] 因此，根据标签理论的推论，刑释人员重返社会时，当他们被贴上了犯罪人的标签就会加大其再次违法犯罪的概率。

标签理论的提出为解释刑释人员重新犯罪开拓了研究的视野，在解释重新犯罪方面发挥了一定的作用。一个人由于初级越轨而被判入刑，当刑期满释放后，其他社会成员对其存在一种否定性反应，即贴上“犯罪的标签”。一旦刑释人员把这种否定性反应转化成对自我形象的认同，次级越轨行为出现的概率将会大大增加。虽然标签理论对于深化犯罪社会学理论研究起到了积极作用，但由于该理论体系还不够完善，在解释犯罪方面还存在一定的局限性，如在研究激情犯罪方面就不具备较好的解释力。

迪尔凯姆（Émile Durkheim）在研究社会从机械团结向有机团结转型时提出了失范的概念。他认为，失范是社会中集体意识弱化的表现。在这种社会转变的过程中，假如法律规范在调节人们行为的过程中出现不恰当的情况，就会致使社会处于一种病态，即失范。[④] 沿着迪氏的功能主义路径，默顿（Robert

---

① 本研究所考察的具有“二次或以上犯罪”经历的刑释人员就属于次级越轨行为人群体。

② 参见 Howard S. Becket：*Outsideers：Studies in the Sociology of Deviance*，New York：Free Press of Glence，1963，pp. 32-33.

③ 参见［美］乔治·B. 沃尔德等著，方鹏译：《理论犯罪学》，中国政法大学出版社 2005 年版，第 269 页。

④ 参见［美］乔治·B. 沃尔德等著，方鹏译：《理论犯罪学》，中国政法大学出版社 2005 年版，第 134 页。

King Merton）借鉴并发展了社会失范或社会紧张理论，他将社会失范归结为社会紧张所造成的结果。在他看来，人们关于犯罪的相关解释应从社会、文化结构中去寻根溯源。任何一个社会都存在其本身所倡导的文化目标，并规范了实现目标的方式或手段，目标和手段之间是共存的。当人们缺失二者或其中之一时，社会失范状态便会出现。当人们去缓解这种失范状态时，犯罪便产生了。换句话说，社会出现失范状态是因为社会所倡导的文化目标与社会结构之间出现的张力所致。根据默顿的失范理论，处于社会不同阶层的社会成员所拥有的社会资源和获取资源的手段也是不同的。尤其是对于生活在社会底层的刑释人员而言，当无法通过合法的手段来实现文化目标时，就会出现紧张状态。当这种紧张状态在那些缺乏合法机会的人中造成一种失范状态时，他们就有可能用犯罪或重新犯罪的手段去实现“成功目标”。① 刑释人员重新犯罪行为的出现就是放弃了合法的手段来实现文化目标。社会失范理论为解释社会成员的犯罪行为提供了新的视角，但是在社会价值观念多元化的背景下，任何一个社会都无法形成统一的价值体系，这就使这一理论在解释具体的犯罪行为上存在着偏差。此外，社会失范理论很容易导致人们把犯罪仅仅看作是底层社会中缺乏机会和能力的社会成员所为，而在解释上层社会的犯罪方面具有较大的局限性。

塔尔德（Tarde）从个人与社会互动的过程角度提出了“模仿法则”②。他不赞同龙勃罗梭关于犯罪是由生理变态造成的理论，认为犯罪人主要还是生理正常的人，这些人由于家庭出身，在一种可使他们学习犯罪并将其作为他们的一种生活方式的环境中长大成人，即犯罪是人们后天学习的结果。他的模仿理

---

① 参见朱孜：《承实证主义之雄风，启科际整合之大势——对迪尔凯姆、默顿、赫希犯罪学研究之解读》，《铁道警官高等专科学校学报》2011 年第 5 期。

② 模仿法则的内容包括：一是一个人模仿另一个人的程度与这个人与另一个人接触的亲密程度成正比；二是低劣者经常会模仿优胜者；三是新的时尚总会取代旧的时尚。塔尔德的“模仿法则”不同于亚里士多德的“学习法则”，亚氏的“学习法则”论述的是单独的个人各种感官感觉之间的联系，而塔氏的“模仿法则”论述的是个人与个人之间的联系，这是与亚氏的不同之处。而塔氏的理论从本质上与亚氏一样，都是一种认知理论，在其中，个人被认为是通过联系其他思想观念而学习新的思想观念，而行为被认为是从这些思想观念中产生的。参见［美］乔治·B. 沃尔德等著，方鹏译：《理论犯罪学》，中国政法大学出版社 2005 年版，第 198 页。

论有力地批判了天生犯罪人论，对于犯罪的认识开启了新的征程。但由于塔尔德的模仿理论强调的是后天习得因素，解释的过程又过于简约化，在解释重新犯罪行为方面还存在诸多的缺陷。

在塔尔德犯罪学习理论基础上，萨瑟兰（Sutherland）提出了差异交往理论。萨瑟兰认为，人们的越轨或者犯罪行为不是先天的，更不是由于个体自身生理因素所致，而是在与他人的交往互动中逐渐形成的一种异常行为。也就是说，犯罪如同读书、绘画等其他行为一样，都是学习而来的。一个人之所以犯罪是因为他的赞同违法的观念压倒了赞同遵守法律的观念。按照萨瑟兰不同交往理论的观点，就个体交往差异而言，如果个体出狱后仍与犯罪群体交往很密切就很容易再次实施犯罪行为。可以说，差异交往理论对相当长时期内的犯罪研究起到了灯塔般的指引作用[①]。但根据差异交往理论的结论发现，犯罪人犯罪行为的出现在多大程度上是由于与其周围犯罪人交往而形成的，尚得不到证实，从而导致了不同交往理论在解释犯罪，尤其是重新犯罪行为上存在着一定的局限性。

桑普森（Sampson）和劳布（Laub）从个人与社会互动的过程角度提出了非正式社会控制理论。他们综合考察了人类行为的形成受制于每个人所生活的社会结构和社会因素间的相互作用。犯罪人在成年期的经历，如工作和婚姻会促进社会稳定性增强，从而抑制犯罪。根据非正式控制理论的结论，较强的社会纽带（工作和婚姻）与终止犯罪有很大关系，薄弱的社会纽带与持续犯罪有很大关系。[②] 因此，保持良好的婚姻关系和相对稳定的就业对刑释人员融入社会至关重要。

此外，Clemmer Donald 通过调查研究认为，服刑人员在监狱被监禁期间，

---

① 参见张杰、傅跃建：《萨瑟兰与犯罪学》，法律出版社 2010 年版，第 19 页。

② 参见莫瑞丽：《刑释人员回归社会中的社会排斥研究》，中国社会科学出版社 2010 年版，第 29—30 页。

他们已经被印上了监狱的印记，形成了“监狱化”① 的人格。而“监狱化”人格的形成增加了刑释人员重新犯罪的可能性，不利于他们回归社会。Fisher 等人认为，衡量假释人员②是否适应社会的重要标准就是他们是否重新犯罪。Fisher 等人不仅从家庭、就业、住房等层面对假释人员的社会适应问题进行了深入的讨论，还研究了上述因素对预防和抑制再次犯罪的重要作用。他们根据研究发现，在 51 个访谈对象中，有 10 人在释放后半年再度入狱，这是不适应社会的典型表现。③ 因此，促进刑释人员社会适应应加强预防重新犯罪的研究。但客观来讲，如果把重新犯罪与否作为衡量刑释人员社会适应好坏的标准，这是存在一定的片面性的。Eckland-Olson 等人认为，刑释人员回归社会初期处于兴奋和蜜月期，后因犯罪经历的标签效应往往会陷入消沉和沮丧之中，如果他们能够弱化或化解监狱经历污名化的负面效应，这将会有利于他们步入正常的生活，反之则亦然。④

受国外研究的启发和影响，国内一些学者对刑释人员社会适应问题的研究也把重新犯罪作为切入点。李均仁认为，通过树立劳动观念，尊重他人劳动成果；树立法制观念，尊重他人权利，培养罪犯良好习惯，以此来预防重新犯罪率的上升趋势。⑤ 但是，转换观念是否能够预防和控制重新犯罪还需进一步的验证。力康泰等认为，在刑释人员重新犯罪的原因结构中，监狱行刑的效果具

---

① “监狱化”反映了监狱特有的文化，服刑人员在日常生活中的一切活动都体现出监狱的意义，如吃饭、学习、交往等。“监狱化”的作用在于：首先，意味着服刑人员对监狱不再恐惧，导致监狱的威慑功能丧失；其次，意味着服刑人员对监狱生活的适应，使监狱成为服刑人员生存的时空选择之一，对于服刑人员来说，逮捕、定罪与判刑就是换一种生活方式；再次，意味着一种生活的依赖。在监狱中生活虽然被剥夺了自由，有人干预自己的生活，但只要遵规守矩，就会有“相对稳定”的生活。参见翟中东：《国际视域下的重新犯罪防治政策》，北京大学出版社 2010 年版，第 44 页。

② 虽本研究所界定的刑释人员范围不包括假释人员，但国外对于出狱人社会适应的研究对本研究有借鉴意义。

③ 转引自高梅书、张昱：《国外出狱人社会适应研究及对当代中国的启示》，《华东理工大学学报（社会科学版）》2013 年第 1 期。

④ 转引自高梅书、张昱：《国外出狱人社会适应研究及对当代中国的启示》，《华东理工大学学报（社会科学版）》2013 年第 1 期。

⑤ 参见李均仁：《转换观念，预防控制重新犯罪的上升趋势》，《犯罪与改造研究》1998 年第 5 期。

有举足轻重的地位。目前监狱行刑工作存在的问题与缺陷对刑释人员重新犯罪率居高不下产生了重要影响。从监狱行刑角度而言，沉重的经济压力、思想教育改造方面的欠缺、监狱干警队伍不适应形势发展和工作要求、改造方法不能适应犯罪构成的变化、减刑和假释的行刑调控功能未能充分发挥、改造中罪犯再社会化能力不足及社会帮教难以落实等导致了刑释人员回归社会后不能很好地适应社会，进而出现重新犯罪行为。① 关于如何改革监狱行刑模式以适应新形势和新要求，他们认为，一方面要从宏观层面营造和谐有序的改造环境，切实实现依法治监和监狱管理的社会化目标；另一方面需要完善的、切实可行的制度革新。如行刑调控制度的改革，对高重新犯罪率群体的分类教育改造，刑释人员保护措施的立法化、制度化，完善现有的刑罚执行制度等。

王志强从预防刑释人员重新犯罪法治化的角度提出，法律调整机制不健全是影响刑释人员现实处遇的主要因素。由此，我们应该注意从法律调整机制的正当性和目标性，理顺法律关系、充实法律规范、形成相应的法律调整体系，完善运行过程与效果的保障机制这三方面对刑释人员处遇法律调整机制进行完善。②

结合当前我国刑释人员重新犯罪率上升的现实，梅传强认为，预防刑释人员重新犯罪应当是一项系统工程，需要家庭、社会和刑释人员自身共同努力。③ 翟中东认为，监狱的改造受到诸多因素的限制，其功能是具有局限性的。④ 从实践来看，刑释人员回归社会后重新犯罪的因素是多元的，如果我们仅把监狱的教育改造当作预防和控制重新犯罪的基本对策，这是存在极大片面性的。目前，我国重新犯罪率不断上升，需要进行反思的内容不仅包括监狱对罪犯的改造效果和改造政策，还应包括对预防和控制犯罪的政策率进行适当的

---

① 参见力康泰、韩玉胜、袁登明：《刑满释放人员重新犯罪的原因及预防对策思考——兼论监狱的行刑改革》，《法学家》2000 年第 3 期。

② 参见王志强：《论刑满释放人员社会处遇的法律调整机制——预防重新犯罪法治化的再分析》，《中国人民公安大学学报（社会科学版）》2006 年第 6 期。

③ 参见梅传强：《预防重新犯罪的对策研究》，《重庆大学学报（社会科学版）》2000 年第 3 期。

④ 参见翟中东：《关于重新犯罪防治政策调整的思考》，《法学家》2009 年第 2 期。

调适和完善。石奎通过对刑释流动人员进行实证研究，探索出刑释流动人员重新犯罪的两种治理进路，一是“趋近”，二是“趋远”。[①]

此外，还有研究者对刑释人员的重新犯罪进行了预测和风险评估，如罗大华认为，对罪犯刑满释放后是否可能重新犯罪进行预测并提出预防建议，应作为监狱的一项任务。[②] 除了从心理诊断来预测刑释人员是否可能重新犯罪之外，还应考虑外在因素（如受到歧视、未安置、恋爱婚姻受挫、生活困难、家人不接纳等）和内在因素（如冲动、恶习未改、精神空虚、哥们儿义气、报复、自暴自弃等）。为此，预防刑释人员重新犯罪需要综合监狱预防、社会预防、家庭预防、个人预防于一体才能取得实效。孔一通过对浙江省出狱同期群的比较研究发现，刑释人员重新犯罪是亲犯罪积累、社会化功能紊乱以及资本落差的结果。[③] 因此，我们必须要对当前的行刑机制和社会政策进行重新审视和批判：一是预防重新犯罪不是通过某一时间点的某一种干预措施就能解决；二是不能只通过改造犯罪人而不改造社会来实现；三是刑罚的现实功能弥漫的是报应主义的迷雾，对预防犯罪意义不大。[④] 曾赟也对即将刑满释放的服刑人员重新犯罪风险进行了预测。经研究发现，服刑人员的年龄、本次服刑境遇、早年家庭依附、生平遭遇、不良交往等方面与是否重新犯罪都存在相关关系。这为监狱科学评估罪犯的教育改造质量和司法行政机关管理社会中的重新犯罪

---

① “趋近”重在信息动态管控；“趋远”就是建立一卡式动态管理系统，构建情报信息平台，及时、全面掌握刑释流动人员的动态。参见石奎：《预防刑满释放流动人员再犯罪问题的实证研究》，《西南民族大学学报（人文社会科学版）》2013 年第 2 期。

② 参见罗大华：《论对罪犯刑满释放后重新犯罪的预测和预防》，《政法论坛》1987 年第 1 期。

③ 亲犯罪积累是指一个人的再犯风险蕴含在他的经历和遭遇之中，是一种劣势积累和负强化的过程。社会化功能紊乱是指家庭、学校、单位、监所、社会组织这些社会化的基本场所和单元没能实现应有的功能，使再犯者没能通过纪律训练熟悉并遵守规则从而扮演合乎社会期待的角色。资本落差是重新犯罪的重要机制，即刑释人员在与自己纵比和与他人横比中认识到刑罚前后巨大的资本落差，这种落差导致主观的心理失衡，有时也直接带来客观的生存危机。这种资本落差不同于相对剥夺，相对剥夺指的是因自己与别人的横向比较而产生的巨大的差距。但二者对人的主观心理都造成一定的负面影响。参见孔一，《刑释人员再犯风险评估量表（RRAI）研究》，《中国刑事法杂志》2011 年第 10 期。

④ 参见孔一：《刑释人员再犯风险评估量表（RRAI）研究》，《中国刑事法杂志》2011 年第 10 期。

风险提供了一定的科学依据。[①]

总体而言，关于刑释人员重新犯罪的研究为刑释人员社会适应问题奠定了一定的基础，同时也提供了一种研究视角。但法学、犯罪学、心理学等领域的探讨只是围绕如何预防和控制重新犯罪问题进行，忽略了影响刑释人员重新犯罪最为重要的因素——社会适应状况[②]。从一定程度上讲，刑释人员重新犯罪行为的出现是其适应不良或者不适应社会的“最差”结果。在刑释人员的生活实践中，有的刑释人员可能会因为不适应社会而再次实施犯罪行为，有的则会采取“形式主义”[③] 的策略。因此，刑释人员社会适应问题的研究不能作为重新犯罪研究的补充，而应作为主要内容进行充分的刻画和分析。只有把刑释人员社会适应作为主要内容进行研究，才能展现刑释人员回归社会的真实图景，从而更加有针对性地解决问题，促进他们顺利地重返社会。

（二）刑释人员的社会排斥研究

关于刑释人员社会排斥的研究主要是分析他们在适应社会的过程中遇到了来自哪些方面的社会排斥，如就业、婚姻、社会保障等，这些社会排斥使得刑释人员面临适应社会的困境。

20 世纪 70 年代以来，伴随着欧洲资本主义国家产业和经济结构的调整，关于社会排斥的研究渐入人们的视野。最初，社会排斥概念的提出是为了解决贫困问题，后来才被广泛地应用于制定社会政策。1974 年，法国学者勒努瓦（Rene Lenoir）针对未被社会保险保护的群体提出“社会排斥”这一概念，认为受排斥者指的是被排除在就业、社会保险和社会安全网之外的特殊社会边缘群体，其中包括精神和身体残疾者、越轨者、药物滥用者、反社会的人和社会不适应者等。[④] 虽然最初关于社会排斥的研究往往与贫困相关，但这种影响又

---

① 参见曾赟：《服刑人员刑满释放前重新犯罪风险预测研究》，《法学评论》2011 年第 6 期。

② 刑释人员社会适应的状况取决于个体和社会等一系列因素，不能仅以是否重新犯罪作为衡量标准。

③ 默顿把个人适应社会的方式概括为五种：遵从、创新、形式主义、退却主义、造反。形式主义者是通过降低甚至放弃文化目标的方法来实现目标和手段的统一，这种人是不可能成为犯罪者的。

④ 转引自莫瑞丽：《刑释人员回归社会中的社会排斥研究》，中国社会科学出版社 2010 年版，第 36 页。

并非仅针对穷人阶层，而是对整个社会的研究起到了一定的作用。[①] 可以说，社会排斥在当前社会的概念范畴中并非仅局限于经济上的贫困，它已涵盖了人际交往和社会参与等方面的缺陷。简言之，社会排斥所突出的重点是社会联结的裂隙，这比社会不平等拥有更加复杂的意义。[②] 在正常的社会化方面，由于服刑的经历，刑释人员是一个“弱势”群体，会因在教育、就业、住房、生活技能、亲友交往等方面遭遇排斥而重新犯罪。

国内学者莫瑞丽认为，刑释人员在就业、社会保障、婚恋与家庭、人际交往等方面遇到的排斥导致他们在适应社会的过程中困境重重。[③] 骆群在分析了刑释人员养老保险现状的基础上认为，对于处于社会弱势地位的犯罪人而言，养老保险在保障刑释人员基本生活方面意义重大。刑释人员回归社会后，他们在养老制度中遇到了社会排斥，即养老金被部分剥夺或限制，这种合法但不合理的排斥是一种“非刑罚惩罚”。[④] 换言之，从刑罚执行的层面来讲，刑释人员所遭受到的这种“惩罚”是一种过度的惩罚，是监狱化烙印的延续和扩展，不利于刑释人员适应社会。应培礼与莫瑞丽的观点相似，由于刑释人员犯罪的经历与社会的污名化效应，他们回归社会后将在就学、就业、社会保障等方面面临重重困境，这将给他们带来客观上的困难。同时他强调，刑释人员在制度安排上受到更多的限制和排斥。客观来讲，一些法律制度方面的排斥在一定时期和范围内是具有合理性的，但是在执行过程中又过于宽泛和随意，这些问题都将是刑释人员社会适应的重大阻碍。[⑤] 因此，我们应不断完善当前的法律制度以保障刑释人员权利的实现，如刑释人员风险评估制度、政审制度等。

---

① 转引自刘柳：《从福利支持视角论刑满释放者的社会融入》，《国家行政学院学报》2014 年第 6 期。

② 转引自刘柳：《从福利支持视角论刑满释放者的社会融入》，《国家行政学院学报》2014 年第 6 期。

③ 参见莫瑞丽：《刑释人员回归社会中的社会排斥研究》，中国社会科学出版社 2010 年版，第 127—128 页。

④ 参见骆群：《非刑罚惩罚：犯过罪的人养老保险社会排斥探析》，《东北大学学报（社会科学版）》2008 年第 2 期。

⑤ 参见应培礼：《论刑满释放人员回归社会的制度排斥》，《法学》2014 年第 5 期。

吴鹏森、石发勇对1161名刑释人员展开问卷调查，分析了他们在适应社会中的阻碍因素。经研究发现，刑释人员遭受到来自于就业、人际关系、社会保障方面的社会排斥。这些社会排斥因素致使一部分刑释人员存在着严重的生存问题，且心理和感情方面的需求得不到满足。这些阻碍因素使得他们的基本权利难以得到保障，最终成为刑释人员社会适应的屏障。① 他们还对刑释人员的家庭关系、邻里关系、同学朋友关系等私人关系型的社会资本进行了分析，认为这些方面是刑释人员适应社会过程中的促进因素，尤其是在他们的就业过程中会发挥了积极作用。为充分了解社会不同系统对刑释人员的社会排斥状况，刘柳从福利支持的理论视角，通过伊瓦思的福利三角（家庭、市场、国家）理论解释了刑释人员面临的社会排斥，并以此种理论框架为基础建立刑释人员融入社会的机制。经研究发现，刑释人员所面临的社会排斥来源于社会关系网络、就业歧视以及社会福利政策，这三方面的排斥影响了刑释人员的社会适应和基本权利的实现。②

可以说，刑释人员社会排斥的研究为本书提供了可资借鉴的经验，正是源于如婚姻恋爱、就业、社会保障等社会生活的限制或排斥，阻碍了刑释人员融入当前社会，使得他们陷入适应的困境。但上述研究仅限于分析刑释人员回归社会的排斥因素，在当今社会转型的背景下这些研究不具有较强的解释力。原因在于，在改革开放之前的社会结构中，“单位制”是典型的社会结构特征。在传统的“单位制”③ 中单位为个人的生、老、病、死等方面承担着社会保障功能，而国家也通过单位网格化管理来实现对于社会成员的控制。社会成员的交往范围相对较小，而且人们很难从一个交往体系转移到另一个交往体系，单

① 参见吴鹏森、石发勇：《社会资本和社会排斥：刑释人员回归社会的影响因素分析》，《安徽师范大学学报（人文社会科学版）》2014年第5期。

② 参见刘柳：《从福利支持视角论刑满释放者的社会融入》，《国际行政学院学报》2014年第6期。

③ 单位制的典型特征是单位依附于国家，个人依附于单位，个人对单位具有强制性的依附关系。因为国家控制着绝大部分的资源和机会，所以单位组织必须依附于国家；由于国家是通过单位组织将资源分配到个人，所以个人必须依附于单位。这样就形成了一个国家—单位—个人之间强制性的依附关系结构。参见李路路：《“单位制”的变迁与研究》，《吉林大学社会科学学报》2013年第1期。

位中的个体与个体之间是一种小区域内熟人关系或者说是一种"'透明'的人际交往体系"①。从这个角度来看,个体一旦因犯罪而入刑,背负上不光彩的经历,那么他将被贴上污名的标签,更重要的是他被开除了"单位身份"。当其刑满释放后再回归到原来的社会环境中必然会受到来自制度、就业、婚姻、人际关系等方面的社会排斥。然而当前的社会已经相异于改革开放前的社会,面对社会的转型,具有中国社会结构特征的"单位制"已逐步被"社区制"所取代,其原有功能也渐趋式微,国家对社会成员的控制力逐步减弱,社会成员的流动性逐步强。人与人之间的交往方式也由原来熟人的"透明式"转入了陌生人的"匿名式"交往。因此,个体与个体之间假如不是熟知对方的背景就很难了解到对方的详细信息,也不会因为个人不光彩的经历而受到污名化或歧视。因此,我们认为,在当前的社会背景下,社会排斥是不具有较强的解释力的。除此之外,社会排斥不仅仅包括结构性排斥,还应包括功能性排斥,即因刑释人员自身功能上的欠缺而导致的排斥。

二、刑释人员社会适应的权益保障研究

该视角以人本主义为出发点,通过对刑释人员社会保护的探讨来实现他们的权益保障。从刑罚执行的发展历程来看,对刑释人员社会保护的研究是随着资本主义国家狱制的改良,以剥夺自由刑为主题的刑罚体系的建立而发展起来的。资本主义国家为了谋求社会的安定以维护自身利益,在提出对服刑人员实行矫正的同时,将预防犯罪的着眼点从刑前、刑中延伸到刑后,从而出现了对刑释人员的社会保护研究,主要包括社会保护组织的形成和保护措施两方面。

(一)刑释人员社会保护组织的形成

1776年,美国慈善家怀斯特创办了"费城出狱人保护会"来对刑释人员进行社会保护。"出狱人保护会"等组织从事行刑改良并通过实施善举来对刑释人员进行救助。出狱人社会保护组织是在西方宗教救赎的基础上,集预防犯

① 参见郭星华:《当代中国社会转型与犯罪研究》,文物出版社1999年版,第120页。

罪和救助理念于一体，体现了人道主义色彩。[①] 在这之后，美国其他各州的类似组织如雨后春笋般地出现。后来，也在一些欧洲国家相继出现，如英国不仅创办了刑释人员社会保护组织，还颁布了《出狱人保护法》。特别是在第二次世界大战以后，在社会福利主义思想的影响下，其他国家也纷纷出现了对刑释人员的社会保护组织。刑释人员的社会保护工作不仅体现了人道主义，还蕴含了社会福利思想，促进了刑释人员的社会适应。[②] 日本的更生保护制度也把对刑释人员的社会保护纳入基本工作中，而且根据《紧急更生保护法》，刑释人员如果没有亲人和朋友的帮助，国家就对其实施救助。[③]

我国的刑释人员社会保护工作开始于 20 世纪 30 年代。如北京的"新民辅导会""俄犯救济会"等出狱人保护组织。[④] 新中国成立后，党中央就把刑释人员纳入社会控制的范围之内。1954 年，政务院颁布了《劳动改造罪犯刑满释放及安置就业暂行处理办法》，解决了一部分刑释人员的工作问题，这也是计划经济时代的产物。改革开放以后，我国的社会出现了转型，刑释人员社会保护问题亟须解决。中央社会治安综合治理委员会于 1995 年成立了刑释人员安置帮教办公室，国家从宏观层面开始指导全国的刑释人员社会保护工作，各省份也先后建立了安置帮教工作协调机构。但由于我国尚没有成立专门的刑释人员社会保护组织，这项工作目前由工会、民政部门、街道司法所、监狱、群众组织等部门来完成，还尚需完善。

（二）刑释人员社会保护措施

众多学者从就业、福利、住房、回归项目等方面也进行了深入的研究。Charles D. Mallar 和 Craig V. D. Thornton 针对刑释人员的"过渡性援助"进行了对照实验设计，以此来测试促进盗窃型刑释人员社会适应措施的有效

---

① 参见［德］凯泽著，刘瑞祥等译：《欧、美、日本监狱制度比较》，中国政法大学出版社 1989 年版，第 37 页；翟中东：《出狱人保护事业在当代中国的前景》，《犯罪与改造研究》2002 年第 7 期。

② 参见［德］凯泽著：《欧、美、日本监狱制度比较》，刘瑞祥等译，中国政法大学出版社 1989 年版，第 37 页；转引自翟中东：《出狱人保护事业在当代中国的前景》，《犯罪与改造研究》2002 年第 7 期。

③ 参见［日］菊田幸一著，海沫等译：《犯罪学》，群众出版社 1989 年版，第 391 页。

④ 参见张甘妹：《刑事政策》，三民书局 1979 年版，第 355 页。

性。释放1年后，接受金融援助的这组刑释人员适应社会的状况比加强控制组要好很多。从计算的社会效益/成本比来看，“过渡期”维持收入的社会效益大大超过成本。相比之下，就业安置提供援助竟然对释放后的行为没有显著影响。[①]

John Corden 等人对刑释人员进行了一项关于“监狱福利和出狱后照顾”影响因素的调查。他们建议，对于更加孤独的人而言，出狱后的试用服务应采取“接触”策略。[②] Myers 通过调查认为，刑释人员在释放后的1个月至1年间是适应的过渡期，如果给他们提高薪酬、增加就业机会，这对于促进刑释人员社会适应有很大帮助。[③] Christy A. Visher 和 Jeremy Travis 认为，刑释人员在服刑期间与社会隔绝，当其从监狱回归社会，个体生存的社会环境发生巨大的变化导致出现不适应状况，其中对他们影响最为主要的是社会关系、家庭、社区、社会政策四个方面。因此，他们认为，促进刑释人员社会适应需要家庭接纳、情感支持、社会福利政策等社会多方的支撑。[④]

John Ducksworth 认为，无论男性还是女性刑释人员，在回归社会过程中的前期阶段都需要帮助。由于个体存在差异，每个个体需要帮助的类型也是不同的，但是他们在回归社会的短时期内最急需的帮助就是在一定的区域内拥有住所和工作。如果我们为刑释人员专门创建“回归基地”或“过渡工厂”，给刑释人员提供短期内的工作，就会有利于促进他们适应社会，这也是对刑释人员最大的贡献。[⑤] Faith E. Lutze 等人把被提供过渡性住房的208名刑释人员和无家可归的208名刑释人员进行对比分析发现，过渡性住房政策在促进刑释

---

① 参见 Charles D. Mallar, Craig V. D. Thornton: “Transitional Aid for Released Prisoners: Evidence from the Life Experiment”, *The Journal of Human Resources*, vol. 13, 1978, pp. 208-236.

② 参见 John Corden, Jo Kuipers , Kate Wilson: “Prison Welfare and Voluntary After Care”, *The British Journal of Social Work*, vol. 10, 1980, pp. 71-86.

③ 参见 Samuel L. Myers, Jr: “Do Better Wages Reduce Crime?”, *American Journal of Economics and Sociology*, vol. 43, 1984, pp. 191-195.

④ 参见 Christy A. Visher , Jeremy Travis: “Transitions from Prison to Community: Understanding Individual Pathways”, *Annual Review of Sociology*, vol. 29, 2003, pp. 89-113.

⑤ 参见 John Ducksworth: “The prisoner reentry industry”, *Dialectical Anthropology*, vol. 34,. 2010, pp. 557-561.

人员顺利回归社会方面取得了显著的成效。因而，他们建议，提供过渡性的住房将成为社会保护措施的最为核心的组成部分。① Doris L. Mackenzie 提出了“重返社会范式”，促进刑释人员重返社会的项目包括监狱内的治疗项目、就业项目、过渡项目等，这些社会保护措施能够促进刑释人员回归社会。②

Jeff Mellow 和 Johnna Christian 指出，如此之多的刑释人员需要强有力的回归计划来帮助他们去适应社会。他们回到自己的社区后需要安居、就业、身体照料以及极为少数的持续药物治疗等。他们对现有的刑释人员保护措施持怀疑态度，认为当前刑释人员回归计划中的许多组成部分需要重新评估和设计，以最大限度地发挥它们在促进刑释人员适应社会过程中的有效性。③

国内关于刑释人员社会保护的研究主要包括三个方面：一是不断完善刑释人员法律保护体系；二是建立健全刑释人员社会保障机制；三是做好刑释人员安置帮教工作。

第一，完善法律体系。制定《回归人员社会保护法》有利于预防重新犯罪、维护社会治安、促进在押服刑人员的改造。因此，应从法的原则、法的保护对象以及安置就业、社会帮教、上学、家庭婚姻、社会舆论、社会救济等社会保护的层面构思《回归人员社会保护法》的主要内容，从而从法律层面建立健全刑释人员法律保障体系。④ 贾洛川充分肯定了我国刑释人员社会保护的成绩，认为在当前社会管理创新的新形势、新要求下应尽快制定专门的刑释人员社会保护法来促进他们顺利回归社会。⑤ 冯卫国对刑释人员社会适应中的前科消灭进行了论述，认为刑释人员的犯罪前科记录在一定意义上具有预防犯罪和

---

① 参见 Faith E. Lutze，Jeffrey W. Rosky，Zachary K. Hamilton：“Homelessness and reentry：A Multisite Outcome Evaluation of Washington State’ s Reentry Housing Program for High Risk Offenders”，*Criminal Justice and Behavior*，vol. 41，2014，pp. 471 - 491.

② 参见莫瑞丽：《刑释人员回归社会中的社会排斥研究》，中国社会科学出版社 2010 年版，第 25 页。

③ 参见 Jeff Mellow，Johnna Christian：“Transitioning Offenders to the Community：A Content Analysis of Reentry Guides”，*Journal of Offender Rehabilitation*，vol. 47，2008，pp. 339 - 355.

④ 参见力康泰：《关于制定回归人员社会保护法的思考》，《法学家》1997 年第 5 期。

⑤ 参见贾洛川：《试论社会管理创新视域下出狱人社会保护的创新》，《河北法学》2012 年第 12 期。

维护社会稳定的作用。但是，从长远看，前科作为刑释人员不光彩的经历，其存在的永久性极易在他们回归社会的过程中产生歧视、排斥等犯罪标签的负功能，增加了他们适应社会的难度，从而延推回归进程。为此，我国应借鉴国外之经验，建立刑释人员前科消灭的法律制度来避免保留前科的负面影响，最大限度地促进刑释人员融入社会。①

第二，社会保障层面。应培礼、严斌在分析刑释人员安置帮教现实和社会综合治理的基础上，认为我国对刑释人员的就业安置尚没有具体而详细的政策规范。尤其是在市场经济优胜劣汰的竞争机制作用下，刑释人员由于自身技能和修养较低，很容易在激烈的竞争中沦为失败者。即使有较为有效的安置就业政策也不能完全解决这一现实问题。所以，他们建议应为刑释人员设置具有互助救济性质的“特种社会保险”② 来解决他们在一定时间内的基本生活问题。③为进一步实现社会稳定和促进刑释人员社会适应，新时期的刑罚已经突破了传统阶级斗争工具的限制。从人道主义的层面来看，刑释人员享有社会保障的权利也是社会实现正义的必然要求。对刑释人员的社会保障应从保障理念的转变、完善法律体系、统筹社会保障机制和完善社会保障内容四方面入手。④

第三，安置帮教层面。人的生存离不开物质保障，而获得物质保障的前提是劳动就业，因此就业对于刑释人员尤为重要。⑤ 面对严峻的就业形势，有研究者认为应拓展刑释人员就业思路、拓宽就业安置的渠道、鼓励自主创业、建

① 参见冯卫国：《对完善我国出狱人保护制度的思考》，《政法论丛》2003 年第 6 期。

② 应培礼、严斌把这种“特种社会保险”称为“希望险”，刑释人员在服刑期间就可以投保。“希望险”不以盈利为目的，由国家专门机构或国家指定的基金会、保险公司代理，由保险人收取定额保险费建立专门保险基金。“希望险”主要用于服刑人员人员释放后的两年内的“盲动期”，可以有效地实现狱内、狱外的合作，开辟保险的新市场，有利于维护社会稳定。参见应培礼、严斌：《关于在服刑人员中设置“特种社会保险”的构想》，《刑侦研究》（现用名《犯罪研究》）1999 年第 6 期。

③ 参见应培礼、严斌：《关于在服刑人员中设置“特种社会保险”的构想》，《刑侦研究》（现用名《犯罪研究》）1999 年第 6 期。

④ 参见成志刚、杨平：《论我国刑满释放人员社会保障制度的完善》，《北京师范大学学报（社会科学版）》2008 年第 2 期。

⑤ 杨世光、沈恒炎：《刑满释放人员回归社会问题专论——回归社会学研究》，社会科学文献出版社 1995 年版，第 109—110 页。

立创业基金等,[①] 通过社会工作的助人自助的方式促进刑释人员在家庭、人际交往、就业等方面的社会融入,[②] 以及建立过渡性安置基地,向刑释人员提供生活救济类的暂时性住所,提供就业指导、技能培训等服务[③]。通过调研,王鹏飞认为,安置帮教工作的内容主要围绕刑释人员的物质层面展开,侧重生活、就业、教育等方面,使得实践部门过多地关注物质救助而忽视了精神帮助,出现了安置帮教工作的错位现象。就刑释人员个体需要而言,关系融入(如家庭关系的修复等)才是他们的首要需求。[④]

此外,不少研究者还在应设置"国家参与型"社会保护机构、积极吸收民间力量参与刑释人员保护工作[⑤];完善刑释人员保护组织体系、充实刑释人员社会保护的具体内容[⑥]等方面均有探讨。

从一定意义上讲,对刑释人员社会保护组织的相关研究促进了社会保护工作的顺利进行,有利于社会保护工作计划的实施,有利于指导、协调刑释人员社会保护工作的顺利进行并为刑释人员适应社会提供了组织保障。如成立专门的刑释人员社会保护组织可以承接其他单位或组织的非保护功能,实现社会保护工作的专业化、职业化;吸收民间力量参与刑释人员保护工作可以整合现有资源为保护工作服务;刑释人员的特种社会保险可以保障其基本生活;建立创业基金可以帮助刑释人员自主创业,减缓社会压力。以上措施对刑释人员社会保护的研究具有重要参考价值,有利于促进刑释人员适应社会。但笔者认为,这些研究要么侧重于制度上的理论探讨,要么侧重于实践操作的构想,缺乏关于刑释人员社会适应的实证研究,难以发现刑释人员回归社会过程中最为真实

---

① 参见阳朝全:《建立创业基金助推刑释解教人员就业》,《人民调解》2010 年第 5 期。

② 参见张丽芬、朱颖、张才安:《社会工作介入刑满释放人员社会融入问题研究》,《社会工作》2012 年第 1 期。

③ 参见［加］杨诚:《借鉴与推广:从推广中途之家到创建社区矫正职业》,《河南司法警官职业学院学报》2011 年第 1 期。

④ 参见王鹏飞:《恢复性司法介入刑释人员安置帮教问题研究——以"关系融入"为内容的探讨》,《齐鲁学刊》2019 年第 5 期。

⑤ 参见任希全:《新时期刑释人员的社会保护》,《中国青年政治学院》2012 年第 6 期。

⑥ 参见冯卫国:《对完善我国出狱人保护制度的思考》,《政法论丛》2003 年第 6 期。

的问题，其针对性需进一步加强。

综上所述，虽然各个学科对刑释人员社会适应的问题都进行了不同程度的探讨，为此问题的研究和推进奠定了理论和实践基础，但通过对这些相关研究的评析，笔者认为还存在以下几方面的不足。

第一，缺乏文化的解释。这些研究大多停留在对表面现象的描述，仅对刑释人员社会适应中的困境和权益保障进行分析，未将困境与他们所处的社会文化联系起来。将刑释人员陷入困境的原因归结为法律体系不完善、社会保障不到位、安置帮教未落实、个体文化水平低、经济状况差等，而对其所处不同场域的文化环境分析较少，导致研究的结果往往停留在外在的制度因素和个体差异上，未能突破重复研究的窠臼。从社会化的角度来讲，人的社会化过程实质上是人不断学习、传承、延续文化的过程。刑释人员在监狱中经历再社会化，回归社会后经历继续社会化，这都是在不同的场域中学习、接受文化模式的过程。但由于个体学习不同场域的文化模式是具有一定差异的，也正是不同阶段或场域之间文化模式的差异，致使个体在从一种场域过渡到另一种场域的过程中出现冲突或困惑。因此，笔者认为只有将刑释人员社会适应的微观个体行为与宏观的社会文化环境联系起来，把这一问题放置于社会转型的背景之下，才能对刑释人员难以适应社会的真实原因进行解释，以此来实现对现有研究作有益的补充。

第二，缺乏主体视角。上述研究内容的概括更多的是将刑释人员作为研究的客体进行分析，即研究者们是从一种“他者”的立场出发，以局外人的身份对这一问题进行想当然式的探讨，而缺失了“主体视角”[①]，人为地拉大了研究者与被研究者之间的距离，从而使研究结果的解释力相对较弱。在一定程度上，研究者的客体视角也具有一定的客观性。但是，强调客体性而忽视了刑释人员的主体性就会导致研究的内容附着“他者性”，不能展现他们对于自身行为和生活的主体建构，不能让他们成为叙述和表达的主体。因此，缺乏主体视角的研究结果未必就是当前社会转型背景下缓解刑释人员适应困境最为需

---

① “主体视角”即把刑释人员作为研究的主体，从他们的主体需要出发来研究问题。

要的。

第三，缺乏从监狱到社会的过程研究。既往对刑释人员社会适应问题的研究，要么仅限于研究监狱对服刑人员的矫正，通过矫正的手段、措施、方法来寻找矫正过程中存在的问题；要么仅是研究他们回归社会后遇到的经济、家庭、婚姻、社会保障等方面的困难。基于现实研究中场域的区隔性、异质性，监狱与社会之间处于一种断裂的状态。本研究立足于弥合监狱场域与社会场域的裂隙，试图通过从监狱到社会的过程研究发现刑释人员社会适应的另一层面的问题。

第三节　理论视角与概念界定

每一项研究都有适合于自己的视角和方法。基于本研究以有暴力型犯罪经历的刑释人员作为研究对象，着眼于对个案的描述性研究，因此，本研究采用的是定性研究法。也正是由于这样，笔者没有预设何种理论，而是在调研的基础上，对资料进行归纳、总结、提升，最后从中得出本研究的结论。

一、主体间性视角

最早使用主体间性（intersubjectivity）① 这一术语的是现象学大师胡塞尔，它亦可被称为交互主体性、主体际性等。尼古拉斯·布宁和余纪元提出，人们心灵的共同性背后隐藏着、隐含着不同心灵，或者不同主体之间的相互沟通、互动功能，这被称为主体间性。② 换言之，主体间性是不同主体之间的共生关系，并非是主客体的对立关系。但迄今为止，学界对这一范畴的使用、理解始终未达成共识。经过多年的反思和研究，主体间性的问题形成了多元、分

---

① 莱西将“主体间性”定义为：“主体间性通常是与主观性而不是与客观性相对比，它可以包括在客观性范围中。”参见王晓东：《西方哲学主体间性理论批判》，中国社会科学出版社 2004 年版，第 19 页。

② 参见［英］尼古拉斯·布宁、余纪元：《西方哲学英汉对照词典》，人民出版社 2001 年版，第 58 页。

化的理论形态。康德、黑格尔、哈贝马斯在社会学或伦理学领域都涉及了主体间性的问题。如康德认为主体间性意味着对知识的普遍有效性要求，真正的知识是客观的、必然的，对每一个正常的理性的人都是普遍有效的。哈贝马斯认为，社会中的人际关系分为工具行为和交往行为，工具行为代表着主客体关系，而交往行为是主体间性行为。梅洛·庞蒂等人认为，主体间性代表着相互认识的主体和主体之间的对应关系。胡塞尔建立了先验主体性哲学，但他并没有把这一概念局限于先验哲学的研究框架。在先验哲学的影响下，主体间性的含义代表着主体与主体作为交互主体对共同世界的建构。

梅洛·庞蒂对胡塞尔的先验哲学提出了质疑，他主张知觉现象学，即身体——主体与世界的关系。而舒茨认为，如果想理解他人行动的真实意义，单纯依靠观察或者移情是远远不够的，观察和移情只是一种自我与他者的关系，是主体与客体关系的体现。若要真正地理解他人，我们就必须要从“彼在”去理解，通过他人视角来了解他人。① 换言之，主体间性强调的是主体双方之间共生、平等的存在关系，并且这种主体强调的是个体的体验和感受，反对主体的客体化。海德格尔从本体论出发认为，主体间性实际上是一种不同主体间相互理解的关系。可以说，以上几种视角对主体间性的哲学内涵给予了不同的定位，都具有独特的理解模式，但就具体的哪一种理解，都是存在局限性的，不能涵盖人与人之间的各类作用情形。值得赞许的是，各种模式皆肯定了主体间性是以他人或对方为主体的前提，这就从一定程度上肯定了人的自我性和他人的主体性。因此，我们在研究的过程中，只有强调主体间性的视角，才能真正地领会他人行动的过程或者意图。从研究者与被研究者关系的角度来讲，主体并非是研究者的主体，而是应该把被研究者或实践的从事者当作主体。相应

① 如果把我们的身体作为标绘我的世界的原点，我的身体是处于一种“此在”，而同伴的身体则是一种“彼在”，而我改变我的位置，从“此在”移动到“彼在”，“彼在”也就成为一种“此在”，我就可以从“彼在”观察到我从“此在”出发所察觉的同样的事物。因此在日常生活中，从主体间性的角度，我们就可能理解他人行动的意义。参见刘少杰：《国外社会学理论》，高等教育出版社 2006 年版，第 235 页。

地，具有实践从事者的性质就是“主体性”①。在笔者看来，对刑释人员主体性的研究和理解并不是研究过程中“绝对化”，而是研究者应该抛弃以往对刑释人员研究的“客观化”，把研究内容置于人际互动和互构中去理解、描述和解释。

主体间性强调研究者与被研究者之间的一种互为主体的关系，如何理解研究对象的主体建构也是至关重要的。有些研究者把主体建构概括为：把与主体相关的现象作为主体自身建构的结果，以主体自己的感受或者理解为基础，要求研究者去研究主体或研究对象自己建构过程的方方面面。② 也就是说，主体建构的过程不是他人从环境中获取的，也不是研究者主观认知的，而是研究对象主体自身建构的诸多方面。从这个层面来看，主体建构是主体间性的进一步深化，更能体现刑释人员的主体地位。研究者以何种视角来分析、理解、探讨问题，不仅关系到他们是否能够真实地发现问题的本真，更关系到该研究是否存在价值。刑释人员作为社会的边缘、弱势群体，往往成为研究者视野中不予关注的群体。而在为数不多的刑释人员社会适应问题研究中，他们也处于被讲述、被言说的客体地位，失去了主体话语的表达权，成为“沉默的他者”。因而他们的内心成为无人能够书写、自己也无从表达的“空白之页”。笔者认为，既往的研究成果过多地注重研究者的理解而忽视了研究对象的主体因素，致使研究者与研究对象之间形成了不可逾越的鸿沟，研究对象成了被动的客体，此种研究和解释反映的是带有主观偏颇性质的结果。

本研究所研究的是具有暴力型犯罪经历的刑释人员，主体间性视角既能够让我们站在刑释人员的立场上去理解他们所经历的社会事实，又能发现刑释人员是如何建构自己的适应过程。因此，我们以主体间性为理论视角，试图摆脱既往同类研究的局限性，去除附着在刑释人员群体身上的“他者性”，强调刑

① 参见潘绥铭、黄盈盈：《“主体建构”：性社会学研究视角的革命及本土发展空间》，《社会学研究》2007 年第 3 期。

② 参见潘绥铭、黄盈盈：《“主体建构”：性社会学研究视角的革命及本土发展空间》，《社会学研究》2007 年第 3 期。

释人员主体建构，考察他们在适应社会的过程中对于自己的生活、行为意义的赋予，体现刑释人员的主体性和话语意义，让刑释人员既是叙述的主体，也是话语表达的主体。

二、概念界定

（一）监狱

关于监狱的定义，不同的研究者提出了不同的见解，总体来说有广义与狭义之分。广义的监狱是指国家羁押犯罪嫌疑人和执行刑罚的场所；狭义的监狱是指国家执行监禁刑的场所，其特点是：1. 关押人员是已经被判决有罪的服刑人员；2. 执法活动范围仅限于从事执行监禁刑的活动，而不从事执行生命刑的活动；3. 监狱的种类仅包括已决犯监狱，而不包括未决犯监狱。我国的监狱属于狭义的监狱。①

（二）刑满释放人员

广义的刑满释放人员是指刑罚执行完毕后被释放的人员，其中包括在监狱服刑和社区服刑的人员。为了体现刑释人员的社会适应性，本研究所考察的对象指的是狭义上的刑满释放人员，即仅指在监狱服刑期满后被释放的出狱人员。

（三）社会适应

社会适应是指社会中个体的价值观念、行为方式伴随着社会环境的变化而不断做出调整，以适应当前社会环境的过程。在日常生活中，人们在遇到冲突和挫折时，通过对自身的行为和心理进行调整来获取满足感。社会适应状况对个体的生存和发展意义十分重大。

（四）专家指导系统

专家系统②是吉登斯在论及现代性的后果时提出的名词。本研究中将专家

---

① 《中华人民共和国监狱法》第一条规定：监狱是国家的刑罚执行机关，依照刑法和刑事诉讼法的规定，被判处死刑缓期二年执行、无期徒刑、有期徒刑的罪犯，在监狱内执行刑罚。

② 吉登斯在谈到社会系统的脱域问题时认为，“专家系统是一种脱域机制，因为它把社会关系从具体情境中直接分离出来，通过跨越伸延时—空来提供预期的保障”。参见［英］安东尼·吉登斯著，田禾译：《现代性的后果》，译林出版社 2011 年版，第 25 页。

系统与专业知识、专业人士相融合作为专家指导系统。我们认为，专家指导系统是指“个体或群体为了更好地适应当前社会，在采取一定的社会行动前所依赖的由技术成就和专业队伍组成的为个体或群体提供指导意见和行为依据的体系”①。如法律专家、心理专家、数据专家等。

第四节 研究方法

一、个案研究法

个案研究是社会学经验研究中常用的一种方法。尤其是美国人类学家马林诺夫斯基的著作《西太平洋的航海者》一书的出版，标志着个案研究进入了一个新的历史阶段。在本研究中，笔者将研究的个案置于时间的纵轴和空间的横轴上，通过刑释人员的叙述还原其从监狱到社会的适应过程，再通过对其困境的分析来解释产生困境的因由。然而，本研究的最终旨趣并非仅仅停留在对刑释人员微观困境的描述和解释，而是透过微观的个案来反观刑释人员在场域转换中的文化冲突过程。

为了获取刑释人员个案的第一手资料，笔者在收集多个个案的基础上进行了筛选，通过与服刑人员、刑释人员面对面交谈的方式来了解其监狱生活和社会适应的困境。因此，个案研究法就成为本研究描述刑释人员社会适应过程的重要研究方法。笔者强调刑释人员的主体性，让他们成为叙述和言说的主体，通过他们的描述来分析其陷入适应困境的原因。在笔者参与观察的过程中，刑释人员往往通过讲故事、聊天等叙事方式以及肢体、表情来传递信息，借助这些故事、谈话，我们可以直接或间接地了解由刑释人员建构的主体世界。而我们的所见、所闻和他们所描述的事实及过程，可能是本真的事实，也可能是经过主观加工、修饰过的材料。因此，通过多模态话语分析可以在一定程度上避

① 郭星华、任建通:《刑满释放人员社会适应的法社会学研究——主体间性的视角》，《国家行政学院学报》2014 年第 4 期。

免刑释人员话语中的迷惑性因素，发掘其社会适应过程中的真相。

二、参与观察法

参与观察法①要求研究者要亲身参与，切身体验研究对象的日常生活，是人类学家研究异族文化最常用的方法之一。在参与观察的过程中，笔者不是对研究的主题进行预设，而是在收集资料的过程中形成概括性的结论。在本研究中，笔者以局内人的角色深入到刑释人员所生活的社区中，通过深度访谈来了解他们对监狱改造的认识和社会适应的看法。也正是刑释人员身上所体现的监狱化特征引起了我们的注意，这使得笔者不得不再次回到他们曾经接受改造的监狱去寻求问题的答案。在监狱调查阶段，由于监狱高压管理的现实，与服刑人员之间的访谈进行得并不像想象中的那样顺利。一些服刑人员顾及自己所谈的内容会影响到他们在监狱的表现和减刑，因此笔者与服刑人员之间最初的信任关系的建立需要不断沟通和交流，尽量让他们表达自己内心深处最为真实的想法。为了全面地了解服刑人员在监狱接受的改造活动，笔者参与观察了他们在监狱的生产劳动、一日生活、学习教育等活动，通过局内人的角度来了解他们在监狱接受改造的全景图式和对监狱生活的看法，挖掘其回归社会产生适应困境的原因。与服刑人员的谈话，既是获取信息的重要途径，也使我们明确了他们对于监狱生活的理解。除此之外，笔者还参与观察了监狱警察对服刑人员改造的相关活动，如入监动员会、个别谈话、亲情会见、队列训练等，并对他们的话语和行为进行了分析。总之，在监狱和社区调查的过程中，笔者尽最大努力去倾听、观察服刑人员和刑释人员所经历的现实生活，以此来还原其从监狱到社会的全过程，试图发现使他们陷入困境的真实因由。

---

①　参与观察是指研究者深入到所研究对象的生活背景中，在实际参与研究对象日常社会生活的过程中所进行的观察。参与观察首先强调的是研究者的“参与性”，即研究者必须要深入其中，深入到刑释人员所处的真实社会生活中。而笔者的观察也并非只是用眼睛看、用耳朵听，而是从广义层面上的对刑释人员的理解，它包括看、听、问、想，甚至还有体验、感受等。因此，多模态话语分析法与参与观察存在着天然的契合之处。参见风笑天：《社会学研究方法（第三版）》，中国人民大学出版社2009年版，第267页。

第五节　田野点介绍和案例的选择

一、海州监狱的历史沿革

海州市位于我国东部沿海，是开放较早的城市之一。海州监狱①隶属于海州市，始建于20世纪初，旧址位于海州市文台区向阳路。19世纪末，海州市被外国殖民者侵占，为了实现殖民统治，外国人在海州建了两所监狱，一所建于海州市文山区，专门用来拘押欧洲人犯，后称欧人监狱；一所建于文台区向阳路，专门用来拘押华人，后称华人监狱，即海州监狱的前身。之后，海州监狱又经历了日本、北洋军阀和国民政府的管辖。

1949年6月，海州解放，在新中国成立初期，监狱不仅关押刑事罪犯，还关押改造了1488名国民党战犯和反革命分子。后来，监狱共经历了7次更名、10次隶属关系变更，先后由法院、公安、生产建设兵团、省监狱管理局领导。1998年，省政府研究决定，将省政府第二监狱更名为海州监狱，移交海州市管理，建制规格为副厅级单位，隶属海州市司法局。

由于监狱原址地处商业圈中心，布局狭小、周边环境复杂、安全风险高，2002年，海州市政府批复同意海州监狱迁建至它址。经过6年的筹备建设，2008年11月，监狱整体搬迁至现址，成为省内首批实施布局调整、异地重建的监狱之一，在全省率先进入规范化、标准化、现代化文明监狱的全面建设发展时期。

二、初入田野：印象监狱

笔者也曾经去过几次与自己工作单位相隔800米的一所重刑犯监狱，但不是去调研，仅是走马观花式的参观，所以收获甚微。为了避免陷入对本土研究

① 按照学术研究惯例，本研究中笔者使用“海州监狱”这个虚构的监狱名称代替了真实的监狱，下文中所涉及的文献资料、受访者的姓名、地名等皆做了化名处理，文中不再一一说明。按照我国的监狱管理体制，监狱管理的归属分为三级，即中央级、省级、市级（副省级城市）。由于监狱的特殊性，其所在的地理位置也经过了化名处理。

过于熟悉而缺乏敏感性的困境，我们选择了异地的海州监狱作为田野点。此次调研分为两次，第一次去是在 2015 年的 5 月，笔者借着实习的机会进入了海州监狱。然而，第一次调研的收获并没有像发现新大陆似的惊喜，只是对监狱的情况进行了初步了解。来监狱调研的第一天，海州监狱的李副监狱长带领我们大致了解了一下监狱的基本情况和外围环境。在有些人的想象中，监狱是一个蚊虫成堆、戒备森严、高墙电网、由荷枪实弹的武警看守的神秘地方，但现实中的监狱并非人们想象的那样神秘。现代监狱的建筑设计充满了人性化色彩，新监狱依山而建，监狱大门前是一条畅通无比的与邻市之间的交通要道。监狱建筑色调以红、蓝、青、绿为主，整体风格与海州的红瓦绿树、碧海蓝天的城市色彩保持一致。从远处看海州监狱北高南低，狱内绿树葱葱错落有致。进入监狱大门后，映入笔者眼帘的是整齐划一的建筑、绿化带以及平整通畅的路面。负责看守监狱的武警正在紧张地训练，不时地传来几声响亮的口号声，为寂静的监狱增添了几分活力。李副监狱长介绍说："监狱建设投资了 5 个多亿，总占地面积 607 亩，分为行政办公、罪犯生活、劳动改造、武警营房四个功能区，是省内唯一关押男性外籍犯和定点关押限制减刑犯的高度戒备型监狱。省编办、市编办先后两次为海州监狱增加政法专项编制，目前人员编制总数为 621 名。为了补充警力、优化队伍结构，从 2011 年开始，我们开始加大公务员招录力度，连续四年招录 134 名新干警，今年还有 34 名新公务员正在办理录用手续。海州监狱在押服刑人员 4000 多人，分为 10 个监区进行管理，大部分服刑人员的年龄在 18 至 55 岁之间。服刑人员结构复杂，主要包括涉毒型、暴力型、淫欲型、财产型。"笔者问李副监狱长，"海州监狱为何选址在这儿?"他回答说："监狱依山而建意味着靠山，这山的名字是凤凰山，在这里建监狱也意味着服刑人员在这里改造后将如凤凰涅槃，浴火重生。"说着还顺手给我指了指监狱办公楼正对面的假山和办公楼前广场上的和平鸽，这象征着监狱要实现安全稳定，促进社会和谐。

李副监狱长继续介绍，在当前严峻复杂的监管形势下，海州监狱连续实现了监管安全 19 年、生产安全 14 年的好成绩，成为司法部首批"部级现代化文明监狱”和“优秀特殊学校”；是首批推行四个重点防范、罪犯百分考核、监狱改造安置帮教一体化的监狱；两次获得集体一等功，八次荣立集体二等功，6人被评为全国改造能手和业务先进个人；2010年被评为全国监狱劳教工作先进单位。为了确保安全稳定，他们下大力气加强硬件建设，坚持每年自筹资金优化升级监管设施，建立了监管指挥中心，在全狱安设1200多个摄像头，实行三级24小时实时监控。再过两个月，监狱将再一次刷新安全周期记录，迎来第20个监管安全年。除此之外，为了给服刑人员创造适宜的劳动改造岗位，培养他们的谋生就业技能，监狱还成立了海州市新生机械厂，主要从事冷滚轧设备的生产销售。目前他们是国内滚丝机生产历史最长、品种最全并同时拥有冷搓、冷敲、冷滚三种冷成形技术的厂家，先后主持和参与制定了国家行业标准11项，拥有发明专利9项、实用新型专利10项，在技术上一直是全国冷滚轧行业的领头雁。笔者一进到监狱的办公楼，耀眼的两行红色大字让人感觉到庄严和肃穆。虽然现代监狱都实行了监企分开，但是在管理体制上，企业和监狱还是有着密不可分之处，监狱的刑罚执行功能是从监狱诞生之日起就具有的天然属性，这就必然决定了监狱的性质。从另一个层面来讲，监狱通过劳动对服刑人员进行改造，需要有一定的生产活动，大多是以随机性和灵活性比较高的来料加工为主，也有一些颇具生产规模的监狱生产专门的定向供应的半成品。在李副监狱长详细的讲解下，我们边听边转，在监狱门口传达室的对面看到了“海州市新生机械厂”的广告牌屹立在省道的东侧，也就意味着监狱的双重身份，既是监狱又是企业，一个单位两块牌子。

三、案例的选择

海州监狱创建了监狱内部的局域网，对服刑人员资料的管理建立了信息化系统。管理人员在系统内输入关键词就可以迅速地找到与之相关的服刑人员的资料。借助服刑人员档案管理系统，笔者限定了两个条件①：一是暴力型犯罪，即强奸、抢劫、聚众斗殴、故意杀人、故意伤害、绑架、放火等具有暴力

---

① 笔者在选择受访人员时参考了犯罪类型和年龄两个方面的因素，暴力型犯罪仍旧是我国犯罪人数中所占比例较多的之一，年龄在18岁至45岁之间的服刑人员仍旧是服刑的主体。

特征的犯罪行为；二是年龄在 18 至 45 岁之间。虽然我们顺利地了解到符合筛选条件的服刑人员的一些基本信息，但是电脑上所呈现的仅是一些基本的改造表现和案情材料，关于服刑人员详细的经历和思想状况并不能被完全呈现出来。这就需要我们进一步地挖掘我们想得到的信息。因此，笔者首先对监狱内在押服刑人员进行了筛选，然后对他们进行了有针对性的访谈。有些服刑人员的资料符合我们的要求，但经过访谈之后发现，访谈进行地并不像想象中那样顺利。这些服刑人员见到笔者后，要么是避开话题不作回答，要么是模式化的话语表达，这给我们的研究带来了一定的阻碍。我们又通过负责管教的监狱警察了解了一些情况，确定了最终的访谈对象。对于已经释放的刑释人员，我们起初也是经过这些程序进行筛选，但最主要的还是依靠当时负责管教的监狱警察来向我们提供一些信息，以及他们回归社会后的一些情况，我们以此作为依据再进行外出回访。经过了反反复复的谈话和了解之后，我们最终选取了在押服刑人员和已回归社会的刑释人员共计 15 人作为本研究的研究对象（表 1-1）。

表 1-1　研究对象基本情况一览表

序号	受访人员	年龄	犯罪类型	在押或释放	已服刑期限
案例 1	郑二臣	43	故意伤害	在押	50 天
案例 2	孙小杰	44	抢劫	在押	50 天
案例 3	肖远	44	故意伤害	在押	50 天
案例 4	邵义忠	40	抢劫	在押	50 天
案例 5	徐锋	26	抢劫	在押	50 天
案例 6	李永浩	28	非法拘禁、抢劫	在押	5 年 3 个月
案例 7	肖云峰	29	故意伤害	在押	6 年 1 个月
案例 8	杨明	40	故意伤害	在押	6 年 5 个月
案例 9	刘思明	34	抢劫	释放	8 年 6 个月
案例 10	卢吉祥	29	抢劫	释放	9 年 9 个月
案例 11	梁成坤	44	抢劫、强奸	释放	11 年 3 个月
案例 12	姚伟	45	抢劫	释放	8 年 9 个月
案例 13	刘亮	32	抢劫、盗窃	释放	10 年 3 个月
案例 14	王晓光	30	抢劫、强奸	释放	10 年 6 个月
案例 15	赵磊	35	故意伤害、抢劫	释放	11 年 3 个月

第六节 研究意义

我们对刑释人员社会适应困境的描述和解释，不仅是因为他们属于特殊的社会群体需要给予关注，更为重要的是对这一问题的研究具有重要的理论和现实意义。

一、理论意义

（一）刑释人员社会适应的动态化研究

关于刑释人员社会适应问题的研究主要集中在重新犯罪、排斥因素和社会保护三个层面。关于刑释人员社会适应的重新犯罪研究过多地强调了刑释人员不适应社会的结果，力求通过预防刑释人员重新犯罪来促进他们顺利回归社会。这一层面由于过度关注重新犯罪的研究而忽略了对刑释人员社会适应的过程分析，把原本动态的过程静态化处理，使得研究结果不具有针对性。而后两个层面的研究又试图从主体之外来发掘刑释人员不适应的因由和如何实现顺利适应的措施，这种分析又过分地突出了社会结构对社会行动者的钳制作用，忽视了刑释人员作为社会适应的主体是具有能动性和自主性的。本研究将通过刑释人员的自述和笔者的观察、分析来充分地展现刑释人员从监狱到社会的全景图式，希冀能对现有研究做有益的补充。

（二）强调刑释人员的主体性

本研究以主体间性为视角，从刑释人员的立场出发，这不同于把刑释人员置于被研究者讲述和言说的客体地位的传统模式。主体间性强调刑释人员主体建构，考察他们在适应社会过程中对于自己生活、行为意义的赋予，体现刑释人员的主体性和话语意义，让刑释人员既是叙述的主体，也是话语表达的主体。通过主体间性视角，笔者试图弥合目前学界普遍存在的研究者与被研究者、宏观与微观之间的缝隙，以期能够发现刑释人员社会适应的本真问题。

二、现实意义

本研究以刑释人员社会适应状况为中心展开探讨，试图对他们适应的困境进行描述和解释，最终以解决困境、促进回归为旨趣。刑释人员社会适应问题若得不到足够的重视，不仅关系到他们的生活状况和重新犯罪的可能性，而且直接关系到整个社会的和谐与安定。因此，刑释人员社会适应问题的研究具有重大的意义。

（一）有利于社会稳定，维护社会秩序

本研究的对象为具有暴力型犯罪经历的刑释人员。这类刑释人员不仅所占比例大，而且他们给社会安全运行所带来的威胁是直接的和巨大的。近年来出现的一些影响比较大的刑事案件的犯罪主体多为刑释人员。因此，对刑释人员社会适应的研究不仅仅是预防重新犯罪的需要，更是维护社会稳定和社会秩序的重要前提。

（二）推进我国刑罚执行模式的改革

刑罚执行是国家维护正常的社会秩序、预防犯罪的必要手段。由于当前刑罚执行（监禁刑）的模式存在的弊端，如长期的监禁生活不仅使服刑人员与社会隔离，回归社会后很难适应社会，而且可能加强他们重新犯罪的倾向。对刑释人员社会适应的研究是一个动态的过程，包括从监狱到社会的整个过程，对此问题的探讨，客观上有利于推进刑罚执行模式的改革，为刑释人员重返社会后较快地适应社会生活奠定良好基础。

（三）有利于培养和增强刑释人员社会适应能力

刑释人员从监狱场域到社会场域的过程中，社会的急速转型往往使他们无所适从。对他们而言，回归社会需要一个适应的过程。如果适应良好，就能顺利地融入主流社会；如果适应不良，就会产生紧张和不安感，还可能出现重新犯罪行为。本研究对刑释人员社会适应问题的探讨，析解了其适应社会过程中的困境及因由，在现有社会结构下有针对性地提出促进刑释人员适应社会的措施，促使他们的思想认识与不断变化的社会环境保持同步协调关系，使其价值取向与社会需要、个性发展融为一体，帮助他们建立社会赞同，与社会环境保持和谐关系。这些方面的努力将有利于培养和增强刑释人员的社会适应能力。

第二章　高墙内的时空规训

你刚开始讨厌它，后来你适应它，最后你离不开它。

——电影《肖申克的救赎》

福柯深刻地剖析了监狱权力的特征，他认为，在具有现代化意义的社会里，无论你身处何地、何时，人们时刻处于一种“监狱权力网络”的控制之中，这种权力网络包括嵌入、分配、监视、观察等体制，从而成了规范权力最有力的支柱。① 在福柯看来，监狱是一种具有规训功能的场域，它对服刑人员实施了全面的塑造，因此监狱也可被称为是规训机构。这种规训权力通过连续的、不易察觉的方式渗透到被控制对象的方方面面，以此剥离那些不符合监狱需要的特征，塑造合乎想象的个体或整体，并使身处于其中的每一个个体或整体都深深地留下监狱化的烙印。监狱作为刑罚执行的机构，其规训权力的控制性必然凸显。那么在高墙内，监狱是如何对服刑人员发挥其功能的呢?

第一节　再访海州监狱

第一次去海州监狱调研的时候我们意外地发现了海州监狱对本监狱的刑释人员进行了跟踪回访，因此，笔者先去社区访谈了从海州监狱回归社会的刑释

① 参见［法］米歇尔·福柯著，刘北成、杨远婴译：《规训与惩罚》，生活·读书·新知三联书店2012年版，第349—350页。

人员。在访谈刑释人员时，笔者注意到了一些细节，多数刑释人员内心已深深地印下了监狱的痕迹。如在监狱警察张警官的帮助下，我们来到刑释人员梁成坤（案例 11）的家里。进到屋子里，梁成坤就是不肯坐在里面的位置，等我们坐好之后，他拿个小凳子挨着门坐在了我们对面，一言不发，表情有些木讷。这时张警官看出了些问题，“你别拘谨，我们这次来是想了解一下你回到社会后的一些情况，大家都是朋友，讲讲你的故事就行。快点过来坐，怎么还像是在监狱里边一样呢，还拿个小凳子坐下和我们保持一定距离，这还让我们在你家待不待啊”。即使这样为他缓解紧张情绪，梁成坤还是有些紧张，似乎又回到了 4 年前在监狱改造时的情形。刑释人员卢吉祥也这样描述自己：

> 没进去（服刑）之前，生活习惯不是很好，很随意，邋里邋遢。在监狱的 10 年，养成了好的生活习惯，因为里边每天都要整理内务，被子要放得整整齐齐，即使睡午觉起来也要搞整齐。拖鞋、洗漱用品得放在指定位置。可以说，这种好的生活习惯已经深烙在我的潜意识里了，比方说床上的被子乱七八糟的话我是看不下去的，心里不舒服。当然喽，不至于把被子叠成那时候一样整齐，但是要�（整理）一下，放在一边，这样看起来也好点儿，不至于乱糟糟的。（案例 10，刑释人员卢吉祥）

从一定意义上讲，刑释人员身体上所呈现出来的监狱痕迹，反映了历史的变迁和无数个生命事件。在他们的身上，我们发现了过去事件的烙印。诚如福柯所言，（今天社会的惩罚）归根结底是对身体的征服，即通过对身体的安排和征用，以达到对身体的利用和驯顺。[①] 在访谈的过程中，这些刑释人员很少提及监狱二字，都是把服刑称为“进去”，把监狱称为“里面”“里头”“里边”，这段经历对于他们来说或许真的是一段不堪回首的往事，这也是未在监狱服过刑的人无法感受到的。那么，监狱生活到底为何让他们如此不堪回首，

① 参见［法］米歇尔·福柯著，刘北成、杨远婴译：《规训与惩罚》，生活·读书·新知三联书店 2012 年版，第 27 页。

这段经历对他们回归社会后又有怎样的影响？为了了解刑释人员曾经的监狱生活，以便于我们多角度、多层面地理解刑释人员那段难忘的记忆，笔者带着好奇和期许于2015年7月再次来到他们“曾经一起艰苦奋斗过的地方”[①]——海州监狱来寻找答案。

为了顺利完成调研，在经监狱领导批准后，笔者第二天一大早就进入监区参与观察服刑人员的工作、生活、学习现场。7月的海州并不凉爽，太阳一大早就那么的火辣辣。按照监狱的安排，首先从入监监区开始。笔者在监狱狱政科李警官的带领下来到了进入监区的大门处，李警官从口袋里拿出了两张磁卡对我说：“这是A、B卡和参观牌，A卡是进入大门用的，B卡是进入监区用的，参观牌是便于上级部门的领导视察或者兄弟单位的同志来调研用的。”我顺手接过来，跟在李警官的后面。[②] 到了大门处，手机等通信工具不能带入监区，需交由负责警戒的人员锁在保险箱内，然后才能进入监狱的出入通道。监狱门口分为大门和小门，大门是车辆通道，小门是人行通道。在监狱大门口外安装有拦车用的横杆，大门里面的地面上设有辊闸；小门的人行通道设警卫室、门禁，进入小门的任何人或物随时在警卫室值班人员的监控之中。进入监狱小门后分为武警警戒区、监狱警戒区和电子自动警戒区。第一道警戒是由武警负责，先进行出入登记和刷卡，刷卡[③]完毕后打开第一道门，然后进行面部识别，识别通过后武警才会打开下一道门。第二道警戒是由监狱狱政科警戒人员负责，我们再次刷卡开门，面部识别后进入了第三道警戒。第三道警戒是电子自动识别系统，由三个安检门组成，每次只能进出一个人，刷卡通过第一个安检门，由第二个安检门扫描是否有违禁品，第三个安检门是刷卡后输入密

---

① 为了更加全面地了解刑释人员回归社会的状况，笔者自愿被拉进刑释人员自己建立的微信群，群成员有37人，他们将这个群命名为“曾经一起艰苦奋斗的难兄难弟”，而共同服刑的海州监狱就是他们“艰苦奋斗”过的地方。

② 按规定，外来人员必须要由监狱警察统一带领进入监狱，以防服刑人员脱逃。

③ 每天值班人员的信息已录入计算机系统，如果非当日值班人员想进入监区，即使刷卡也不会被识别。

码，再把手指放在安检的静脉识别①仪上，等系统识别确认身份后安检门指示灯闪烁方能通过。据李警官介绍，以前其他监狱出现过服刑人员杀害监狱警察后用他们的指纹和面部信息混出监狱的案例，为了避免这种情况的再次发生，监狱通过这种人防、物防、技防立体式安全防脱逃系统来防止服刑人员逃跑。尤其是静脉识别系统，比原来的指纹识别先进得多，每个人的静脉特征值都不一样，这样就可以避免利用他人的指纹蒙混过关了。警备如此森严，服刑人员如果想从这里混出去那真是难于上青天。

进入监狱后，有两个小岗的值班服刑人员见我们走过来，马上立正站好说“警官好”，待我们过去之后才坐下值班。监狱内部的小岗很多，基本上在各个路口、门口和监区相邻处都有。笔者问了李警官之后才知道，他们都是直属狱政科管理的服刑人员，在监狱内改造状况较好，属于宽松管理型，主要负责稳定监狱内部的秩序。再往里走的过程中笔者发现，监狱的楼房建得很别致，就像是小区的居民楼一样，大部分工作车间都在比较低的楼层，服刑人员穿着蓝白相间的囚服在车间流水线上紧张而有序地忙碌着，不时地还有几个监狱警察在巡查，旁边还有外边工厂的师傅（工厂派到监狱指导罪犯生产的技术人员）在检查着那些生产出来的半成品是否合格，耳边传来机器嘈杂的轰鸣声，有时就连说话也听不清。监狱每天进出的人是固定的，值班的监狱警察必须要着制式的警服上班，即使是工厂的师傅也得统一佩戴上有“外出”二字标识的坎肩，而我因为调研学习的原因，既没有穿着警服，又没有佩戴坎肩，只是胸前挂了一个塑料制成的参观牌。这些特征足以让服刑人员看出笔者不属于这里，是个“外边的人”。因此，他们有人借着拿东西的机会偷偷向外瞟一眼，但又生怕被监狱警察发现，急忙又忙着各自手中的活计。去生活区的路上，我们还遇到三个穿着橘黄色马夹的服刑人员在运垃圾，他们在离我们大约 5 米的远地

---

①　静脉识别是生物识别的一种，优于指纹识别，是通过红外线 CCD 摄像头获取手指、手掌、手背静脉的图像，将静脉的数字图像存储在计算机系统中实现特征值存储。静脉比对时，实时采取经脉图，运用先进的滤波、图像二值化、细化手段对数字图像提取特征，采用复杂的匹配算法同存储在主机中的静脉特征值比对匹配，从而对个人进行身份鉴定，以确认身份。

方迅速放下工具站好，又是一句“警官好”。李警官示意后他们才继续工作。我问李警官：“所有的服刑人员都是这样做吗?”“基本上都是，如果在车间忙生产，我们去了不用这样。但是如果来了外人，尤其是在宿舍、楼梯、路上遇到的时候就必须放下手中的物品，立正向警官问好，这就是规矩。没有规矩，哪成方圆啊。”李警官边走边告诉我，刚才这几个服刑人员是直属生活卫生科的，主要负责清理监狱公共区域的垃圾。由于入监监区没有生产任务，所以监狱就把入监监区放在了生活区。入监监区主要负责认罪悔罪、监规监纪等教育活动，为普通生产监区输送合格的劳动改造对象。而普通监区是有生产任务的，每一名服刑人员每天需要完成的任务量是固定的。在入监监区里最主要的是培养罪犯的组织性和纪律性，让他们懂得什么是规矩、如何去遵守规矩。其实监狱里有两条高压线，一条是看得到的墙上的高压线，碰不得；另一条就是监狱的规章制度，违反了就要受惩罚，就可能影响到减刑、假释，这也是他们最在意的。在入监监区里学习其实就是学习规则。监狱里边整体上分为生活区和生产区。刚才路过的就是生产区，也被称为“习艺车间”。我们现在要去的是生活区，生活区里包括服刑人员的食堂、宿舍、教室、文体活动场等。生活区与生产区隔着一道自动化的铁门，两个区域间只有通过这道铁门才能通行，铁门上边还镶着八个鎏金大字“依法、科学、文明、管理”。我们走到门前时，值班的监狱警察就让小岗把门打开了。

第二节 时间规训：定时的日常生活

匈牙利学者赫勒在《日常生活》一书中开宗明义：任何个体都存在再生产的过程，这也是社会再生产的先决条件。当个体自身需要再生产时，它就必须要再生产出社会。我们所谓的“日常生活”就是生产社会的个体再生产要素的集合。[1] 换言之，日常生活的研究需要依赖于个体与社会的关系。任何一个社会的存在与发展都需要再生产，但个体的再生产是社会再生产的前提，离开个体再生产的社会将不复存在。因此，赫勒把日常生活定义为“个体的再生产”[2]。从本质上来讲，服刑人员在监狱接受形塑的过程就是其个体再生产的过程。监狱对服刑人员日常生活时间实现了全面的控制，而这种控制并非如同暴力式的雕刻，它是一种完美形塑的过程。

笔者跟随着李警官来到了一个普通的改造监区——二监区。对于这些服刑人员来讲，在入监监区头两个月的快餐式的集中教育是他们最难熬的日子，也是熟悉监狱环境的一个过渡期。虽然入监监区没有生产任务，但他们还是比较愿意被分配到普通的改造监区。后来，笔者从服刑人员的口述中才得知，在入监监区争取加分奖励的可能性非常小，这样一来减刑的机会就少，所以他们都很乐意去普通监区，在那里可以争取减刑的机会。杨明（案例 8）告诉笔者：“入监监区没有生产任务，里面主要是入监教育，就是让我们明白自己是什么身份，摆正心态，做自己该做的事儿（认罪伏法、接受改造）。”

笔者：“没有生产任务还不轻松吗？”

杨明：“是轻松，但是也熬得慌啊。每天都是训练、上课，接受认罪悔罪和监规监纪的教育，一不小心违规了还得受处罚。就好像是部队里的新兵连军训一样，每天要队列训练、整理内务、学习各种各样的内容。训练强度不小，加分的机会却很少。”

笔者：“在这里边什么加分最多？”

杨明：“当然是生产啦。社会很现实，监狱也很现实，没有效益监狱的日常支出就没法儿保障，所以监狱就非常注重生产任务和生产效益。完成生产任务是加分最多的一项，其他方面也会涉及加分，只不过所占比例

---

① 参见［匈牙利］阿格妮丝·赫勒著，衣俊卿译：《日常生活》“中译者序言”，黑龙江大学出版社 2010 年版，第 3 页。

② 参见［匈牙利］阿格妮丝·赫勒著，衣俊卿译：《日常生活》“中译者序言”：黑龙江大学出版社，2010 年版，第 3 页。

比较小。大多数想减刑的人就想着早一天去搞生产，这样可以加分啊。”

在入监监区虽然没有繁重的生产任务，但是这些服刑人员并不是很乐意在那里“轻松”地“熬”着。从减刑的角度来看，他们更想“早一天去搞生产”，这样可以有更多的减刑机会。劳动是促进服刑人员改造的有效手段之一，监狱迫于现实的压力也非常注重生产任务和效益，有了效益才能保障监狱的正常运转。因此，监狱为了鼓励服刑人员顺利完成改造任务，实现效益和改造的双赢，在奖励服刑人员的项目中将是否积极完成生产任务作为改造加分最重要的标准。此举将服刑人员减刑的动力与监狱生产的目的有效契合，实现了监狱生产和服刑人员积极表现的双重目标。

如果说监规纪律作为一种权力的微观力量对服刑人员实现了不易察觉、连续地控制，那么监狱对服刑人员的日常生活时间的控制则实现了监狱权力的完美形塑，它通过对服刑人员每天从早到晚活动的控制完成了对肉体的支配和驯顺。

一、“精打细算”的时间表

福柯描述军队的生活时认为，时间表是一项古老的遗产。这项遗产来自于修道会，它是时间的专家。军队在训练士兵时所使用的时间管理可以精确到四分之一时、分、秒，在每一个时间段必须要做到令行禁止、雷厉风行，在学校中教师对学生的要求也是如此。他引用了 Tronchot 描述的互教学校中学生的时间表：“8：45 班长进入，8：52 班长会，8：56 学生进入和祷告，9：00 学生就座，9：04 听写第一块石块，9：08 听写结束，9：12 听写第二块石块，等等。”①

笔者在二监区监区长的办公室里看到了一份《海州监狱二监区服刑人员一日生活作息安排表》（如表 2-1），这份作息表里面详细地安排了服刑人员一天的生活，其中涉及起床、洗漱、出操、整理内务、出工等诸多方面的生活内

① 转引自［法］米歇尔·福柯著，刘北成、杨远婴译：《规训与惩罚》，生活·读书·新知三联书店 2012 年版，第 170 页。

容，可以说是无微不至。

表 2-1　海州监狱二监区服刑人员一日生活作息安排表

时间	内容	责任人
××：××	起床	分监区警官
××：××	分监区点名、出操（队列训练）	分监区长
××：××	洗漱、整理内务	分监区警官
××：××	分监区点名、吃早饭	分监区警官
××：××	分监区点名、唱改造歌、出工	分监区警官
××：××	分监区点名、收工、唱改造歌、吃午饭	分监区警官
××：××	统一回监舍休息	分监区长
××：××	分监区点名、唱改造歌、出工	分监区警官
××：××	分监区点名、收工	分监区警官
××：××	分监区点名、唱改造歌、吃晚饭	分监区警官
××：××	分监区点名、学习讨论	分监区警官
××：××	监区集中点名、统一收看新闻联播	监区值班领导、分监区警官
××：××	集中结束、自由活动	分监区长
××：××	关闭电视、全部回监舍洗漱、上床睡觉	监区值班领导、分监区长

笔者看到这份作息表后异常惊讶，服刑人员一天中的时间被安排得很“饱满”，做每件事的时间也是固定的。于是笔者就向监区长询问：“他们做每一件事都要限定时间吗?”监区长笑了笑说：“你可能不了解这里的情况，监狱不是菜市场，他们是来这里接受改造的，不是逛大街。他们大多数人都在外面闲散惯了，如果不限定做事的时间他们就会很松散，毫无组织性和纪律性。在这里工作时间就是工作的时间，休息时间就是休息的时间。就拿吃饭来说吧，现在的吃饭时间是半小时，基本上都能吃完，即使吃饭再慢时间应该也够用了。不对他们限定时间就会影响下一步要做的事情——饭吃不完就没办法进车间上工，紧接着后面的事情就没办法完成。各个监区都有各自的安排，不可能因为一两个人影响大家。也并不是只有我们这个监区这样要求，整个海州监狱甚至全国的监狱都是这样的，什么事情都必须得在规定的时间内完成。”当他们在规定的时间内没完成需要做的事情，就可能受到一定的处罚；完成好的则会受

到奖励和表扬。监区长这样说：

> 完不成就会受到一定的处罚，除了极个别不服从改造的顽固分子，一般情况下都会完成的。我们警官的分工也很细，每个人负责什么工作都是很明确的，每天还有带班的监区领导。犯人中也有协助管理的组长，以小组为单位，做每件事都是按组来完成，完成的好这个组的所有犯人都有奖励。如果有人完不成任务，组长和其他组员也会受到影响，所以组长们督促的也很紧。

海德格尔认为，任何一种存在之理解都必须以时间为其视野。[①] 时间可以分为自然时间和社会时间。从外在表现形式看，服刑人员的作息时间仅是一种时钟时间或者说是一种自然时间，其特点是恒定性和定量性。就实质内容而言，时间还包含着社会性的意涵。正如索罗金和默顿提出区分社会时间和自然时间的权威性的经典表述一样，他们把昼夜和季节循环的自然时间与时钟时间结合起来，并界定了这种时间，认为它是“纯粹数量的，没有质的变化”。[②] 如对服刑人员从早到晚的自然时间的安排仅是一种量化的时钟记忆，是纯粹自然时间的流逝，无任何其他特殊意义。但是，“时间又是社会生活的一个关键性要素，因而对社会生活也同样关键……所有时间都是社会时间”[③]。换言之，时间不是纯粹的时钟，而是被社会所建构的社会事实。时间的本质是社会性，它反映、规范和安排着社会生活。如服刑人员一日的作息都是在指定的时间内完成的，其中包括洗漱、早操、吃饭、睡觉等内容。当然这些活动的完成是在纪律强制的前提之下，并非服刑人员个人所愿。在监狱的管理者看来，这样的

---

① 参见［德］马丁·海德格尔著，陈嘉映译：《存在与时间》，生活·读书·新知三联书店 1987 年版，第 1 页。

② 参见［美］芭芭拉·亚当著，金梦兰译：《时间与社会理论》，北京师范大学出版社 2009 年版，第 179 页。

③ ［美］芭芭拉·亚当著，金梦兰译：《时间与社会理论》，北京师范大学出版社 2009 年版，第 17 页。

安排可以使他们破除松散的陋习，“什么事情都必须得在规定的时间内完成”有利于培养良好的组织性、纪律性和时间观念。监狱为了确保为服刑人员作息安排表的完成质量，还安排监狱警察、服刑人员组长等进行不同类型的监督和鞭策，使他们在规定的时间内做完被安排的事情。服刑人员李永浩（案例6）告诉笔者，他每天过得都很充实，就是可以自己支配的时间太少了，感觉每天从早到晚都挺忙乎。在时间安排上，他对每天、每时要做什么都是很清楚的。

> 都来了好几年了，每天该干什么都清楚，这一天里头，一分一秒干点儿啥事都清楚得很，这儿（监狱）真是“精打细算”啊。吃饭就是吃饭，睡觉就是睡觉，不能干其他的，晚上睡不着也得躺在床上待着，除了上厕所不能随意走动。上工的时候也得按规定的时间完成生产任务。这里头的这些事啊由不得我们，我们必须在规定的时间内做好规定的事，时间和身体都不是个人的了。

鲍尔等人在研究校园活动时发现，任何一所学校的课程设置、学年始末以及对学生测试的日期都在某些固定的时刻，而科目、教师的活动和预期的学生进步都是在这些固定的时刻内计划好的。[①] 在有限的时间资源和成堆的时间表整体结构中，要针对预先设定的时长来安排活动。我们暂且把这种预设的时间表称为“定时的社会生活”。“定时的社会生活”不仅在学校生活中有所体现，在监狱中更为明显。在服刑人员的时间记忆里，吃饭、睡觉、上厕所这些司空见惯的活动都被限制在程序化的操作中。“一分一秒干点儿啥事都清楚得很”的生活节奏在监狱“精打细算”的时间表中表现得淋漓尽致。可以说，“严格的时间秩序对于理性化、官僚制地建构起来的组织尤其适用”[②]。从充分利用时间的角度来讲，这种时间上的安排应该是毫无瑕疵和高效率的。监狱通过将

① 参见［美］芭芭拉·亚当著，金梦兰译：《时间与社会理论》，北京师范大学出版社2009年版，第126页。

② 参见［美］芭芭拉·亚当著，金梦兰译：《时间与社会理论》，北京师范大学出版社2009年版，第126页。

服刑人员的作息安排固定在某一个时间段来控制他们的时间，把活动的时间变成活动的程序，这一切似乎都是合乎常理和改造规律的。被控制的肉体在精确、专注的程序安排下致使“时间和身体都不是个人的了”，服刑人员在监狱度过的每一秒都不会被浪费和闲置，从而勾勒出一幅完美的“解剖计时图”。

二、“反反复复”的时段积累

从服刑人员作息安排表中可以看出，他们每天的时间被计算得毫无缝隙，而且每天做的事情都是重复和固定的。因此，生活是可预见的。服刑人员的行为方式一旦养成，就会习惯性地实施。笔者追问服刑人员李永浩关于这些方面的问题，他告诉我说，起初刚来到监狱的时候很不习惯这里的生活，在他的眼中，监狱不是什么值得称赞的地方，没几个人是自己愿意到这里来的。

笔者：“那后来怎么就习惯了呢?”

李永浩：“（笑）咋习惯的啊，不习惯也得习惯。其实这是挺简单的一件事，没吃过猪肉还没见过猪跑吗，什么不会、不懂就学，学了还不会，再学，反反复复不就会了吗。这就好比练动作一样，一个动作练上成千上万次还不会吗。能来这里边的都不是很笨的那种，多少还是有点本事的。”

笔者：“这种反复地训练对你们有什么作用吗?”

李永浩：“有啊，作用大着呢。谁也不是一生下来就什么都懂、什么都会，对吧，不都是平时反反复复地学才会的吗。每天不断地学习这些改造的内容，熏也得熏出来。你来的时候没看见我们出工的时候在唱改造歌、背诵监规纪律吗?这些都是最平常的，是每天出工、吃饭前必须做的事情。”

经李永浩这样一说，笔者想起了刚过来的时候，服刑人员整队站在楼前唱改造歌的情形：“好铁百炼成钢，好汉何惧冰霜。拼搏成就梦想，务实才见真章。不怕披荆斩浪，好汉敢作敢当。立志奋发图强，从此扬帆远航……”歌声铿锵而有力，充分地让人感觉到了“力”感。

反复地学习、重复固定的内容让服刑人员经历了“熏”的过程，从不习惯走向习惯性的实施，这说明作息安排表在服刑人员生活中扮演着尤为重要的角色。应该说，这样的作息安排表为全体参与其中的人提供了预设的程式，这其中包括学习、工作、娱乐等内容，在这种程式的时间表的安排下，各项工作进行得井井有条。① 关于这种反复的、程式的规律性行为，德拉蒙特和高尔顿指出，校园中的两大群体（学生和老师）均被安排在预设的程式中，尤其是对学生来说，他们在学校的一切活动（到校、上课、休息、吃饭、回家）都被固定在规定的时刻表中，不管是星期二还是星期三，年年如此，日日也是如此，②这个过程也可以被认为是行为获得的过程。斯金纳在研究科学与人类行为的过程中认为，行为的获得并不等于行为的保持。③ 当有机体学会了如何做出他以前没有做出或不能做出的某个反应时，这就意味着有机体的行为发生了变化，行为变化的结果便是行为的获得。而当这种行为获得的结果没有得到有效的强化时，行为获得的结果就会出现操作性消退，就像挂在衣服上方口袋里的钢笔丢失后，我们摸以前那只笔的口袋的次数也会越来越少。因此，监狱为了避免服刑人员行为习惯的操作性消退，就要依靠反复行为来增强行为的出现。我们把这种使被控制对象保持预设的获得行为称为“优势强化”，这使得他们不作他想也别无选择，只好顺从这个官僚制地组织起来的机构节拍。

对服刑人员的控制除了“不断重复”，监狱还发挥了“优势强化”——时段积累的作用，将“积累”的观念传递给每一个服刑人员。一方面是使其肉体处于一种连续性的时间中，另一方面就是使时间呈线性④，朝着一个最终的方向发展。连续的时间性主要表现在服刑人员每天的生活被安排得毫无缝隙，一项活动结束后，另一项活动马上开始，时间充实而饱满。

---

① 参见［美］芭芭拉·亚当著，金梦兰译：《时间与社会理论》，北京师范大学出版社 2009 年版，第 127 页。

② 转引自［美］芭芭拉·亚当著，金梦兰译：《时间与社会理论》，北京师范大学出版社 2009 年版，第 127 页。

③ 参见［美］B·F. 斯金纳著，谭力海等译：《科学与人类行为》，华夏出版社 1989 年版，第 93—94 页。

④ 线性是计算机应用术语，指量与量之间按比例成直线关系。

每天从睁眼到睡觉基本上都是被安排好的，早上一起床就是洗漱、出操啊什么的，然后就是吃饭、上工、收工，之后又是吃饭、上工、收工，先干什么后干什么都是固定的。到了晚上就是睡觉，这一天的时间里没什么可以由自己选择做事的功夫。忙了，累了也就没时间想其他的事了，生活很有规律。有时候自己想写点儿东西给监狱报刊投投稿子，可一天这么多事，哪有空去写这些东西啊！（案例 8，在押服刑人员杨明）

服刑人员的时间从这种“先干什么后干什么”的固化演变为连续活动的“序列化”，这使得监狱权力通过连续活动的“序列化”对他们进行具有“规律性”的操控和干预。福柯认为，分散的时间以“序列化”的方式被安排，从而使时间被高效率地使用并能够达到预想的结果或从中获取一定的收益。这是权力在时间安排上的体现，它使普通的时间具有了控制性。[①] 时间被累积成程序化的内容，忙碌的生活使他们筋疲力尽，更加有益于“控制”服刑人员的行为和思想。

另外，监狱通过对服刑人员日常生活的时间累积，使时间呈现一种线性的或者说是定向的特征，无论是起床、出操还是出工、就寝，这些活动的时间累积都是监狱为服刑人员精心设计的，其目的是让这些曾经偏离社会轨道的人在经过矫正之后重新回归正轨。但也恰恰是这样的时间累积让他们在监狱的操练中失去了自主性。正如案例 8 的杨明所描述的那样“一天这么多事，哪有空去写这些东西啊！”

笔者：“一日生活中安排的每项内容对你们有什么作用吗？”

杨明：“肯定是有啊。定时起床和睡觉让我们养成了早睡早起的习惯；出操训练培养了组织纪律观念；整理内务和个人生活卫生这一块儿是养成

① 参见［法］米歇尔·福柯著，刘北成、杨远婴译：《规训与惩罚》，生活·读书·新知三联书店 2012 年版，第 180 页。

讲卫生的好习惯；在车间工作就是劳动，改变之前闲散、好逸恶劳的想法，培养自食其力的意识。生活到处都是改造吧！”

笔者：“这些是你自己体会到的还是监狱教育的？”

杨明：“都有吧。一件事做的次数多了不就让人养成习惯了吗。”

笔者：“你觉得自己在这里生活了一段时间后有什么变化吗？”

杨明：“哎，时间一长就变了。谁也不是铁打的。即便是铁打的，那也禁不住高温熔炼啊。这里的每一个人都有变化，有人即使内心没变化，但是最起码表面上得适应监狱改造的要求。”

服刑人员日常生活时间表是一种分段的序列化。在他们看来，早睡早起、整理内务、出操训练等皆是服刑人员作息安排时间表的重要组成部分，“一件事做的次数多了”“时间长了”就成为他们的习惯了。监狱的生活让“这里的每一个人都有变化”，所谓生活处处皆改造。无论这种变化是发自内心的，还是为了迎合他人而改变，总之都是他们为了适应这个环境而做出的调适。

从另外一个层面上来看，时间更是一种被连续整合的线性时间。线性的时间安排趋向于一个稳定的终点，即监狱对服刑人员的“改造”。监狱通过时间表的连续性操练来促进他们洗心革面、重新做人，如出操培养组织纪律观念、整理内务养成讲卫生的好习惯、参加劳动培养自食其力的意识，其改造的目的贯穿始终，我们把这个过程称之为“进化”。而服刑人员为了适应监狱的现实生活也会根据自身情况做出调适来转入监狱“进化”的轨道。在福柯的“政治解剖学”看来，这种操练不仅是对人的身体或肉体的一种征服，而且是永无止境地占用和征服。

在组织行为学的相关研究看来，时间表中的连续性操练就类似于连续强化，当服刑人员适应改造或者说“进化”的理想行为趋向出现时，监狱只有给予强化才能促使他们快速地学习和积极地接受改造。监狱就是通过系列的、定向的、累积的连续性操练实现了对服刑人员的控制和驯顺，这也就是福柯所认为的“被控制就意味着被塑造”①。

第三节　空间规训：隔离与监视

任何的个体或群体都必然在一定的社会空间中互动，而空间的形成也来自于个体或群体的生产和建构。监狱空间最重要的特征就是区域化和隔离，这是监狱为实现规训的目的对空间所进行的管理。英国社会学家吉登斯认为，人的活动场景是可以实现“固定化”的，通过这种方式可使人的日常生活被惯例化，同时人的实践意识也同样被固定在预设的具有客体性的现实生活场景之中。② 监狱封闭和隔离的空间有利于实现规训服刑人员的目的。福柯表明，工厂、学校、修道院、军队等机构为了维护自身场所的秩序和纪律，对处于其中的成员实现有效的控制，这些机构都采取了严格的禁闭措施，利用围墙、大门等设施构建立了相对封闭和隔离的空间。在福柯看来，封闭和隔离的空间是贯彻纪律的保护区，它可以人为地划定出一个异乎寻常的，依靠高墙、大门建立的完全封闭和隔离的场所，③ 这样更加有利于监狱将带有规训意蕴的纪律强加于被控制的群体身上。

一、封闭隔离的空间

监狱是刑罚执行机关，为了有效地执行刑罚，加强监管改造场所的规范化建设，我国的《监管改造环境规范》中明确规定监狱是警戒设施重地，围墙、电网、报警装置是必备的设施。在李警官带笔者进入监狱时，笔者仔细观察了一下海州监狱的警戒设施，其中围墙警戒由两部分组成：一部分是外围的围墙；另一部分是围墙内侧的安全防刺网。监狱的围墙高出地面约 6 米，围墙地

---

① 参见吴猛：《福柯话语理论摘要》，九州出版社 2010 年版，第 81 页。

② 参见［英］安东尼·吉登斯著，李康、李猛译：《社会的构成》“译序”，北京：生活·读书·新知三联书店 1998 年版，第 8 页。

③ 参见［法］米歇尔·福柯著，刘北成、杨远婴译：《规训与惩罚》，生活·读书·新知三联书店 2012 年版，第 160—163 页。

基是用水泥浇筑而成的，很坚固，顶端呈Y形，拐角处为半圆形，墙的表面甚是光滑，无可攀登或钩挂之处，围墙上部的凹槽过道有来回走动巡逻的武警和固定的岗楼警戒室，顶端处还安装了分段报警装置和电网，墙上每隔几十米就安装了一个高清摄像头。在监控的监视下，警戒情况一目了然，围墙周围绝无死角。围墙内侧是防刺网，防刺网与围墙之间铺设了绿化草坪，中间还安装了红外线感应器来防止有人进入，感应器异常得灵敏，哪怕有一只鸟飞到墙和网的中间报警器都会发出蜂鸣的报警声，这时候岗楼上荷枪实弹的武警便会仔细侦查。服刑人员的活动区域也是有限的，生产区与生活区之间不能随意出入，需在指定的时间由带工的监狱警察清点人数后统一带进带出。为了维护监狱正常的秩序和纪律，顺利完成教育改造任务，高墙是对服刑人员实现封闭化和隔离化的必需之物。因此，“墙”的印记已深深地铭刻在了服刑人员的内心深处。

在田野调查中笔者发现，服刑人员无论是刚过弱冠之年的小伙子，还是已过不惑之年的中年男子，他们对监狱里的“墙”都深有感悟。服刑人员杨明原本开着一家外贸公司，专做皮革的出口生意，一年纯利润在100万左右。他每天见见客户，约朋友吃吃饭、打打牌什么的，可以说生活得无忧无虑。后来生意越做越大，在招揽业务的时候和一家外贸公司的老板结下了仇。再后来，他找了一帮人想教训教训那个老板，没想到把对方打成了植物人，他也因此进了监狱。他觉得，监狱里的监规纪律要求和条条框框很多，但只要严格要求自己都可以做到。只是高墙使他失去了自由，也阻断了与外界联系的方式。

> 失去自由可以表现在很多方面，比如说和家人的联系只能是一个月一次的亲情电话和会见，这里不会随便让你联系外面的。外面的世界和里面的世界隔了一道墙，墙里边的规矩必须得遵守。这道墙会让你觉得自己像在一个封闭的笼子里一样，即使外面有什么事情也都得放下，想也没办法。经过一段时间以后就是光想“大劳改”的事了，与外面的世界隔断了，只能想墙里面的事了。比如如何积极表现争取立功啊、减刑啊什

么的。

隔离是一种将场所区域化的必要方式。现代社会中的一些特殊场所（如监狱、医院、戒毒所、军营、学校）是更为精细的区域空间，这些精细的区域空间体现了通过隔离的手段对现代社会的微观分割。① 监狱是塑造服刑人员的空间，其空间形态影响着服刑人员的生活方式，并是他们走向特定空间的生存方式。同时，被塑造的服刑人员又建构着监狱的精细化空间。尤其是在现代社会，空间的生产已突破了传统意义上生产的内涵，或者说是空间生产发生了转向，即由事物的生产转向了空间自身。正如列斐伏尔所言，目前的空间生产已经由空间中事物的生产转向空间本身的生产。② 他还敏锐而深刻地指出，空间生产的背后隐匿着人与空间的关系，即空间原本是人们进行生产的客观环境，却又被人们赋予社会意义并生产出来。③ 在杨明看来，与墙外的生活空间相比，墙内"失去自由"的生活空间是最为严重的惩罚。由于高墙的隔离，"墙外空间"与"墙内空间"的生活差异巨大。这道封闭的高墙让他如同笼中的鸟儿，只能在墙内的空间活动，还不得不去遵守高墙内的"条条框框"。因为高墙的阻隔，即使想外面的事情，他也不得不学会"放下"，只能一心关注墙内空间的事情。笔者在和其他服刑人员交谈的时候，他们也认同了这种观点，即高墙内封闭、隔离的空间阻断了他们与外界沟通的渠道，同时也迫使他们循规蹈矩地做事。在他们刚开始进入监狱的时候，这里是一个相对陌生的环境，他们仅是通过媒体了解过有关监狱的信息。在进来之后，他们才发现监狱和社会原来是互不相通的两个世界，在监狱想了解社会、接触社会是非常难的。李永浩告诉我："开始对这里边挺陌生的，啥也不知道，啥也不懂，最多只是从电视上看见过，但没体验过。进来之后发现，里边和外边是两个世界。有时候好奇外边的世界，可是在这墙里出不去啊。"而对于自己在监狱中犯错的事，他

---

① 参见景天魁等：《时空社会学：理论和方法》，北京师范大学出版社 2012 年版，第 5 页。

② 转引自包亚明：《现代性与空间生产》，上海教育出版社 2003 年版，第 47 页。

③ 参见叶涯剑：《空间社会学的方法论和基本概念解析》，《贵州社会科学》2006 年第 1 期。

们总觉得是由于自己不太懂监狱中的规矩。其实，多数情况下这种行为是一种对监狱生活的抗拒。但由于监狱是封闭和隔离的，他们即使通过各种办法来抗拒监狱生活也都是徒劳无功的，因为周围的高墙、电网已经把他们隔离在封闭的空间中，他们也只能服从。

> 说适应吧也就是适应，这里无论何时何地，四面都是墙、墙、墙，我在这里是一个犯人，不守规矩瞎折腾又有什么用呢。既然出不去，就按照人家（监狱）说的办就行。

为了贯彻纪律，首先要从人的空间分配入手，而空间分配最基本的形式就是划分出不同的、彼此隔离的封闭空间（如生活区和生产区的隔离），进而实现监狱权力对于人的规训。隔离和封闭的空间是监狱规训权力运作的优势空间。纪律来源于空间内个体或群体的高度组织化，它在贯彻的过程中也必须要具备被规定的、特殊化的空间围场。① 监狱这个特定的封闭空间就成为控制服刑人员、贯彻监规纪律的“保护区”。列斐伏尔反对纯粹的自然空间概念，他认为，社会空间不能以自然历史与文化来解释……空间是一种社会关系吗？当然是……空间中弥漫着社会关系。② 从空间自然属性的角度来讲，监狱仅是一个物化的场所，由高墙、电网等警戒设施构成，这是监狱存在的自然基础。就社会属性而言，高墙使监狱成为一个隔离的社会空间，人为的警戒设施赋予了监狱空间的社会性。对于服刑人员而言，监规纪律是他们的行为准则，高墙内的空间围场是他们每天进行互动的空间。然而“四面都是墙、墙、墙”让他们对外面的世界产生了陌生感，感觉被驱赶到了边缘的空间。在这个特殊的执行刑罚的场域内，即使他们“不守规矩瞎折腾”也无法走出去，与其这样还不如“按照人家说的办”，这样才算是对角色的自我认同。

---

① 参见潘泽泉：《社会、主体性与秩序：农民工研究的空间转向》，社会科学出版社 2007 年版，第 33 页。

② 转引自包亚明：《现代性与空间生产》，上海教育出版社 2003 年版，第 48 页。

福柯把人看作是空间中的人，这种“空间”不同于人们日常生活中的与时间相对的空间，而是人体行为的维度。为了贯彻纪律，首先就要从人的空间分配入手，而空间分配最基本的形式就是划分出不同的、彼此隔离的封闭空间，进而实现监狱权力对于人的肉体在空间上的控制。诚如列斐伏尔所指出的那样，空间的工具性特征必然要通过普遍化的隔离体现出来，被隔离的空间成为人们贯彻政治意图的围场，这就是具有功能性、群体性和地点性的隔离。①

二、受监视的空间

在福柯的眼中，监狱是一个被割裂的空间，同时也是静止和冻结的空间。在这种被隔离的空间中，每个人的位置都是固定化的，不能随意变化。就像我们刚刚进入监狱时看那的那些值班的小岗，虽然他们看起来相对自由，但其活动的空间仅限于值班室，在监狱内部是不能随意走动的。这一切看起来非常有序，但在这种空间中存在着严密的监视或监督。就像在前文中笔者所提到的那样：监狱为了确保安全稳定，下大力气加强硬件建设，坚持每年自筹资金优化升级监管设施，还建立了监管指挥中心，在全狱安设了1200多个摄像头，实行三级24小时实时监控。为了避免发生安全事故，在监狱基础设施建设方面对监控设施的投入是最多的，除了每年上级部门的拨款，监狱还自筹资金对监管设施进行升级改造。监狱中随处可见的摄像头可以让你看到想看到的任何地方，围墙、门口、楼道、监舍、办公室、食堂、操场、生产车间、教室、卫生间，等等。监狱内的一切在高清摄像头的拍摄下尽收眼底，监视无死角。服刑人员在监狱中受到如此严密的监视，他们的一举一动都在监督者的视野中，有时候连互相之间说句话都要格外注意。

这里头到处是摄像头，就连上个厕所都得被监控。有时候我们之间悄悄地说句话都被队长们说，总以为我们要搞什么事情，其实只不过是随便聊两句。无论走到哪里，都能被看见，所以得格外注意，有时候觉得自己都不是自己了，就和机器人差不多吧。哎！现在监狱比以前文明多了，可

① 参见［法］列斐伏尔著，李春译：《空间与政治》，上海人民出版社2008年版，第150页。

是我们在这里边也没有自由嘛，我觉得比挨打还难受，有时候郁闷时就想扯着嗓子喊上两声，可想喊也不敢喊呐，在这里受这个罪啊，真不是人过的日子！（案例 3，在押服刑人员肖远）

肖远所描述的被监视的监狱生活是我们所想象不到、体会不到的。任何人在他人的监督之下都可能产生一种抵抗心理，但普通人可以通过其他方式发泄或转移内心的不满情绪，而对于服刑人员来说，他们只能是默默地承受着。这就是监视所生成的规训功能，在这种被隔离和封闭的空间中，每个人都被镶嵌在某一固定的区域或位置上，个人的任何情况都被清晰地记录着，从而维持着监狱空间中井然的秩序。

然而，在这种隔离而封闭的空间中，服刑人员所受到的监视是以一种毫不间断的形式存在的。一般而言，服刑人员一天 24 小时都经受着他人的监督或监视。从早上起床一直到晚上就寝，甚至是在睡梦中，他们都被不停地监督着。除了利用现代技术的监控，人工的监督也是非常重要的一种形式。这种监督是一种带有层级性质的，它包括每天的固定检查、定期抽查、不定期巡查。每天的固定检查由监狱警察和服刑人员中协助监狱警察管理的班组长负责，早上起床出操、收操、吃饭、出工、收工、学习、睡觉时都要清点人数，以便及时发现存的问题和隐患，尤其是在重点区域（如监舍、车间）、重点时间（如休息时间）都要由监狱警察进行严格检查。定期抽查一般是间隔两天后，由监区长督促对监区内每个地方逐一检查。为了避免让服刑人员获取检查的程序和内容，这种检查都是在服刑人员离开某一区域后才进行，从门口到窗户，从被子到洗漱用品，可以说是无所不包、无所不细。不定期巡查是在监区与监区之间进行的，这种巡查更为严格，范围有时涉及几个监区，持续的时间至少是 4 个小时。在这种层级监督之下，服刑人员几乎处于一种无休止的被检查状态。

我们每天都得经过无数次的检查才行，每次检查的内容也不太一样。有的时候是在车间，有的时候在“号子”里，我们也习惯了，爱怎么样就怎么样吧。如果有人想从这里边跨出去确实很难，有一次我们监区的一个犯人从车间悄悄带回来1厘米长的铁片被检查出来了，监区又是批评又是罚的折腾了好长时间，我们其他人都不得安宁。那小子不仅被警官们罚，还被我们这帮人埋怨，如果不是他哪儿来这么多事啊。（案例5，在押服刑人员徐锋）

监狱管理的实践说明，检查是监督最为重要的形式，它可以把监狱的规训权力导入到服刑人员的日常生活中去。在福柯看来，检查可以把可见状态转换为权力的行使。① 传统的权力表现形式大多是以可见的形式出现的，而检查的仪式化则隐匿了这种规训的权力，它使规训权力在监狱隔离和封闭的空间中以一种不可见的方式施展出来。具有层级的、连续的、无处不在的监督与技术监控结合在一起，就构成了一幅完美的全景敞视画面。在这种全景敞视的作用下，监狱空间随即变成了受监视的空间，所有的空间均无晦暗不明之处。可以说，监狱空间并非是客观的、中性的，它是政治性的。列斐伏尔对此强调，空间虽然具有社会性，但它不是被意识形态或者政治扭曲了的科学的对象；自空间出现开始，它的政治性和战略性就如影随形。从某种程度上讲，在很多情况下，人们基于历史性或者自然性的因素对客观存在的空间政治性进行了不断的完善、塑造和加工。② 以往人们没有发现空间生产的政治特性，是因为人们将空间仅仅视作一种自然存在，而非社会存在。实际上，只要空间进入人类的视野，空间就具有了社会性，相应地就具有了政治性。因此，监狱空间便成了达致政治目标的工具，成为贯彻政治意图空间。规训的权力成为监狱空间中内在的体系，并时刻与这些外在的监督和监视密切地联系在一起，形成了微缩的监视空间。

---

① 参见［法］米歇尔·福柯著，刘北成、杨远婴译：《规训与惩罚》，生活·读书·新知三联书店2012年版，第210页。

② 参见［法］列斐伏尔著，李春译：《空间与政治》，上海人民出版社2008年版，第46页。

本章小结

从这些服刑人员的叙述和笔者的所见、所闻中，我们不难体会到监狱对服刑人员在时间和空间上的规训。就时间而言，它已不是纯粹的自然时间，而是被社会所建构的社会事实。时间的本质是社会性，它反映、规范和安排着社会生活。如服刑人员一日的作息都是在指定的时间内完成的，其中包括洗漱、早操、吃饭、上工、睡觉等内容。服刑人员日常生活内容在监狱系统化的时间表中表现得淋漓尽致。在“精打细算”的时间安排下，他们无任何自主支配的空隙，即使是制度化的闲暇时间，也需要在统一安排下活动，如集体看电视、集体观看演出、集体学习等。“反反复复”的时段积累使服刑人员的自然时间呈现一种线性的或者说是定向的特征，成为一种社会性的思想范畴和集体现象。社会性的时间和组成社会性时间的活动有着极为密切的联系，不同时间阶段的名称很大程度上取决于在这些时间内活动的内容。无论是起床、出操还是出工、就寝，这些活动的时间累积都是监狱为服刑人员精心设计的，其目的是让这些曾经偏离社会轨道的人在经过矫正之后重新回归正轨，也恰恰是这样的时间累积让他们在监狱的操练中失去了自主性。正如涂尔干分析宗教时所言，所有可能发生的时间都可以按照固定的、确定的标线来定位……日历表达了集体活动的节奏，同时又具有保证这些活动的规则性功能。① 从某种程度上讲，在监狱精确、专注的时间和内容的安排下，服刑人员的身体都失去了自主性，完全依赖于监狱。这种控制并非暴力式的雕刻，它是一种完美形塑的过程。

从空间的角度来讲，监狱既是改造服刑人员物化的围场，又是社会关系再生产的产物。所谓物化的围场指的是空间的自然属性，而社会关系的再生产则

---

① 参见［法］埃米尔·涂尔干著，渠东译：《宗教生活的基本形式》，上海人民出版社 1999 年版，第 11—12 页。

强调的是社会属性，即社会空间①。监狱是改造服刑人员物化的空间，高墙、电网、监控等警戒设施组成了物质上的空间结构。同时监狱的空间又被赋予了更多的社会含义和属性，成为真正的社会性的存在或具有社会意义的存在。如监狱被赋予惩罚服刑人员，改造他们成为守法公民的社会意义。监狱在地理空间的隔离使其成为监狱权力运作的工具性、等级化的空间。在对于空间的自然属性和社会属性的认识方面，列斐伏尔反对纯粹的自然空间的概念。在这里，我们需要认清的是，列斐伏尔在强调空间的社会性的同时并没有否认空间的自然属性，他充分肯定了自然空间是构成社会空间的基础这个事实：任何社会的空间都是以其自然空间为基础和前提的（比如监狱是塑造服刑人员的空间，但这种空间存在的前提是监狱场所的物化，即自然空间），失去了自然空间的社会空间也将不复存在。因此，任何地方都是具有自然属性的空间，更是具有社会属性的空间。② 从工具或功能的角度而言，监狱的空间生产并非是客观的、中性的，它是具有政治性的。以往人们没有发现空间生产的政治特性，是因为人们仅仅将空间视作一种自然存在，而非社会存在。实际上，只要空间进入人类的视野，空间就具有了社会性，相应地也就具有了政治性。因此，监狱空间便成了达致政治目标的工具，用来贯彻政治意图。具有层级的、连续的、无处不在的监督与技术监控相结合，构成了一幅完美的全景敞视画面。在这种全景敞视的作用下，监狱空间随即变成了受监视的空间，所有的空间均无晦暗不明之处。规训的权力成为监狱空间中内在的体系，并时刻与这些外在的监督和监视密切的联系在一起，形成了微缩的监视空间。对于服刑人员而言，高墙内的围场是他们每天进行互动的空间，然而“四面都是墙、墙、墙”让他们对外面的世界产生了陌生感，感觉被驱赶到了边缘的空间。

---

① 空间的社会性，是直接针对空间的自然性或者自然空间而言的，主要是指空间在原有的纯粹自然属性存在的基础上，在当代被赋予了更多的社会含义和属性，成为真正的社会性的存在或具有社会意义的存在。参见王贵楼：《当代空间性社会理论的主题与路径阐释》，《中国人民大学学报》2015 年第 4 期。

② 列斐伏尔认为，所有的社会空间都有源自这个自然基础的一段历史。的确，在任何地方，自然总是有其特殊性质。他强调社会空间以自然空间为前提和基础，社会空间是自然空间发展到一定程度的产物，但任何自然空间都不能缺失社会属性，这是它的社会意义所在。参见［法］列斐伏尔著，李春译：《空间与政治》，上海人民出版社 2008 年版，第 49 页。

第三章　高墙内的身体规训

在上一章中，我们考察、分析了监狱对服刑人员在时空方面的规训。无论是时间还是空间上，它们对服刑人员的规训最直接的作用都体现在服刑人员身体的变化，从细微的眼神到行动的表征，无不体现着监狱规训的印记。维特根斯坦曾指出，人的身体是人的灵魂的最好图画。[①] 身体是一个令人深思的问题，对于身体的认识，不能仅限于人的肉体或躯体，这只是人的灵魂的载体。或许我们可以这样说，身体以肉身的外在形式呈现，但身体是有思想的身体。所以说，身体是多层次和多维度的，它所包含的意义常常与其所在的社会有着密切的联系。就监狱的服刑人员而言，他们的身体往往受到纪律的严格限制。严格的纪律是塑造身体的微观技术，这种规训不同于传统的宏观权力，它通过微观渗透连续地对人体进行由外到内地形塑。

第一节　躯体规训：纪律与行为

17 世纪初期，沃尔豪森曾敏锐地指出，严格纪律本质上可以被称为是一种规训的艺术。福柯对纪律也有深刻的认识，纪律表面上可以被看作是“政治解剖学”，亦可以被认为是一门“权力力学”，它是一种权力主体对权力客体的支配方式。纪律可以通过内在的技术，遵照固有的程序来生产出训练有素的身

---

① 参见［奥］维特根斯坦著，李步楼译：《哲学研究》，商务印书馆 1996 年版，第 272 页。

体，即被驯顺的肉体。①

一、去个性化

服刑人员进入监狱首先要在入监监区进行3个月类似于“新兵营”的训练。入监监区的楼房和其他监区没什么两样，只是整栋楼都是宿舍，楼下有一块训练场地，监狱警察上下楼的楼梯和服刑人员是分开的，每个楼层都有一个铁栅栏门，门口都有值班的小岗，两个小时轮换一次。入监监区新收服刑人员的数量不等，有时候四五十人，有时候一百来人，在这里经过3个月的学习后才能分到各个监区。李警官告诉我，入监监区让新收服刑人员最先学习的就是《监狱服刑人员行为规范》。通过对《监狱服刑人员行为规范》的讲解，让新入监服刑人员了解遵规守纪与积极改造、重塑自我的内在联系，从而帮助新入监服刑人员逐步树立规范意识，达到对行为规范的“知”“行”，进而使其持之以“恒”，养成遵守行为规范的习惯。笔者看到监狱里的服刑人员的着装都是统一的样式，发型都是近乎光头，于是问李警官：“为何要给他们穿这样的衣服，理这样的发型?”“一方面是因为《中华人民共和国监狱法》和《监狱服刑人员行为规范》中规定，服刑人员穿着囚服，佩戴统一标识；另一方面是让他们明确自己服刑人员的角色。”笔者还了解到，服刑人员的被服样式和颜色也是统一的，不允许服刑人员私自改变被服的样式、颜色和标识。服刑人员在入监监区都要统一更换囚服，而且服刑人员在监狱期间必须留近似光头的寸发，在临近释放时才允许留长发。理发的周期一般为一个月，以监区为单位统一修剪。对于衣着和身体的关系，恩特维斯特尔在《时髦的身体：时尚、衣着和现代社会理论》一书的开篇中指出，人的身体是着衣的身体，社会世界是着衣的身体的世界……衣着是社会生活的基本事实……着衣出现在社会中是最为普遍的表现形式。然而，在不同的社会文化中，人们的衣着表现也在发生着变化，尽管在相同的文化中，人与人的衣着特征也是存在差异的，合适而得体的衣着与社

---

① 参见［法］米歇尔·福柯著，刘北成、杨远婴译：《规训与惩罚》，生活·读书·新知三联书店2012年版，第156页。

会的情境密切相关。[①] 应该说，服饰和头发是人身体的一部分，身体既具有自然属性又具有社会属性，并受到社会因素的影响。从身体社会学来讲，人的身体既是生命的载体，又是文化符号的标志。福柯在描述文身[②]时指出，文身的一种功能就是使人对他们的行为或命运一目了然[③]。因此，人的身体又是一种社会建构的过程，社会通过一系列的符号功能使身体富有面具的意象。监狱也正是通过衣着、发型等社会对身体建构的符号来强化服刑人员的角色意识。诚如芬克尔斯坦所言，人们的衣着不仅仅代表着个人的喜好，很多时候象征着人的社会地位和品格，无论它是客观的还是主观造成的。[④]

上午 9 点到 11 点，是入监监区安排学习《监狱服刑人员行为规范》的时间，负责讲授监规纪律的王警官从监规纪律的依据、作用、内容等几方面认真地讲起了监狱规章制度：

> 《监狱服刑人员行为规范》是司法部根据《宪法》《刑法》《监狱法》等法律法规制定的，是监管法规的具体化体现。你们每一个人都经历了从案发到入监的“艰难”历程，不管你们是否愿意接受，入狱服刑已成为现实，并且从你们入监的那一刻起，你们就已经在接受着严格而严明的监规纪律的约束，之所以你们最初会有很多不适应、不习惯的感觉，是因为大家对自己的身份还没有完全地明了……下面我开始讲解《监狱服刑人员行为规范》，第一条就是……

教室里的服刑人员都笔直地坐在板凳上，瞪大眼睛听着王警官上课。笔者趁着课间休息的时间对上课的服刑人员进行了询问。当问及他们对学习监规纪

---

① 参见［英］乔安妮·恩特维斯特尔著，郜元宝等译：《时髦的身体：时尚、衣着和现代社会理论》，广西师范大学出版社 2005 年版，第 1—2 页。

② 从某种意义上讲，文身也是人身体的一部分，承载着一定的符号意义。

③ 参见［法］米歇尔·福柯著，刘北成、杨远婴译：《规训与惩罚》，生活·读书·新知三联书店 2012 年版，第 293 页。

④ 转引自 Featherstone，Mike，Mike Hepworth，eds：*The Body*：*Social Process And Cultural Theoty*，London：Sage，1991，pp128.

律的感受和是否适应监狱生活时，多数服刑人员都是类似的回答：

一开始进来的时候有些不太习惯，心里有些烦躁。最开始主要是很多事情不懂，不知道怎么去做，入监学习监规的时候，生活卫生啦，注意事项啦，都是其他的“老号儿”① 传授给我的。但是刚进来什么也不懂啊，还是不会做，后来经过每天重复、反复地学习才学会。好多原来的思想、行为、习惯都要改变，要按照统一的标准和规范去做。（案例 1，在押服刑人员郑二臣）

我刚进来一个多月，现在正学习这里的规矩呢。这些东西我真是不了解啊，就连和队长们说话都得蹲下，我哪儿经历过这些啊。开始的几天有一些焦虑，成天在这样的环境里生活有些压抑，这也不能，那也不能。吃饭睡觉都被安排好了，和外边的生活差异太大啦。（案例 3，在押服刑人员肖远）

我原来当过武警，看守过监狱，没想到自己现在却进来了（说到这时他自己不由地笑了笑）。那时候是站在墙上看着监狱里的犯人，只是外围警戒，看着他们每天早出晚归的，除了没有自由也没啥吧。现在才发现，“蹲监狱”和“守监狱”真是不一样啊。不管怎么说，原来我有自由，部队里管得虽然也很严，但和这儿不一样。比如我当兵那会儿，一日生活制度很有规律，但回到宿舍后就自由一些了，可以串串宿舍说说话，到时间在熄灯睡觉。现在晚上 8 点就得上床睡觉，睡不着也得躺着。我刚进来的那一个星期都没睡好，也有可能是不太习惯吧。（案例 4，在押服刑人员邵义忠）

这里面的规章制度很严，训练和工作都挺累，啥都是统一的，做什么事情都是大家一起做，不会让一个人自己去做什么事，包括上厕所。（案例 2，在押服刑人员孙小杰）

刚进来的时候对这里的纪律要求不习惯，什么事都得打报告，不能随

① 新入监的服刑人员对在监狱内服刑时间比较长的服刑人员的称谓。

意走动，吃饭还得排着队打饭，饭前还得“一支歌”。早操、上工、学习、吃饭、睡觉，都是统一去干，上厕所都得排着队去，而且一个人不能去，得有两个人陪着一起去。（案例5，在押服刑人员徐锋）

《监狱服刑人员行为规范》（以下简称《行为规范》）是在押服刑人员必须严格遵守的行为准则，也是监狱衡量服刑人员改造态度是否端正的重要指标和对他们进行惩罚、表扬、奖励、减刑假释的重要依据。《行为规范》主要包括五项内容，共计三十八条。其中涉及生活（如起床、洗漱、如厕、穿着、吃饭、睡觉等）、学习（如收听广播、文化教育、职业技术教育等）、劳动（如工具的使用、安全生产等）、文明礼貌（如举止、称谓等）等方面。

新入监的服刑人员对于监狱的规章制度必然要经历从“什么也不懂”到“学会”的过程。他们开始不习惯是因为监狱里连吃饭、睡觉、上厕所都要“大家一起做”，“说话都不能随便说”，生活习惯的改变就会使他们出现不适应的情况，而监狱就要通过每天的重复，反复学习让他们慢慢地学会并适应这些监规纪律。法国的哲学家拉美特利（la Mettrie）曾对肉体的驯顺性进行了深刻的剖析，他在《人是机器》中指出，人的肉体既是灵魂的载体，又是训练结果的呈现，其核心观点就是肉体的“驯顺性”。[①]《人是机器》一书中深刻地揭示了人的肉体是驯顺的，是可以被驾驭和改善的。福柯在描述士兵形象时也鲜明地指出，新兵经过模式化的训练后很容易被辨认出来，其昂首挺胸、收腹垂臂、笔直地站立等集体性特征就是被塑造出来的。服刑人员在监狱接受改造的首要内容就是连续不断地重复《行为规范》中的要求，使他们原有的行为方式被弱化，逐渐强化“去个性化”的服从意识。“规范（norm）的力量似乎贯穿在纪律之中……从某种意义上，规范化力量是强求一律的。”[②] 监狱通过“去个性化”的纪律促使服刑人员的肉体和力量由多样性向单一性转变，进而接受

① 转引自［法］米歇尔·福柯著，刘北成、杨远婴译：《规训与惩罚》，生活·读书·新知三联书店2012年版，第154页。

② ［法］米歇尔·福柯著，刘北成、杨远婴译：《规训与惩罚》，生活·读书·新知三联书店2012年版，第207页。

矫正“洗心革面，重新做人”。对于服刑主体而言，“去个性化”的监规纪律造就了服刑人员的服从意识，使服刑人员形成可服从的品质。笔者暂把这种“去个性化”的作用叫作“规范纪律的智慧”。正如福柯所言，规训塑造了个人，它是预设的、连续的运作机制。①

二、强制化

《中华人民共和国监狱法》第七条规定：罪犯必须严格遵守法律、法规和监规纪律，服从管理，接受教育，参加劳动。这就意味着服刑人员在监狱接受矫正期间，他们做的每件事、说的每句话都要受到监规纪律的约束。例如《行为规范》要求服刑人员在服刑期间不得超越警戒线、不得私藏现金、不能私自与外界人员接触等。在《行为规范》中，“按规定”“不”“必须”“严禁”“须”等具有强制性的词语出现了26次。《行为规范》的执行过程需要强制力作为前提，它彰显了服刑人员主体在管理与被管理的关系中是一种被动的接受，义务的承担多于权利的享有，这也是监狱自诞生之日起与生俱来的功能。

在监狱的调查中笔者发现，服刑人员的行为和语言都是循规蹈矩的，行走的时候要排成纵队，站立的时候要保持立正姿势，即使笔者作为一个“外人”，找他们访谈时，他们进门后都要先蹲下，被允许坐下后才坐下。当笔者说明来意后，他们的回答也都是统一的回复：“好的，警官。”笔者对这一现象产生了疑问，原本他们在外面各有各的生活，来到监狱后为何都变成这样的模式化。我先了解了案例3中服刑人员肖远的情况，他原来在一家央企上班，负责项目施工，如果没有进来的话现在都能升到正处了。他告诉笔者，在和他同一年上班的同事里，就属他升职最快，发展也最好。全国很多省市他都去过，英国、美国、法国、澳大利亚这些国家也去过。做项目施工在外边跑的时间比较多，也闲不住，心都飞在外边。现在没有以前那种花天酒地的日子了，真想出去啊，一天也不想在这里待。哎，可想也没用啊。圈到这里面来，受别人管，必须得服从，自己想干什么都受约束，啥都是制度，制度化的东西太多了，失去

① 参见［法］米歇尔·福柯著，刘北成、杨远婴译：《规训与惩罚》，生活·读书·新知三联书店2012年版，第193页。

自由的感觉太难受了。

对于服刑人员肖远来说，他原本在社会上有很好的发展，只是因为一时气愤而犯下了大错。当他谈论起自己曾经的经历时，那份自信不由地从说话的语气中溢了出来。在他的心中“圈到这里面来，受别人管”“自己想干什么都受约束”成了强制性“制度化”的前提条件。“失去自由”让他感觉到比什么都难受。在适应监狱的纪律方面，肖远有着自己的感受。

这里的纪律要求必须服从，不管你愿不愿意。呵呵，这还不简单，人没办法了自然就适应了。就像孙悟空被压在五行山下一样，出不去就受着呗。一天一天地熬着，总有熬出头的时候吧。你说你不能适应，成天哭啊闹啊有啥用，还不是进来啦，谁也改变不了这个事实……让你干什么你再干什么，不让你干什么你就不能干，和机器人差不多，这里边不需要什么想法，只需要服从就行。按照队长说的做肯定没错，违规了就要受罚。现在想想还是外边好啊，有自由，想转转就转转，想买个啥东西就买个啥东西……这些纪律、规章制度之类的，不是我说变就能变的。既然改变不了，那就只能去适应了。那天我在“号子”① 里抄监规，一个狱友过来一看，哎呀，肖总啊，像你这种水平的还要抄监规啊。我给他说，咱们在这里什么都不是，不要以为自己还是在外面那样，就是犯人一个，不抄能行吗？人在屋檐下，不得不低头。

人的身体是具有认知性的，各个器官都存在保留周围信息的功能，而且这种功能是最为直接的。正如伊格尔顿很形象地指出的那样，在没有外界因素干扰或影响的情况下，人的身体放置于何种位置是具有习惯性的。因此，人的身体内存在的认知方式已经远远超越了启蒙主义的理性。② 肖远清醒地认识到当

① 意指监舍，服刑人员群体内的叫法。

② 参见［英］伊格尔顿著，马海良译：《历史中的政治、哲学、爱欲》，中国社会科学出版社1999年版，第200页。

前自己是一个犯人的角色，必然要受到监规纪律的约束。在这种高压之下，他不得不“低头”服从监狱的管理，毕竟在监规纪律的“屋檐下”，这一切不是自己说变就能变的。关于如何去适应监狱的监规纪律这一话题，在其他服刑人员的口述中也是类似的回答：

> 这里边大多数人都不想给自己找事，违规了没啥好处，规矩是死的，人是活的。这里边可不像外面那么随意，想怎么样就怎么样（说到这里郑二臣笑了笑，我似乎看到了他对原来自由生活的向往）。不遵守就得被罚，被罚了就减不了刑。再说了，墙上还有武警，里边有电网警戒，出不去那就强迫自己呗。到这里边了就得去习惯、去适应，没办法的事，只能自己调整吧。（案例 1，在押服刑人员郑二臣）

从一定程度上讲，监狱的监规纪律具有强制性，不是“说变就能变的”，也“不管你愿不愿意”，因为在他们眼中“规矩是死的，人是活的”，人没办法了自然就适应了。在纪律的外在约束下，服刑人员的身体已成为梅洛-庞蒂所说的，“它”和我在一起①。在强制性的前提之下，服刑人员的身体直接地感受到了外界的变化或反应，从而获得了身体对外界环境的认知。对于那些想尽早回归社会的服刑人员来说，“既然改变不了，那就只能去适应了”。这种习惯的过程就是监狱的纪律、规章制度内化为服刑人员的身体潜在的服从意识和认知的过程。在福柯眼中，医院、军队、学校、监狱都是规训的场所，而监狱尤为突出。监规纪律成为监狱权力的外在表现形式，这种微观的权力是一种物理力量，监狱通过这种物理力量的渗透对服刑人员的身体进行强制性的约束，增强其组织性和纪律性，提高其服从意识。对于服刑人员而言，从生疏到习惯是一个渐进的、不易察觉的过程。

---

① 梅洛-庞蒂曾指出，身体始终贴近我，始终为我而存在……它留在我的所有知觉的边缘，它和我在一起。“它”意指人的身体对外在的环境具有认知功能，通过行动者自身的反应或变化直接获得体认。参见［法］梅洛-庞蒂著，姜志辉译：《知觉现象学》，商务印书馆 2001 年版，第 126 页。

在和他们的谈话中，笔者看到了他们对原来自由生活的向往，以及对现有监规纪律的无奈。这种无奈来源于服刑人员内心不想被剥夺自由的权利，但是又不得不遵守监规纪律，因为遵守监规纪律会被监狱认为是认罪悔罪，好好改造的表现，是他们早一天走出监狱回归社会的砝码，违反了纪律就等于延长了失去自由的时间。

三、操作化："奖—惩"二元体制

"奖—惩"二元体制是监规纪律体系中不可或缺的重要元素。从某种程度上讲，监规纪律的奖惩不是完全意义上的法律规范，它是一种带有规范意义的约束措施，是矫正服刑人员身体的外在保障，并能够对服刑人员起到一种塑造和强化作用。如《罪犯考核奖惩规定》中规定：罪犯在考核期限内有积极表现①的，可评定为改造积极分子；罪犯有违反监狱规定，不认真改造②的，应当予以扣分。除此之外，监狱内还对服刑人员进行分级处遇，对改造表现较好的人管理较为宽松，改造表现较差的人管理较为严格。在加分、扣分方面也进行了等级分配。奖励和惩罚对服刑人员能够起到强化作用，奖励是正强化物，如加分、减刑、假释等；惩罚是负强化物③，如扣分、禁闭、罚站等。

对于大多数服刑人员来说，得到奖励是相当不容易的。除了按时按质按量完成生产任务可获得一定的积分，其他的就是在监狱举办大型的技能大赛、参加职业资格考试、在监狱内部刊物上发表文章等方面有一些贡献之后才会获得奖励。每次奖励就必然涉及加分，累计满 80 分，刑期就会减 1 年，所以他们很在意任何一次奖励加分的机会。就像案例 6 中的李永浩向笔者描述的那样：

---

① 如（1）3 次表扬，或者 2 次表扬 1 次记功，累计扣 10 分以下并没有一次性扣 3 分以上或受到行政处罚的；（2）1 次表扬或记功并有 14 次嘉奖，累计扣 12 分以下并没有一次性扣 3 分以上或受到行政处罚的；（3）21 次嘉奖，累计扣 14 分以下并没有一次性扣 3 分以上或受到行政处罚的。

② 如（1）年龄 55 岁以下无正当理由不能熟背《监狱服刑人员行为规范》的，扣 1 分；经教育后，在一个月内仍无正当理由不能熟背《监狱服刑人员行为规范》的，扣 3 分；对拒不背诵《监狱服刑人员行为规范》的，扣 5 分；（2）被服、生活用品、内务柜等不按规范要求折叠、摆放的，扣 1 分。（3）不按规定洗漱、就餐、如厕，或敲击漱具、餐具或在墙上乱涂乱画的，扣 2 分。（4）不在指定区域和时间吸烟的，扣 1 分；（5）不按规定时间看电视、听广播，或擅自开闭、选台的，扣 1 分。

③ 参见［美］B·F. 斯金纳著，谭力海等译：《科学与人类行为》，华夏出版社 1989 年版，第 69 页。

我现在什么都不想，就只想如何积极表现多挣点分，争取立功啊、减刑啊什么的，争取早点出去……你就说这里边的纪律吧，严是严了点，但你不违反纪律，别人也不管你。纪律要求我们不准打架斗殴、自伤自残，不偷窃、赌博，只要按照制度要求做，不违反就是了。

服刑人员为了实现“早点出去”的目标，会争取一切机会立功、挣分来获得减刑的机会。对于监狱的纪律，虽然很严，但是这些想早点出去的服刑人员都会去遵守。因为违反了监规纪律就丧失了加分的机会，就等于减刑无望，所以他们就会“按照制度要求做”。在他们不断积极表现争取获取加分和减刑机会的过程中，循规蹈矩的行为就会加强，监狱文化的塑造作用也会进一步得到强化。

好多的思想、行为、习惯都要改变，要按照标准和规范去做，不像外面那么随意……即使以后出去了，我还是要规规矩矩地做事。（案例 1，在押服刑人员郑二臣）

监狱微观的权力蕴含在监规纪律之中，通过加倍的强化训练使服刑人员的身体由适应不良向常态需求转变，以至于成为他们循规蹈矩的实践法则和不可跨越的警戒线。美国心理学家桑代克（Thorndike）于 1898 年最早认真研究了由行为的结果所引起的行为变化，并在动物实验的基础上提出“学习曲线”①。

① “学习曲线”是对某种活动或工具的学习速率（平均情况）的图形化表示。以横轴表示反复次数（探索次数），以纵轴表示所需时间。桑代克把一只猫放在一个箱子里，猫要逃出箱子就必须打开门闩，这时猫会做出各种各样的行为，其中有些是有效的能够把门打开。当把猫被多次放进这种箱子里时，猫完成逃出行为通常越来越快，最后猫可以径直迅速地跑出箱子。猫没有任何的“思维过程”，不会对环境做出解释，而猫的一部分行为是因为成功地打开了门而得到了加强。伴随着某种结果的行为就会得到加强，桑代克把这一事实称为“效果率”。同时，他观察到，与同一情景下的其他行为相比较，某种行为发生得越来越容易，他记录了猫逃出箱子所用的时间，绘成了一条“学习曲线”。参见［美］B·F. 斯金纳著，谭力海等译：《科学与人类行为》，华夏出版社 1989 年版，第 56—57 页。

实验中的“效果率”具有弥散性，会在最短的时间内扩散到其他情境中去。当服刑人员遵规守纪和积极争取立功的行为得到奖励时，这种奖励的结果就会促使他们更加积极地接受服刑改造，进而使监狱文化得到强化。在服刑人员肖云峰眼中，监狱中争取减刑是非常不易的，每次被批准减刑后他都特别兴奋。记得第一次减刑获批的时候，肖云峰一夜都没睡着。他给家里打亲情电话的时候告诉家人的第一件事就是减刑了，让家人为他而感到高兴。之后，监狱警察和家里人都鼓励他继续好好表现，他自己也非常认同。为了加分减刑，他还想写文章给这里边的报纸投稿。说起这些时，肖云峰的脸上洋溢出喜悦的笑容，我仿佛已经看到他迈出监狱大门走向新生活的场景。减刑获批的兴奋让他“一夜都没睡着”，给家人打电话的第一件事就是告诉他们自己获得了减刑。这一结果强化了服刑人员遵规守纪的行为，以至于他以后还想写文章投稿，类似继续好好表现的想法推动着他走向一种需求的常态。

惩罚是一种负强化物，也是监狱塑造服刑人员最为普遍的控制技术。其基本模式是，当服刑人员的言行举止不合乎监规纪律的要求，违背监狱矫正的期望时，他们就会受到扣分、罚站、警告、记过、关禁闭等惩罚。福柯指出，微观的处罚制度普遍存在于学校、军队、监狱中，这种处罚制度会涉及时间、行为、肉体等方方面面。[①] 无论在何地，最严厉的惩罚（制裁）不外是剥夺不遵从规则者的特权或利益，这些都是集团最重视和遵从者最珍惜的东西。[②] 笔者在入监监区调查时就目睹了服刑人员由于没有好好参加队列训练而接受处罚的情形。那时笔者正在入监监区的四楼办公室和肖云峰聊天，忽然听到楼下训练场上传来几声吼叫声：“你们两个出列！”我站起来隔着窗户一看，两个人走出了训练的方队。我悄悄地问了一下肖云峰：“这两个人是怎么回事啊？”他也站

① 处罚制度涉及时间（如迟到、缺席、中断）、活动（如心不在焉、疏忽、缺乏热情）、行为（如失礼、不服从）、言语（如聊天、傲慢）、肉体（如不规范的体态、不整洁）、性（如不道德、不庄重）等。参见［法］米歇尔·福柯著，刘北成、杨远婴译：《规训与惩罚》，生活·读书·新知三联书店 2012 年版，第 201 页。

② 参见郭星华、任建通：《规训与选择——对刑释人员回归社会的法社会学研究》，《江苏行政学院学报》2014 年第 4 期。

起来望了望窗外，笑笑说："这两个人有矛盾，肯定是因为队列训练打仗（打架）了，估计又得挨罚了。"果不其然，这两个人被叫到了训练场的中间，罚站就这样开始了。7月的天，是难耐的高温桑拿天，烈日炎炎似火烧。入监监区训练场的水泥地面上放射出一种"暴动"的热浪，是似乎只要有一块冰放上去就会"嗖"地一下升华为蒸汽的节奏。两名服刑人员站在烈日下，不一会儿蓝白相间的囚服上就渗出了"地图"样式的汗碱。他们所站立的地面上还用白色的粉笔画了一个直径大约为30厘米的圆圈，他们只能在圈内指定的范围内站立，未经允许不能逾越。这让我想到了"画地为牢"。等到快中午的时候，他们仍旧笔直地站在那里，"享受"着阳光的肆虐，而办公室里的访谈继续进行着。

笔者："天气这么热，就因为打架受罚吗？"

肖云峰："你想想，这里面的人脾气都那么暴，如果监狱不管严一点，下手都没轻没重，万一打伤或打死了，还是监狱的麻烦。有一次，两个犯人打仗（打架），被打的那个做了三次手术才治好，这些事都得由监狱出面来处理。所以，平时我们只要是犯错了就得受惩罚，最常见的就是罚站。犯人一般办完'学习班'① 后就老实了。谁也不想受若啊，尝到了苦头，下次就长记性了，都老老实实地接受改造吧。"

笔者："你犯过错吗？"

肖云峰："我刚入监那会儿年龄小，也没经历过这些，队列训练时有些动作不标准，负责训练的'老号儿'就会教育我，我就知道规矩了。"

笔者："那被罚后是怎么想的？"

肖云峰："咋想啊，都害怕被罚啊。比如说队列训练吧，警官和负责管理的'老号儿'如果不在场的话，我们就会轻松点。如果他们在场那就很紧张了，就怕做错动作。有时候，'老号儿'们一瞪眼，都不用说什么，就改正了。"

---

① "学习班"是服刑人员对监狱内部惩罚措施的一种通俗叫法，形式类似培训。

监狱对违反监规纪律的服刑人员进行惩罚可以达到三种效果：第一，惩罚作为一种厌恶性的刺激（“谁也不想受这罪啊”）可以及时弱化服刑人员违规行为的倾向，让他们“尝到了苦头，下次就长记性了”，改正“不良恶习”，停止监狱不期望产生的行为。第二，惩罚还具有弥散化的效果，它会很快扩散到服刑人员所生活的场域，让这种惩罚的效果“深入人心”，进而影响其他服刑人员不要重复同样的错误。另外这种惩罚是持续的、反复的，如果服刑人员违规行为重复出现，那么这种惩罚还会继续加倍地重复多次，“直到他们听话为止”，成为驯顺的肉体。福柯认为这种惩罚就是操练，我们亦可把这种惩罚称为“塑造的操练”。第三，惩罚可以使服刑人员“被条件化”①。伴随着惩罚的反复操练，无论这种惩罚是源于行为本身还是弥散后的效果，服刑人员只要是接收到类似于“‘老号儿’们一瞪眼”的信号，“都不用说什么”他们就会立即改正，这就是“被条件化”的效果。

这种惩罚是一种特殊的惩罚，不同于一般的以法律为准绳的处罚，惩罚的理由就是被控制的对象出现不合乎规范的行为。服刑人员的言行没有达到犯错的标准，或许仅是队列时有些动作不标准，就会受到惩罚，所以这种错误的标准不仅包括违纪，而且包括不符合行为准则、偏离准则等不符合规范的情形。就像 La Salle 所理解的孤儿院对儿童的惩罚那样，人们对于惩罚的理解不能局限于仅是对肉体刺激，更为重要的是应该把它理解为使被处罚的对象（儿童）认清自己有任何过失或错误的东西和让他们从精神上感到羞耻与尴尬的一切东西。②

笔者接着问：“除了这些，还有别的惩罚方式吗？”

① 在一定的反应之后出现一个厌恶刺激，只要是类似于厌恶刺激的情境出现就会出现一定的反应。比如如果老鼠触碰杠杆就会受到惩罚，那么当它再次接近杠杆或者杠杆渐渐接近老鼠的行为出现时，这种情境就会使老鼠产生强烈的厌恶刺激，老鼠就会选择远离杠杆。

② 转引自［法］米歇尔·福柯著，刘北成、杨远婴译：《规训与惩罚》，生活·读书·新知三联书店 2012 年版，第 202 页。

肖云峰："有啊。扣分啦、警告啦、关禁闭啦。关禁闭一般是很少用的，是需要监区上报监狱的。监区里犯人违规的情况很多，关上一个、两个的可以，但一个监区里二三百人，如果经常上报监狱关禁闭，那监狱领导会认为监区的领导没能力把犯人管好，以后提拔重用的希望就不大。所以监区内部的事情尽量都是内部处理，先办'学习班'，那种调教不过来的再交给监狱，严管或者禁闭。"

微观的惩罚机制会让服刑人员陷入一个"动辄得咎的惩罚网络之中"①，重则关禁闭，轻则是一种羞辱和冷淡。服刑人员凡有疏忽表现或精神不振都有可能被置于微观的惩罚网络之中。更为重要的是，受到惩罚的服刑人员会失去很多加分的机会，有时还会扣掉已得的分数。

笔者："被罚之后会扣分吗？"

肖云峰："会扣分的，处罚都是要扣分的。"

笔者："分数那么重要啊？"

肖云峰："'大劳改'也很不容易，想多挣点分提前出来很难，和社会上挣钱一样，没有什么区别。甚至在里面分数比钱还重要，分数多就意味着能早出去。监狱里有钱没钱不重要，吃饭、住宿、穿衣（外衣）都是统一发的，但没分可不行。犯人之间的很多矛盾都是因为挣分引起的，比如有的犯人违规使用电磁炉煮方便面，同监舍的狱友看见了就向队长举报，队长就会给举报的犯人加分，给被举报的犯人扣分。"

在他们看来，监狱里挣分和社会上挣钱是一个概念，在监狱里"有钱没钱不重要"，吃、穿、住都由监狱统一配发，不需要自己去买。分数就不一样了，分数多就会意味着早一天走出监狱，分数少就不会被减刑。因此，分数比钱还

① 参见葛新斌：《学校，抑或监狱？——福柯对学校与规训关系之描绘》，《华南师范大学学报（社会科学版）》，2009年第3期。

重要，这也是他们最为珍视的东西。

监狱的惩罚还包括宏观的处罚仪式，如监狱范围内的公开处理违规违纪服刑人员的批评教育大会、定期公示改造优秀和较差的服刑人员名单等。如果说微观的惩罚以一种更加温和、掩饰的方式对服刑人员施以影响，那么这种具有表象性、戏剧性、公开的处理违规违纪服刑人员的仪式则更具有直接性。虽然惩罚权力的隔离性、隐秘性的模式取代了传统的集体公开处决犯罪人的模式，但是现代刑罚模式也并不排斥传统的惩罚符号。因为这种宏观的、公开的处理仪式使惩罚的效果更具有弥散性，可扩展到更加广阔的范围。

法国社会学家涂尔干在讨论社会的机械团结时认为，从感情的层面来看，惩罚有时是感情的对抗，越是蒙昧的时代或社会，这种倾向越是明显。① 他还指出，在原始人看来，这种惩罚的目的不是更为远大的目标，也没有想从这种惩罚的过程中有所获益，它就是单纯地为了惩罚或报复，其目的在于让实施犯罪的个体经受痛苦。但是，今天的惩罚性质却发生了变化，惩罚的目的不再是为了纯粹的报复，而是为了自卫。② 换言之，社会对犯罪人实施惩罚并不是为了通过此种措施来获取内心的满足和平衡，而是通过惩罚让人们产生恐惧，从而祛除罪恶之源。监狱宏观的处罚仪式也可以起到两种作用：一方面，通过惩罚的弥散，使服刑人员对惩罚产生畏惧，不再去实施违规行为；另一方面，通过惩罚违规服刑人员使其矫正恶习，也使其他守规矩的服刑人员获得心理上的满足和平衡。

四、行为规制

严格来讲，行为规制是经济学研究中关于政府限制市场竞争行为的一个概念，从广义上说，规制包含政府干预经济的所有职能，而狭义的规制仅指政府对微观主体的经济控制或干预。③ 总之，规制是一种社会管理的方式，是管理

---

①　参见［法］埃米尔·涂尔干著，渠东译：《社会分工论》，生活·读书·新知三联书店 2013 年版，第 48 页。

②　参见［法］埃米尔·涂尔干著，渠东译：《社会分工论》，生活·读书·新知三联书店 2013 年版，第 49 页。

③　参见马云泽：《规制经济学》，经济管理出版社 2008 年版，第 4 页。

主体对被管理者的干预或控制。因此，在这里我们把“规制”一词引申为监狱对服刑人员行为的控制或限制，对他们行为的规制也是监狱教育的重要体现。

《行为规范》作为服刑人员的行为准则，对服刑人员的具体行为进行了严格的限制，如《行为规范》第六条①中对脱离监管、打架斗殴等违规行为做出了明确的规定，这在一定程度上有利于规范服刑人员的具体行为。除了《行为规范》中的要求，服刑人员在入监监区接受入监教育时，监区还对《行为规范》进行了补充：（一）罪犯在狱内服刑期间必须按照监狱的要求穿着囚服，不得私藏或者穿着便服，不得擅自改变囚服标识和式样；（二）罪犯不得伙吃伙喝、私设小灶；（三）罪犯不得蒙头睡觉、串换铺位；（四）罪犯在行进中与来宾相遇时，须原地停下，手中持有工具的，须同时放下手中工具，待来宾走过五米后方可继续行走。未经允许，罪犯不得与来宾贴近、攀谈。罪犯三人以上行进时需排成纵队行进，不得挽臂、搭肩、拉手；（五）罪犯不得化妆、文身、染指甲，不得戴首饰、穿高跟鞋；（六）罪犯不得烫发、染发、戴假发；（七）罪犯在回答问题时，不得抢话，不得指手画脚；（八）罪犯不得串监区，串监舍；（九）罪犯不得练拳习武；（十）罪犯不得搞同性恋……

这些行为准则几乎涉及服刑人员行为的方方面面，哪怕是最为细微的动作，《行为规范》中都做了详细的规定。之前笔者在问到服刑人员对监规纪律的感受时，基于监狱要求服刑人员行为的“统一化”模式，大多数服刑人员都表示不适应。由《行为规范》中的内容也可以看出，监狱对服刑人员的行为规制还体现在日常生活中的每个细节，小到“不得蒙头睡觉”，大到“不超越警戒线”。从表面上看，这种规制旨在强加或教授服刑人员一种标准化的动作；就本质而言，行为的规制实际上造就了服刑人员驯顺的肉体和循规蹈矩的行为方式。正像服刑人员所说的那样：

---

① 《行为规范》第六条为：1. 不超越警戒线和规定区域、脱离监管擅自行动；2. 不私藏现金、刃具等违禁品；3. 不私自与外界人员接触，索取、借用、交换、传递钱物；4. 不在会见时私传信件、现金等物品；5. 不擅自使用绝缘、攀援、挖掘物品；6. 不偷窃、赌博；7. 不打架斗殴、自伤自残；8. 不拉帮结伙、欺压他人；9. 不传播犯罪手段、怂恿他人犯罪；10. 不习练、传播有害气功、邪教。

这学习要求也是比较严格，我们有“三课教育”，即文化课、职业技术课和思想政治教育课。好多人学习文化课的时候因为听不懂老想睡觉，但是不敢睡啊，听不听得懂都得听，而且得坐直坐正，谁睡觉或者不认真就会被批评教育、罚分。学习《监狱法》时，队长让我们从思想上必须接受被惩罚和教育这个现实，要按照规章制度去做，还得熟记背诵，检查的时候如果不会背就会被罚抄《行为规范》。一遍规范抄下来就得1个小时，20遍得20个小时，写得都要吐了，所以还是好好背吧。平时说话也不能像过去那样随意，不能说脏话粗话，要讲文明礼貌，见了队长要立正站好、问好。”（案例1，在押服刑人员郑二臣）

什么事都得打报告，上个厕所也得向队长汇报，不能随意走动，吃饭也得排着队打饭，饭前还得一支歌，起床、训练、睡觉都得统一……早操、上工、学习、吃饭、睡觉，都是统一去干，上厕所都得排着队去，而且一个人不能去，得有两个人陪着一起去。（案例5，在押服刑人员徐锋）

人类的一切行为都有其原因和条件。斯金纳对控制人的行为也做出了深刻的阐释，他认为，任何行为的出现都具有一定的条件，我们可以根据行为出现的条件来预测行为。如果这些条件或原因被控制，那么行为也就会被控制。① 服刑人员日常生活中的吃、睡、坐、立、走都受到《行为规范》的严格限制，监狱也会对违反《行为规范》的行为做出处理，如采取“批评教育”“罚分”“抄《行为规范》”之类的处罚措施。监狱通过控制这些外在的条件，实现了对服刑人员行为的控制。

行为规制的作用在服刑人员队列训练和考核的时候发挥得更是淋漓尽致。队列训练时的每一个动作、姿势都体现出了效率和速度，身体、四肢和关节的位置都被完全确定下来，步伐大小、快慢、高度等皆是队列动作标准的要求。如笔者观察到的服刑人员在练习跑步动作时的情形：

---

① 参见［美］B·F. 斯金纳著，谭力海等译：《科学与人类行为》，华夏出版社1989年版，第21页。

听到“跑步”的预令时，两手迅速握拳；听到“立定”的口令，再跑两步，然后左脚向前迈大半步（两拳收于腰际，停止摆动）着地，右脚靠拢左脚，同时将手放下，成立正姿势。

在队列训练中，服刑人员身体的任何一个部位都不会被闲置或无用，身体上的每一块肌肉都被高效率地使用以便支持完成动作要求。各个动作步骤的分解和组合成了精心设计的、流畅的风景，对服刑人员的控制也随着动作的顺利完成而完美渗透进去。福柯认为，这些行为的规制成为监狱权力对肉体活动性进行控制的前提。服刑人员的身体被赋予了政治意义，成为权力所控制、训练和干预的对象，并被权力强迫和使用。① 在监狱权力的影响下，身体成为取之不尽用之不竭的能源库，权力对之的控制与其被视为使用，不如被看作榨取，或是永无止境的征用。②

另外，服刑人员被控制的行为不可能瞬间就呈现出“循规蹈矩”的景象，还需要考核、反复操练的塑造过程。如监狱对服刑人员的队列训练要进行定期的考核，考核结果分成等级，不同等级附带相应的奖励或惩罚措施；还有文明礼仪行为演练等。监狱的行为规制塑造了服刑人员循规蹈矩的行为习惯，在这些习惯的形成过程中，监狱在他们的内心深处印上了深深的烙印。

第二节　思想规训：监狱教育和生产

福柯在论证监狱的诞生时认为，监狱体制诞生的标志既不是刑法典的颁布，也不是关于分格囚禁原则法律的通过，而是法国梅特莱农场正式开始的日

① 参见［法］米歇尔·福柯著，刘北成、杨远婴译：《规训与惩罚》，生活·读书·新知三联书店 2012 年版，第 27 页。

② 参见吴猛：《福柯话语理论摘要》，九州出版社 2010 年版，第 80 页。

子。“正是这个不被注意、不被纳入史册的光荣日子，梅特莱的一个孩子在垂危之际说：我这么快就离开了这个农场，太可惜了！这标志着第一个教养所圣徒的死亡。”①

在他看来，梅特莱农场是最具极端的规训机构。梅特莱农场通过一系列的塑造肉体的技术，把囚犯塑造成驯顺的肉体。而且事实证明，当革命的狂热激发了所有人的想象时，当各地的学校甚至寄宿的学校都起来造反时，梅特莱的这一套技术和策略使得囚犯比以往更加平静。② 在今天看来，福柯所描述的梅特莱的情境在当前的监狱中仍旧存在。然而，之所以在所有人都造反时，他们却如此平静，是因为他们已经适应了监狱，这一切应该归功于监狱的教育技术和策略。

一、话语的教导

美国人类学家怀特指出，符号的使用是文化的现象基础，人类一切的语言、行为、观念以及情感等都属于符号的范畴，在这些符号中，语言则是人类使用符号能力最重要的形态。③ 怀特充分地说明了语言在传递符号能力方面的功能和作用，而代表监狱文化重要的形态就是监狱中的“话语”。

“话语”一词最开始是作为语言学的概念出现在人类研究的视野中。瑞士语言学家索绪尔在《普通语言学教程中》谈到了“话语”。他认为，“音位”这个术语含有声音动作的观念，只适用于口说的词，适用于内部形象在话语中的实现。④ 他用“话语”所表达的意思是有声的言语行为。而福柯认为，所谓的“话语”不能仅被理解为语言学意义上的符号，它的组成是具有一定的序列性和艺术性，也正是这样的组成让“话语”呈现了模态的样式。⑤ 依照福柯的观

---

① ［法］米歇尔·福柯著，刘北成、杨远婴译：《规训与惩罚》，生活·读书·新知三联书店 2012 年版，第 337 页。

② 参见［法］米歇尔·福柯著，刘北成、杨远婴译：《规训与惩罚》，生活·读书·新知三联书店 2012 年版，第 339 页。

③ 参见王铭铭：《西方人类学名著》，江西人民出版社 2004 年版，第 288 页。

④ ［荷］费尔迪南·德·索绪尔著，高名凯译：《普通语言学教程》，商务印书馆 1980 年版，第 101 页。

⑤ 转引自李飞：《二重性：主体建构视角下农民工的社会认同》，中国人民大学硕士学位论文 2009 年，第 21 页。

点，“话语”所表达的含义就是展现秩序的符号系统，这包括两个关键因素：一是秩序，二是符号系统。① 二者之间也是密不可分的，秩序要体现出来就不能离开符号系统的表达，符号系统的存在也不能脱离秩序的空间。换言之，话语是通过符号系统形成一种秩序，而秩序的空间是符号系统得以存在的基础。

荷兰语言学者戴伊克指出，权势者控制着话语的物质生产、表达、传达，因而统治了整个话语。② 简言之，权势者控制着话语，权势原则潜藏在话语之中，对话语的控制是权势者控制社会意识的纽带。因此，话语在监狱教育服刑人员的过程中发挥着巨大的作用。其中，通过话语的教导就是最为普遍的手段。笔者在入监监区调研的过程中看到了监狱警察给服刑人员讲授《新收犯文明用语教育细则》（以下简称《细则》）的情形，《细则》中关于话语的规定有七条③，其中包括监狱内服刑人员之间的称谓、对人民警察和工人的称谓，文明用语以及回答用语等。

从某种程度上讲，话语的自由就代表着精神的自由，而话语的束缚也就意味着人的精神被抑制。当个体生活在话语被控制的空间时，那他的精神也必然处于被抑制的状态。从以上事无巨细的《细则》中可以看出，服刑人员话语符号受到了及其严格的控制。正如有学者指出的那样，任何一种话语原本都是关于个体性的言说，不管这种话语所表达的含义是高尚还是低俗，它都不能成为一种总体性的指称。而来自于 21 世纪的具有一种创造性的话语形式确使个体

---

① 参见吴猛：《福柯话语理论摘要》，九州出版社 2010 年版，第 22 页。

② 参见［荷］冯·戴伊克著，施旭、冯冰编译，：《话语·心理·社会》，中华书局 1993 年版，第 205 页。

③ 《细则》中的部分条款：1. 对人民警察称“警官”，对直接参加劳动的工人称“师傅”。对其他人员应采用相应的礼仪称谓，遇有提问时，要有礼仪地回答，不得顶撞争吵、无理取闹。2. 听到警官呼唤时，应立即答“到”，并迅速到警官两米处站好，听候指令。警官问话时，要立正回答（正在操作无法离开等特殊情况例外）。接受警官指令后，立即答“是”。警官讲话过程中，不准随便插嘴抢话；向警官陈述或回答问题时，不准指手画脚。3. 有事需要进入警官办公室时，应在门外喊“报告”，经允许后方可进入。4. 服刑人员之间一律互称姓名，不得叫绰号、起外号，不准称兄道弟，不得使用入监前在社会上的邻里、亲友、家族称呼。5. 说话和气、举止文明，使用文明用语：有求于人时，用“请”“您”等敬辞；有愧于人时，用“对不起”“请原谅”等歉辞；有助于人时，用“没什么”“别客气”等谦辞；得到别人帮助时，用“谢谢您”“麻烦您了”等谢词。

的话语在言说总体，最终成了总体的言说。[1] 而笔者从监狱警察口中所听到的话语是一种总体性取代了个体性的言说。

用话语进行反复的教导是监狱塑造服刑人员最为常用的技巧和手段之一。一般来讲，监狱警察通过在话语上直接明了地指导、叮嘱和吩咐对服刑人员进行不间断的渗透和规训。如吩咐类的：不准迟到、不准打架、按时起床；叮嘱类的：浪子回头金不换、认罪悔罪、明确身份、端正姿态；要求类的：要做到言行一致、表里如一；指导类的：忍一时风平浪静退一步海阔天空，脱逃无出路积极改造有前途，逃跑葬送了青春、前途、婚姻、家庭；暗示类的：表现好的学员都会自觉遵守监规纪律、热爱劳动等。一般而言，这些话语带有话语表达者主观色彩的劝诱性，并辅以充分的论点、论据、论证以及其他带有说服性和命令性的修辞方式。这些都是话语表达者为了让话语的受众接受并实施他们所希望的行为[2]。下面是笔者听到的监狱警察给服刑人员讲授《细则》的一段录音：

学员们，你们要严格按照监狱的要求，不断培养和提高自身的文明礼仪素质，努力争当一名服刑改造的优秀学员，要坚决同不文明的行为和做法做斗争！下面，由我来给大家讲解文明礼仪的要求。第一点就是关于监狱中人员的称呼，对人民警察称“警官”，对直接参加劳动的工人称“师傅”……

在讲解完《细则》的内容之后，监狱警察还强调了几点学习的途径和方法：

首先，大家要提高对文明礼仪重要性的认识。讲究文明、懂得礼仪，

① 参见刘小枫：《这一代人的怕和爱》，华夏出版社 2007 年版，第 268 页。
② 参见［荷］冯·戴伊克著，施旭、冯冰编译：《话语·心理·社会》，中华书局 1993 年版，第 205 页。

反映了一个民族文化素质的高低，绝对不可小视！懂文明礼貌也绝不是一朝一夕就能做到的，需要长期培养教育才能见效。其次，大家要做到言行一致、表里如一。熟记熟背《行为规范》是基础，落实是关键。学习不能只停留在口头上、试卷上，要真正落实到改造中去。最后，希望大家从小事做起，不断加强自身文明素质。要想成为一个讲文明懂礼仪的人，最好地行动就是经常对照《行为规范》检查一下自己，看看自身在哪些方面还有不文明的地方，并加以改进。只有在日常生活中经常修炼，才能养成文明的行为习惯。大家都应从点滴小事做起，逐步使文明礼仪成为每个人的良好习惯。

在《词与物》中，福柯认为，话语的任务就是“说出所是”。[①] 福柯所认为的“说出所是”至少包含两层意思：一是话语的理解，即语言；二是话语的作用，即言语，话语能够胜任的任务。在福柯看来，话语最为基本的含义就是展现秩序的符号系统。警官的话语不仅传播了其想要表达的内容，让服刑人员明白应该怎么做、如何做好，而且他的话语中还流露出另外一层含义，即权威性。这种话语的权威性来源于权威主体并以受众可以接受的方式要求他们承认和无条件地接受这种具有真理性质的话语。比如大家要怎样、绝对不能怎样、希望大家怎样、都应怎样、只有怎样才能怎样，等等。这些话语内容的本身是否真实有效不是问题的关键所在，最主要的是要让受众把这些具有权威性的内容无条件的当作真理来理解和接受。福柯在《知识考古学》一书中深刻地指出了话语权威的作用，他试图发现在话语的互动中谁在说话？谁是这种语言的拥有者？谁从这个拥有者那里接受他的特殊性及其特权地位？[②] 换言之，福柯所谓的“谁在说话”意指具有话语权的主体，谁是拥有话语权的主体，谁就是具有权威的人。在监狱里，具有话语权威的当属监狱警察，他们对服刑人员的控

---

① 转引自参见吴猛：《福柯话语理论摘要》，九州出版社 2010 年版，第 22 页。

② 参见［法］米歇尔·福柯著，谢强、马月译：《知识考古学》，生活·读书·新知三联书店 1998 年版，第 54 页。

制大部分是通过话语的表达来实现的。在话语权威的作用下，服刑人员只能按照权威者话语的意思去完成合乎标准的行为，这是服刑人员必须要做的，也是权威者们喜欢看到的。正如德国历史学家德罗伊森所言，因为我喜欢你这样，所以你必须这样，这是一切教育的秘密。[①] 这时笔者才终于明白，在与服刑人员访谈的过程中他们为何称呼笔者为“警官”；在与笔者说话时又是为何如此彬彬有礼，“是的警官”“警官请坐”；访谈结束时又起身立正说“警官慢走”。在服刑人员眼中，对外来人员称呼“警官”是一种统称，不会出现规范性错误，这或许也是他们在实践中被教导的结果吧。

话语的教导还需要具备一个精确的“命令系统”。命令似乎是监狱警察对服刑人员话语表达的最主要的形式之一。基于监狱管理中监狱警察与服刑人员之间是一种管理与被管理的关系，服刑人员必须要服从监狱警察的管理，因此监狱警察下达命令指挥服刑人员是再正常不过的事情。这是笔者观察到的入监监区的监狱警察训练服刑人员队列时下达命令的场景：一声响亮的哨声，所有服刑人员迅速跑到篮球场中间位置集合，成矩形方队。身着浅蓝色夏季执勤服的监狱警察站在服刑人员组成的矩形方队前面命令道：“全体都有，向右——看——齐[②]，向前——看，稍息——，立正——，报数!”随后第一列服刑人员按照由右至左的（从排头到排尾）顺序以短促而洪亮的声音向左转头 45 度报数：“一、二、三、四、五、六、七、八。”“满伍。”[③] 后列最后一名服刑人员洪亮地回答道。负责训练的监狱警察用简洁而有力的语气接着说：

> 稍息，讲一下[④]，稍息。今天我们训练的科目是单人队列动作，内容是跑步。要求学员严肃对待，认真学习动作要领，尽快理解动作要求，提

---

① 参见［德］伽达默尔著，洪汉鼎译：《真理与方法》（上卷），上海译文出版社 2004 年版，第 302 页。

② 整队时的口令分为预令和动令，预令是让受令者明确下口令的领队意图，动令是让受令者实施口令内容。比如：向右——看——齐，“向右——看”是预令，“齐”是动令；向前——看，“向前”是预令，“看”是动令。

③ 队列用语，意思是人数全部到齐。一般是由队列后列最后一人报“满伍”或者“缺几名”。

④ 听到“讲一下”的口令后，所有服刑人员成立正姿势。

高训练效果！地点是篮球场（话音掷地有声、简洁而干练）。

我先讲解一下动作的关键要领："跑步"是动作的预令，"走"是动令。当你们听到"跑步"的预令时，两手迅速握拳，并提于腰际……

需要注意的是，跑步不能用全脚掌落地，只能是前脚掌着地；当你们听到"立定"的口令时，要迅速做出动作，心里默数"一、二、三、四"，要注意动作的节奏性和一致性。跑步能够激发身体各个部位的机能，只有充分掌握动作要领，才能收到好的锻炼效果。

下面我先做一下示范，然后你们分解练习。立正——！听到我喊"一"的口令后，你们两手迅速握拳，提到腰际，约与腰带同高，拳心向内，肘部稍向里合；听到"二"的口令后就恢复到立正姿势。听清楚没有?!

听清楚了！全体人员洪亮地回答。

伴随着"一、二""一、二"的口令声，服刑人员在不断地重复着队列动作。在练习了大概 30 分钟后，警官的哨声一响，所有服刑人员停止做动作，在原地成立正姿势，听候警官下达指令。这只是服刑人员进行队列训练时警官下达命令的情形，在笔者的观察过程中，类似于这样的场景数不胜数。例如在食堂吃饭时，服刑人员按顺序把饭菜端到各自的餐桌前，立正站好，等警官下达口令后背诵《悯农二首·其二》："锄禾日当午，汗滴禾下土。谁知盘中餐，粒粒皆辛苦。"背完之后听到"坐下"的口令方可坐下用餐；集合或解散一般都以哨声等提示。监狱警察通过这种简洁的口令来传递信息，口令内容无须任何的解释，令行而禁止，服刑人员的全部活动都在简洁的口令中完成和维持。从某种程度上说，命令是带有权威性的话语，监狱通过具有权威性的话语体系来强化服刑人员的"记忆"，亦可以说这是一种"身体记忆"①。

当笔者询问负责训练的监狱警察这些口令对改造服刑人员有何作用时，他

① 需要说明的是，服刑人员的"身体记忆"一方面是指"身体被改造的实践"；另一方面是指"头脑的记忆"。

笑呵呵地告诉笔者："令行禁止，这有助于让他们服从命令。"齐美尔认为，眼睛如果不同时给予，就不能索取，耳朵却只索取，不给予。[①] 在监狱警察看来，训练者和被训练者只是一种信号传递的关系，口令这一信号可以让被训练者去听从训练者的安排。随后，笔者又询问了服刑人员肖云峰。他告诉笔者，一般情况下他们都知道命令的要求和指向，但不明白命令的原因。在不理解命令的情况下，监狱警察是无需解释的，服刑人员只要按照命令的要求做即可。

> 这还需要啥解释啊，警官怎么命令就怎么做呗，问多了反而不好，只要是按照命令的要求做就行啦。这可不是在外边，别人让你干点啥事咱还得问问为啥。在这里边别想为什么，只管做就行。我只见过做错的人，可还没见过（听到命令）不做的人。听到命令还不马上去做的人一定是犯傻了，结果肯定是被罚。（案例 7，在押服刑人员肖云峰）

服刑人员只知道"命令"代表"怎么做"，但是对为什么这样做却一无所知。听到命令后，无需解释，他们要马上执行，即使做错也要比不做强。如果有谁"犯傻"不去执行，那么结果就是被罚，这就是命令系统中服从意识逐渐被养成的过程。监狱精确的命令系统在塑造服刑人员的过程中不需要解释其命令的原因、目的，只需要监狱警察按照一定的改造要求来下达命令，而服刑人员在接受命令后就必须立即做出反应。每一个命令就代表着一次行动或一个动作，每一个信号都必然有与之相联系的反应。可以说，这是一种塑造的技术和策略，正如 Boussonelle 认为的那样：它从一切事物中专横地排除任何观念、任何低语……他的服从是迅速而盲目的，任何不顺从和拖延都是犯罪。[②]

除了这些有声的命令之外，监狱里很多时候也隐匿着诸多的无声的命令。它们有时候是一个眼神，有时候是一个摆手或扬手的动作，有时候甚至是重重

---

① 参见林荣远：《社会是如何可能的——齐美尔社会文选》，广西师范大学出版社 2002 年版，第 328 页。

② 参见［法］米歇尔·福柯著，谢强、马月译：《知识考古学》，生活·读书·新知三联书店 2012 年版，第 187 页。

地跺一下脚，这些都可以作为无声的命令信号传递给服刑人员。即使是这种无声的命令，服刑人员也要毫无商量余地地立即执行。这就是监狱教育技术在发挥作用后的“功效”——言听计从，更是服刑人员在监狱中受熏陶的必然结果。

二、思想教化

所谓思想，亦可以被称为观念，归根结底是人对客观事物的一种反映或看法。东汉文学家许慎在《说文解字》中这样解释“思想”：“思”者，上为“田”，下为“心”，心之田”；“想”者，上为“相”，下为“心”，心之相。一个人的思想如何，他对事物的判断就如何，所谓仁者见仁、智者见智。思想指引着人的行为方式。监狱对服刑人员的思想教化是教育改造的一个重要内容，更是监狱对他们进行塑造的一种策略和手段。

《中华人民共和国监狱法》和《监狱服刑人员行为规范》中对服刑人员如何接受教育改造作出了详细的规定，为教育改造服刑人员提供了有力的法律依据①。从一定意义上讲，服刑人员在监狱接受教育改造的过程中，思想的改造是最根本的内容，且应该贯穿整个规训过程。笔者在入监监区调研时看到了一份《20××年第四批入监教育配档表》，表中关于教学内容、教学目的及要求、课时、授课人员等都做了详细的标注，其中涉及入监动员、内务卫生管理、坦白检举教育、反脱逃教育、遵规守纪教育、安全生产教育、心理咨询教育、道德教育，等等（表 3-1）。

---

① 《监狱法》第四条规定：“监狱对罪犯应当依法监管，根据改造罪犯的需要，组织罪犯从事生产劳动，对罪犯进行思想教育、文化教育、技术教育。”《监狱服刑人员行为规范》第二条：“服从管理，接受教育，参加劳动，认罪悔罪。”第十九条：“接受法制、道德、形势、政策等思想教育，认清犯罪危害，矫治恶习。”

表 3-1　20××年第四批入监教育配档表

序号	教学内容	教学目的及要求	课时
1	新收犯入监当天，分监区入监教育动员	介绍监狱及监区的基本情况，提出具体要求	2
2	监区入监教育动员，了解入监教育的意义和主要内容，并组织学习讨论	使服刑人员了解入监教育的意义和《入监教育管理规定》的内容	2
3	卫生防疫、疾病治疗、内务环境卫生管理及练习评比	使服刑人员对监狱的生活卫生管理制度有一定了解	4
4	坦白检举教育	使服刑人员提高认识，深挖犯罪思想根源，积极坦白检举	4
5	反脱逃教育	使服刑人员认识到脱逃的危害和积极改造才是唯一的出路，增强使服刑人员认罪悔罪和反脱逃意识	4
6	服刑人员遵规守纪教育	通过教育，使全体服刑人员对监狱的各项规章制度有进一步的了解，并能做到自觉遵守	2
7	文明礼貌教育及模拟演练	使服刑人员了解《文明礼貌细则》的内容和要求并进行实际演练	2
8	监狱的性质和任务、工作方针、改造罪犯的基本原则及伟大成就；组织讨论及辅导	使服刑人员对监狱有大概印象，了解监狱工作的原则、方针、政策以及工作方法	4
9	狱政管理的内容、依法接受狱政管理、防逃教育、考核奖惩；组织讨论及辅导	使服刑人员对狱政管理有一定了解，对改造表现进行量化考核有一定程度的认识	4
10	《监狱服刑人员行为规范》教育	系统学习《监狱服刑人员行为规范》，使服刑人员了解学习规范的重要性和必要性	4
11	监区安全生产教育	通过教育，使全体服刑人员对监狱的各项安全法规、消防安全有更进一步的了解	4
12	心理咨询与矫治、心理测试；组织讨论及辅导	使服刑人员了解罪犯心理矫治的重要性以及其工作在教育改造中的重要作用	4
13	医疗保健预防疾病	掌握部分基本医疗卫生常识，对常见疾病的预防知识有一定了解	4
14	罪犯的权利、义务；驻狱检察室的职能	使服刑人员对自己在服刑期间的权利和义务有一定程度的了解	4
15	巩固监规学习，队列考核演练		4
16	队列考核		2

从服刑人员入监的第一天起，思想的教化几乎渗透到各个领域。下面是入监监区监区长在入监动员大会上的讲话：

今天我给各位学员上的第一课就是要“明确身份、端正心态”。学员们，我知道没有哪一个人天生愿意成为一名罪犯，而作为监狱来说，也从来不会敞开大门欢迎任何一个人的到来。监狱的大门对无罪的人从来都是关闭的，只有对有罪的人敞开。学员们，说这话的时候我能猜得到，你们中间的一些人一定会不服气，有一万个理由为自己的犯罪辩解，为自己的失足开脱，或者不耐烦听我讲述。我不责怪你们，也能理解你们，因为你们并不是天生的罪人，你们每一个人心里都曾有自己的理想自己的梦，都有着自己对人生的理解和追求。我知道你们没有一个人自愿成为大墙内的罪犯，可是当你们去犯罪的时候，当你们受到法律制裁的时候，你们却很少去想你们的冲动和失误给社会、父母、儿女带来的那份难以诉说的伤痛……学员们，今天上课，我也不想给你们讲什么大道理，我只想让你们知道，一个人，不管是社会上的自由人，还是监狱里的服刑人员，都要根据不同的时间，按照不同的人生角色不断地调整自己的心态。社会在发展，生活在继续，不要以为自己总是对的，法律的判决就说明你错了。你改变不了社会，更改变不了现实，那就要学会适应社会，学会改变自己，重新找回正确的人生坐标。作为一个受到刑责的人，判刑入狱之后就是一个罪犯了，这个时候首先要做到的就是要学会适应人生的新角色、新变化。作为罪犯，有罪就要认，有错就要改……

监区长的一席话和颜悦色地娓娓道来，动之以情，晓之以理，通俗的语言中折射出人生的哲理。在监区长课间休息的时候，笔者对监区长进行了访谈：

笔者：“您为什么要先对服刑人员进行明确身份、端正心态的思想教育呢?”

监区长："要让他们一开始就从思想上接受监狱的现实情况是很难的，有的罪犯虽然进了监狱，穿上了囚服，但由于他不服从法律的判决，就不愿认同自己罪犯的角色，平时就会出现不愿接受监规纪律约束的行为。小到日常言行举止，大到直接抗拒改造，最主要的是如果不能从心理上认同罪犯的角色和身份将影响他们以后的改造。"

笔者："讲了之后对他们有什么作用吗?"

监区长："大部分罪犯还是能够认识到自己的罪错的，也能认清当前的形势。但是，还有一部分人不能摆正心态，不服从改造。"

笔者："如果不服从改造会怎么样呢?"

监区长："开始的时候可以让他们慢慢适应，时间长了别的罪犯都能接受改造，而他们还没有进入角色安心改造的话就要对他们采取谈话、批评、严管、集训等方式了。"

这种思想的教化需要一个过程，首先就是让服刑人员明白由于其自身的罪过才进入监狱服刑，认清自己的社会角色是什么、来到这里干什么，监狱以此来促使他们对自身的社会角色产生认同。关于认同，在弗洛伊德的研究视域下，他把认同视为一种情感的表达，一种心理防御的机制，并把认同的过程看作是个体与群体之间在心理上的趋同。① 吉登斯与弗洛伊德的观点具有相似之处，但略有差异。他认为，认同本质上是一种情感的表现形式，它说明了某一个体在情感方面对事物或人的赞同和支持，更是个体或群体在价值观念和行为取向上的反映。② 换言之，这里的认同就是个体在情感上的一致性和归属感。监狱通过这种潜移默化的思想教育让服刑人员将自我纳入"罪犯"这一角色群体中，从而实现接受改造和惩罚的现实。经过一段时间的教化后，服刑人员慢慢地产生了对罪犯角色的认同，如"咱们在这里什么都不是，不要以为自己还

① 参见杨玲、李鹏程：《吸毒者回归社会的过程：归属与认同的剥夺》，《心理学新探》2007 年第 2 期。

② 参见［英］安东尼·吉登斯著，赵旭东、方文译：《现代性与自我认同》，三联书店 1998 年版，第 83 页。

是在外面那样，就是犯人一个”。在笔者和这些服刑人员交谈时也发现，他们在话语之间都透露出自己对自身罪犯身份的认同，如称呼自己是“大劳改”等。这些都是“他者”（监狱管理者）对“自我”（服刑人员）角色暗示、校正的过程，“自我”在“他者”的暗示作用下，也对自身角色的认同进行领会和建构，最终来确定自身需要扮演的角色。我们把这个过程称之为“自我定型”。

为了不打扰监区长的授课思路，笔者没有继续对他进行询问。在休息片刻之后他又回到了教室，板正地坐在了讲桌前面，所有的新入监的服刑人员在他回到教室之前也早已迅速地回到了自己的位置上，笔直地坐在蓝色小板凳上，两眼平视，眼睛睁圆，两臂自然弯曲放在膝盖上，乖乖地听讲。

监区长接着又字正腔圆地讲道：

> 下面，我讲第二个问题——端正心态。什么是心态？服刑人员应该具有怎样的心态？通俗地讲，心态就是一个人内心的想法。心态可分为正面心态和负面心态，正面心态是积极的，而负面心态是消极的。积极的心态代表的是健康向上，消极的心态代表的是疾病和痛苦。各位学员，如果你是积极改造的心态，那么你在监狱看到的就是乐观、进步、向上的一面，你的人生、你的改造也都将是成功向上的。你得到的将是表扬和减刑的机会，你的刑期也会因为积极改造的心态而不断缩短。如果你是消极改造的心态，那么你在监狱里看到的就是悲观、失望、灰暗的一面，你的人生自然也就乐观不起来，你得到的将是批评、严管、集训，你的刑期也会因为消极改造的心态而被延长（说到这里时，监区长的语气似乎有些加重，态度也明显变强硬）。不仅如此，在有限的刑期内，你将不断饱受悔恨、痛苦和绝望地折磨，朋友会背叛你、亲人会疏远你，监狱也必定会更加严厉的惩罚你，你在监狱服刑期间除了得到所谓的“苦难”之外，其他的将一无所获。消极和抗拒是你在监狱痛苦的源头；积极和主动是你早日走出高墙，步入自由社会的“金钥匙”。你在这里所获取的一切都是由你的心态决定的。

为了让服刑人员从思想上清醒地认识到“你在这里所获取的一切都是由你的心态决定的”这一结论，监区长从正、反两个方面分析了有什么样的改造心态就有什么样的结果。尤其是在谈到消极改造心态的后果时，监区长原本表现出来的“和颜悦色”也变成了“声色俱厉”，而且还格外强调了消极改造的心态会使服刑人员众叛亲离，在监狱会受到更多的“苦难”。通过这番讲话，监区长想让他们明白，监狱的教育改造是具有强制性的，消极抗拒改造的后果就是受到“更加严厉的惩罚”。强制的思想教化也是改造服刑人员的重要手段之一，其强制性主要体现在对服刑人员的日常改造活动中。思想教化的目的在于通过灌输符合社会要求的观念来转变服刑人员原有的犯罪思想和恶习，亦可以说它是一种革故鼎新的过程。而认罪悔罪教育是服刑人员思想教化的前提和基础。

对服刑人员进行反脱逃教育也是认罪悔罪教育的内容之一，其目的在于使服刑人员充分认识到脱逃给社会、家庭、个人造成的严重危害，进一步明确脱逃是一种再犯罪行为，必将受到法律的严惩，使他们认清“脱逃无出路，积极改造有前途”的道理。监区长对脱逃的定义、法律后果及危害深入浅出地进行了讲授。为进一步巩固思想教育的成果，监区长还组织服刑人员观看了反脱逃录像，通过影像更加直观地再现了脱逃服刑人员被追捕的情形，以此来教化服刑人员。

关于入监教育动员会的效果，笔者询问了案例 3 中的肖远。他告诉笔者，入监教育动员会挺严肃的，开会的时候监区长上课大家都不敢吭声。他们觉得领导讲的确实是有道理，咱犯罪了就得接受处罚，但有时候还是感觉不平衡。

笔者：“为什么不平衡?”

肖远：“不一定犯罪就受到处罚啊，也不一定犯罪就认罪啊。外边好多人犯罪了也没进来。”

笔者：“你看过反脱逃教育的录像吗?”

肖远："嘿嘿，这不是必须的嘛。"

笔者："啥感觉?"

肖远："挺害怕的，弄不好就得把命搭进去。在这里边待上个几年还有出去的希望，万一逃跑可就不敢说了。如果像片子里那样，挺惨的。不管怎样，我是不敢（逃跑）。"

语言文字的思想教育是一把双刃剑，它可以使听众接受观念或思想，也可以成为听众反向思考、批判的过程。例如，在服刑人员上课的过程中，他们可以表面上认同授课者所讲的内容，"觉得领导讲的确实是有道理"，但是内心深处也会对一些问题进行质疑和"不平衡"。相比之于语言文字，影像或图像所发挥的功能是直接的和单向性的，它可以不受知识和文字的限制，通过对视觉和听觉产生刺激，以连续的方式来影响受众的思想和观念，最终导致其行为的变化。就像社会学家丹尼尔·贝尔所认识的那样，图像直接作用于人的视觉，消除了文字那种需要接受教育才能理解的间接性。① 心理教育家布鲁诺通过研究发现，人类的记忆有80%是通过视觉和实践获得的。② 影像以深刻的内涵和简明的形式吸引着受众，成为影像受众内心不可阻挡的力量。正如《华盛顿邮报》原发行人玛丽指出的那样，新闻图片的效果反映出一种影像的霸权主义，它以一种无可争辩或绝对权威的形式让受众被动地接受新闻内容和事实。起初它先侵入你的视觉神经，最终再渗透并征服你的心灵。③ 服刑人员在观看反脱逃影片时就会产生"害怕""挺惨""不敢跑"等这样符合监狱塑造标准的观念。

除了这种集体思想灌输的教育方式之外，监狱警察对服刑人员的个别谈话也是思想教化的重要方式之一。笔者在二监区与监区警察聊天的时候听说当天

---

① 参见［美］丹尼尔·贝尔著，赵一凡译：《资本主义文化矛盾》，三联书店1989年版，第156页。

② 转引自曾晓剑：《新闻影像传播与受众行为变化》，《国际新闻界》2011年第6期。

③ 参见［美］丹尼尔·贝尔著，赵一凡译：《资本主义文化矛盾》，三联书店1989年版，第156页。

是服刑人员亲属会见日。为了获取更加丰富的资料，在李警官的陪同下，我们来到了会见室。亲属会见的管理也是非常严格的，每一名服刑人员都要登记和自己关系最为密切的直系亲属，如父母、妻子、儿女、兄弟姐妹。其他朋友即使关系再好也不能被录入会见系统，亲属会见前都要进行详细的登记，并在亲属会见系统中显示出来。被会见的服刑人员来到会见室后输入自己的编号，显示屏上就可以显示出详细的会见信息，如会见地点、会见人姓名及与服刑人员的关系等。服刑人员要在监狱警察的陪同下前来会见，会见时双方之间有一层隔音玻璃，只能通过有线电话通话，旁边的监狱警察戴着耳麦进行监听，整个会见过程都在监控的范围之内。

在会见室观察的期间，突然有一名服刑人员大声哭泣起来，在旁边负责监听和记录的监狱警察赶忙过去问明情况，调节他的情绪。经过监狱警察的几番安慰之后，服刑人员的情绪才慢慢稳定下来，开始和玻璃外的妻子通话。后来我们才知道，妻子告诉他：老母亲走了！听到这之后，笔者不由得对他心生同情和怜悯。旁边的李警官告诉笔者："这也是没办法的事，一般情况下家里的亲属生病、去世和妻子离婚等对服刑人员改造的负面影响最大。他们在这儿服刑，家里出事不可能随时都能回去。有时候经常遇到服刑人员得知家里出事后情绪波动很大，很容易出现过激行为。前段时间有一个服刑人员与妻子离婚了，回到宿舍一句话也不说，饭也不吃就想绝食，后来费了好大劲儿，做了好多次思想工作才好了。"

听了李警官的话，笔者对监狱警察的工作有了更加深入的了解。作为一名调研的外人来说，这些场景都是从未见过的，对这里的一切又都是好奇的。在好奇心的引诱下，笔者还是想看看当服刑人员出现情绪波动时监狱警察是如何去做思想工作的。于是，在我的提议下，从会见室出来之后我们又回到了二监区。大概过了 30 分钟后，那名服刑人员在监狱警察的陪同下回到了监区。之后监区的教导员和分监区长对他开展了个别谈话，笔者在办公室隔壁进行了旁听。下面是谈话的情况。

教导员："家里来人探望了？"

服刑人员："是的（有气无力的回答）。"

教导员："听干部说你家里出了点事，是吗？"

服刑人员："俺娘走了。"

教导员："哎，真是啊。我们也特别理解，谁没有父母啊，而且我们现在也都为人父母，把孩子从小拉扯大不容易。养儿就是为了防老，我们也不愿意听到这样的消息。"

教导员移情①式的谈话让服刑人员又抽泣了起来，见到这种情形，教导员又说："人死不能复生，咱们每个人都得经历这些事情。虽然你在监狱是服刑人员的身份，我们在这里是管理者的身份，但是人的感情都是一样的。咱们天天在一起，这几年你和我们在一起的时间比你在外边的时候和家人在一起的时间都多吧。有什么不痛快就给我们说说，把我们当成你的亲人就行。"经过教导员几句话的开导后，他的情绪稍微稳定了一些。

服刑人员："教导员，如果有机会能否让俺回去给俺娘烧点儿纸钱，送送她？"

教导员："这个事我得向监狱请示一下，监狱还得向局里请示。监狱里这么多犯人，哪家都有一些事，不能说走就走啊，这也得取决于你在监狱里的表现。这样吧，现在估计不行。既然事情已经这样了，咱们都没办法改变，你先安心改造，争取早一点儿出去，这也是对家人最大的安慰吧。"此时，教导员又用其他话题转移了他的注意力。"最近表现如何？"

服刑人员："俺完成的任务多，最近给俺加了好几次分……"

等谈话结束之后，教导员叮嘱分管的监狱警察，这段时间对这个服刑人员的个别谈话要继续跟进，隔上一两天就得谈一次，要时刻关注他的思想状况。

---

① 霍夫曼认为"移情"是打开亲社会道德发展之门的一把钥匙，其定义非常复杂，本研究中的移情是指对他人所处境遇以及心理状态在认知或想象层面上的理解，这其中并不包含对他人情感的实际体验。参见［美］霍夫曼著，杨韶刚、万明译：《移情与道德发展》，黑龙江人民出版社 2003 年版，第 34 页。

在笔者看来，这段谈话虽然是为了安慰服刑人员的情绪，但是教导员的谈话内容中也会渗透一些“安心改造”“好好表现”“争取早一点儿出去”等类似促进他们转变思想的话语。从一定意义上讲，个别谈话式的思想教化是一种连续的、跟进式的思想教化方式，更具有针对性，能够弥补集体灌输的缺陷与不足，更能体现监狱对服刑人员教化的策略。

在个别谈话中笔者还看到，监狱警察和服刑人员的座次分布和布局都体现了一定的空间分配，如服刑人员要笔直的坐在监狱警察的对面，凳子的高度要比他们的椅子稍矮。可以说在谈话中，空间的分配也往往是一种等级的划分，也是监狱空间管理在教化服刑人员方面的生动展现。

三、“单向度”的生产流水线

“单向度”的概念来源于美国社会学家马尔库塞最负盛名的一部力作——《单向度的人——发达工业社会意识形态研究》。“单向度”主要是指在横向上只有一个方向，在纵向上只有一个深度，即扁平化、无反抗。马尔库塞认为，单向度的人是丧失否定、批判和超越能力的人。这样的人不仅不再有能力去追求，甚至也不再有能力去想象与现实生活不同的另一种生活。[①] 换言之，在当时的社会背景下，整个社会的极权主义特征压制了社会中的反对派和不同意见，使社会成为一个“批判停顿”的社会，社会成员对于否定性的认识趋于陌生化，失去了批判的思维和能力。在这样的社会中生活，人们最终成了一种单向度的人。在监狱中，服刑人员劳动的车间被命名为“习艺车间”，意指服刑人员在车间里参加劳动不仅是为了劳动改造，还可以在劳动的过程中学习技术，可谓一举两得。笔者在二监区调研的过程中看到了服刑人员出工以及在监区“习艺车间”参加劳动的情形。

出工前，带班的监狱警察要清点服刑人员人数、整齐队伍，然后按照各监区出工的顺序出发。在队伍行进中服刑人员要保持队形整齐，并在指定的道路上行进。监狱警察一般站在队伍左侧的中间位置，时不时地还下达着行进口令

① 参见［美］赫伯特·马尔库塞著，刘继译：《单向度的人——发达工业社会意识形态研究》“译者的话”，译文出版社 2006 年版，第 3 页。

“一、二、一”来调整步调。根据生产的需要，监狱各个监区生产车间的生产项目是不同的。例如有的车间生产车床、有的加工线圈、有的生产纺织品等。二监区的车间主要是来料加工，生产某品牌床上用品的半成品。厂家把原料送到监狱，并分配技术人员来指导加工，半成品加工好后再由工厂运到其他地方进行再加工。当笔者来到车间的时候，身着蓝色工作服的服刑人员正在紧张而忙碌地赶着手里的活儿。如果不是在监狱这种场景下，没有人会认为他们是这样一个服刑的特殊群体，也更不会想到原来他们的工作场景是这样的。宽敞而明亮的车间、摆放整齐的缝纫机、墙上排列着成行的风扇，还有就是服刑人员井然有序的操作，除了服装上的标识，没有哪一点能够让人看出这是监狱的“习艺车间”。车间内传出嘈杂的“哒哒哒”的缝纫机的吵闹声，就像用手指敲击硬木板一样。由于电动机的高速运转，车间内的空气中还漂浮着金属摩擦出来的焦味儿。笔者的到来为车间内增添了陌生的因素，有的服刑人员不时地扭头看看笔者，然后就又投入紧张的工作之中。在带班生产的监狱警察那里笔者了解到一些关于服刑人员生产的情况：一般来讲，一个监区的服刑人员被分成若干个生产小组（组长也是服刑人员），每个小组负责的生产内容是不同的。车间内的生产都是流水线，一个小组完成之后另一个小组才能继续生产。每个小组中的服刑人员都有自己每天的生产任务，完成任务的加分，未完成的不加或扣分。关于生产的内容方面，如果不是生产加工的项目发生变化，每个小组和小组之间的生产内容也不会变化。也就是说，除了特殊情况外，服刑人员一年到头加工的东西和劳动的内容是固定不变的。为了进一步了解服刑人员的生产情况，笔者询问了案例 8 中的杨明，他告诉笔者，这个车间一年到头都是加工纺织品，生产的种类一般很少变化。在他看来，生产种类少对监狱是有利的。生产设备的投入是一次性的，如果总是换生产的种类就会提高生产的成本，降低生产的效益，他们也会受到一定的影响。

影响可大了。换来换去的多麻烦啊，换了就得重新学习，这学习总得有个熟悉的过程吧。在学习的过程中，我们完成的任务就少了，这不就加不了分吗。如果总是加工一种产品，大家都熟悉了，干起来也快啊，这样不就可以多挣点儿分嘛。以后即使出去了，我也绝不会去搞纺织类的工厂上班，看到这些布就烦，听到缝纫机的声音都想吐了。可是现在就得这么干着，哪里是说想换（工作）就能换的，换工作就意味着调换监区，除非有特殊情况，否则监狱里边不允许调换监区。我也不想换了，挺麻烦的，再说了，其他监区也都这样（很少换产品种类），甚至有的监区还不如我们，你像生产车床的，那可是监狱的龙头产品，从（监狱）建立的时候就有，到现在也没换啊，什么时候熬出头了就行了。你在车间可能也看到了吧，我们是按组来划分（工种）的。同一个小组的人生产的内容是一样的，都有各自的任务。有时候也很难，总会有人干得慢吧，有人慢，整个小组快起来就很难，完成的任务量就上不去，大家都受影响。我们个人的任务完成得好，在考核的时候就会加分，如果整个小组都完成的话还会格外加分。但如果哪个组完成得不好，就会影响这个组的格外加分①。所以我们在完成自己的任务之后都尽量让我们组完成的任务再多点，这样对大家都有好处。

在观察了监区的生产车间之后，笔者发现，服刑人员的生产动作很娴熟也很规范，生产的一道道工序似乎已经深深地印在了他们的脑海里和肢体上。这或许就像服刑人员杨明说的那样，生产的种类一般很少变化，“总是加工一种产品，大家都熟悉了”。从监狱的现实来讲，换产品就需要一段时间的过渡期，服刑人员也要重新学习产品加工技术，这会影响监区或监狱的生产效益，还有就是更换生产的种类就要涉及设备的成本，这也是监狱不得不在意的一个重要因素。正如哈维所指出的那样：控制空间和时间在追求利润中是一个关键性的要素。② 因此，监狱或监区总是加工同一种产品，这在全国监狱系统内是很普遍的现象。由于学习新技术需要时间，这就会影响服刑人员个人的任务完成量，影响

① 按小组的格外加分不仅依据小组完成的任务情况，还要看个人的完成情况。
② 参见［美］戴维·哈维著，阎嘉译：《后现代的状况》，商务印书馆 2003 年版，第 282 页。

他们“挣分”，再加上其他监区也是大同小异，所以他们即使劳动得“烦”了，甚至是“听到缝纫机的声音都想吐了”，也不愿意换产品。在监狱生产的影响下，监狱与服刑人员之间形成了这种天然的契合，趋向于马尔库塞的“单向度的人”。

马尔库塞在批判发达工业社会对人们生活的影响时认为，发达的工业社会使人的生活方式趋向于同化。极权主义社会的技术的进步对人的控制无孔不入，利用各种媒介来侵入人们的闲暇时间，占领人们的私人空间，使人们满足于眼前的物质需要而丧失了以前的批判性和创造性的内心向度，成为单向度的人。① 同样，对于服刑人员而言，监狱的日常生活中的控制也使服刑人员呈现出被同化的特征。基于监狱的现实情况，生产劳动的单一性压制了服刑人员的个性发展，让他们慢慢地丧失了否定性向度，成了监狱内的“单向度的人”，更加愿意接受“安然自得”的现实（“我也不想换了，挺麻烦的”）。

在生产过程中，监区将单个的服刑人员划分到不同的小组之中，每个人则只是完成任务中的一个很小的环节，而且每个小组中的分工具有相似性。严格来讲，监区的这种分工并非涂尔干所谓的社会分工。涂尔干在《社会分工论》中探讨社会的机械团结和有机团结时认为，在机械团结的社会中，同一团体的社会成员的谋生手段大致是相似的，他们拥有共同的习俗和习惯，这种共同性使他们归属为相同或相似的集体。在这种团体中，共同的元素生成了具有相似性的社会，成员之间差异甚微，同质性较强。因此，在这种机械团结类型的社会中，维护共同意识和一致性是团体的首要任务。而有机团结的社会是在近代才出现的，由于社会分工的细化，社会成员在意识、信仰、习惯等方面出现了差异，社会呈现出异质性特征。原有的共同意识逐步被社会分工所取代，每个社会成员都为社会整体服务，但他们之间又是互相依赖、密不可分的关系。监区中的生产劳动虽然各有分工，但是每一个服刑人员在所在的生产小组中是相似的或同质的。维系监区秩序的不是分工不同，而是监狱对服刑人员强制性的改造。

在改造任务强制性的前提之下，服刑人员为了完成生产任务，“格外加分”

① 参见［美］赫伯特·马尔库塞著，刘继译：《单向度的人——发达工业社会意识形态研究》“译者的话”，译文出版社 2006 年版，第 3 页。

形成了一种“尽量让我们组完成的任务再多点，这样对大家都有好处”的共同意识。涂尔干认为，共存于同一社会的人们，如果他们能够组成一个统一的共同体，那么这个共同体内存在的信念或情感很容易被成员所感受，同时，这种共同体内的信念或情感能够形成一股巨大的力量。[①] 因此，服刑人员所生活的监区处于一种类似于涂尔干所描述的“机械团结”的社会类型中，监区将带有强制性的共同意识——改造，渗透到服刑人员的日常生活中，从而实现对其思想的规训。

本章小结

可以说，监狱权力的运作是塑造服刑人员的重要方式，监规纪律和监狱教育又是通过由外到内对身体的规训来实现形塑的。从一定意义上讲，身体既是社会所建构出来的，又受到文化和社会生活环境的制约，正如道格拉斯所言，“身体即是表现这类价值的载体”[②]。如所有服刑人员在监狱内都要统一更换囚服，而且必须留近似光头的寸发。服饰和头发是人身体的一部分，身体既具有自然属性，又具有社会属性，并受到社会因素的影响。这就意味着人的身体不仅是具有物理属性的身体，更是具有社会属性的身体。当物理的身体被赋予一定的社会意义后，身体的物理性就变成了社会性的。如监狱微观的惩罚机制会让服刑人员的身体陷入一个动辄得咎的惩罚网络之中，这种惩罚不是为了制造肉体上的痛苦，而是为了矫正思想和行为。监规纪律是一种“权力力学”，是控制服刑人员身体的微观技术，这种控制不同于传统的宏观权力，它通过微观渗透连续地对身体进行控制。监狱教育作为控制服刑人员的技术和策略，在服刑人员接受改造的过程中也发挥了极其重要的作用。它通过话语教导、思想教

---

① 参见［法］埃米尔·涂尔干著，渠东译：《社会分工论》，生活·读书·新知三联书店 2013 年版，第 61 页。

② ［美］安德鲁·斯特拉桑著，王业伟、赵国新译：《身体思想》，春风文艺出版社 1999 年版，第 86 页。

化和单向度的生产流水线，把服刑人员塑造成为合乎监狱的心意，实际上是监狱对服刑人员身体的征服。监狱对服刑人员言语、思想和行为的教化与控制使他们适应了被动接受，丧失了主动的话语，最终丧失了选择和适应社会的能力。

第四章　高墙外的文化差异

正如前文第二章和第三章所述，监狱作为福柯眼中“全面的规训机构”，在时间、空间、身体三个方面对服刑人员实施了全面规训和塑造。监狱权力通过连续的、不易察觉的方式渗透到服刑人员的方方面面，以此剥离那些不符合监狱需要的特征，塑造合乎想象的个体或整体。福柯使用“规训”一词来指称一种特殊的权力形式，即规训既是权力干预肉体的训练和监视手段，又是不断制造知识的手段，它本身还是“权力—知识”相结合的产物。① 从文化的角度来讲，这是一种监狱文化在时间、空间、身体上的具体体现。因此，本研究借鉴福柯的“规训”一词，将监狱文化称为“规训式文化”②，它通过外在的纪律、教育、生产等方式促使个体按照预定的计划在应该“做什么”和“怎么做”等方面皆符合规训机构的愿望，从而造就了所谓“驯顺的肉体”。可以说，文化是人类社会所特有的产物，一种文化必然产生于一定的社会场域背景。基于文化产生的场域不同，文化的表现形式也是相异的。监狱场域蕴育了监狱规训文化，而社会则产生了普通的社会文化。由于社会的多元化、选择性等特

---

① 参见葛新斌：《学校，抑或监狱？——福柯对学校与规训关系之描绘》，《华南师范大学学报（社会科学版）》，2009 年第 3 期。

② 我们将规训式文化定义为：一种以禁止为主，倡导型为辅的文化。在这种文化中，通过不间断的、持续的强制控制模式对个体加以控制和征服，使行为主体被动地接受并逐渐被驯服。监狱文化是规训式文化的一种特殊类型，但不等同于规训式文化，广义的规训式文化还包括军队文化、警察文化等。参见郭星华、任建通：《规训与选择——对刑释人员回归社会的法社会学研究》，《江苏行政学院学报》2014 年第 4 期。

征，我们把普通的社会文化称为“选择性文化”①。当服刑人员刑满释放回归社会后，由于规训式文化的惯性，他们在短时间之内不可能完全消除规训式文化的影响。面对场域的转换、两种文化的相异，他们可能会陷入适应的困境。

我们通过服刑人员的叙述和在监狱中的观察勾勒出服刑人员在监狱场域接受教育改造的真实场景，全面地展示了规训式文化的真实景观。监狱场域既是服刑人员在监狱服刑期间的生活世界，又是他们被规训的客观关系存在的社会空间。在许多人看来，“循规蹈矩的生活方式、被禁锢的思想观念、不愿与人交流”已成为这些长期生活在“号子”里的人的典型特征，这些特征正是他们在监狱场域中被规训式文化浸染的结果。当这一特殊的社会群体回归社会后，规训式文化的烙印不会轻易地消失，因此，服刑人员刑满释放之后的烙印之痛正是我们需要用心去解决的。从文化的角度来看，基于监狱规训式文化和社会文化背景的不同，服刑人员从监狱场域回归到社会场域，一方面其角色发生了重大变化——由服刑人员转变为刑满释放人员；另一方面，他们回归社会的过程实际上就是从规训式文化场域进入到社会文化场域，也就是从文化冲突到文化适应的过程。那么，在他们适应不同文化背景场域的过程中，两种文化的差异是什么？监狱规训式文化对他们适应当前社会文化的影响是怎样的？这些正是笔者想在本章所探究的内容。

第一节　社会场域与选择性文化

“场域”是法国社会学家布迪厄从事社会学研究的一个基本分析单位。关于“场域”这一概念，“从分析的角度来看，一个场域可以被定义为在各种位

① 选择性文化是指一种以提倡型为主、禁止型为辅的文化，在这种文化中，行为主体可以主动地、自愿地从多种可供其选择的行为模式中进行选择。参见郭星华、任建通：《规训与选择——对刑释人员回归社会的法社会学研究》，《江苏行政学院学报》2014 年第 4 期。

置之间存在的客观关系的一个网络（network），或一个构型（configuration）”①。在布迪厄看来，场域是客观存在的关系系统和社会环境的产物。布氏的场域概念并非人们所能看到的具有空间意义的地理边界，也不同于任何一种一般的生活领域，它是富有生机和活力的存在。布迪厄还指出，在异质性较强和分化程度比较高的社会里，社会世界是由无数个互不相同的小世界组成的，而这些小世界又具有各自的场域运作逻辑。② 换言之，在人类所生活的世界中存在各种各样的场域，构成的世界不同，场域空间就存在着差异，每个场域也都有其各自存在的运作逻辑和必然性。因此，布迪厄研究了诸多不同场域，如教育场域、运动场域、经济场域等，以上这些场域都遵循着它们各自特有的逻辑。

监狱和社会是两个不同的场域，不同的场域所具有的文化背景也是不同的。刑释人员从监狱场域回归社会场域，这就意味着他们从监狱的规训式文化进入到了普通的社会选择性文化之中。南非社会学家莎莉塞一方面深刻地揭示了当前社会人们为何选择越多却越不幸福；另一方面还说明了我们当前社会“经济日益发达，物质愈发充裕”，是一个选择性文化的社会。

关于文化的涵义，国学大师梁漱溟先生认为，“文化，就是吾人生活所依靠之一切……我今说文化就是吾人生活所依靠之一切，意在指示人们，文化是极其实在的东西。文化之本义，应在经济、政治，乃至一切无所不包”③。实际上，人类所创造一切都属于文化的范畴，亦可以称这些社会现象为文化现象。文化是人类社会所特有的产物，一种文化必然产生于一定的社会场域背景，选择性文化就是在当前多元化、选择性的社会背景下产生的。

---

① ［法］皮埃尔·布迪厄、［美］华康德著，李猛、李康译：《实践与反思——反思社会学导引》，中央编译出版社 2004 年版，第 133 页。

② 布迪厄认为，在高度分化的社会里，社会世界是由大量具有相对自主性的社会小世界构成的，这些社会小世界就是具有自身逻辑和必然性的客观关系的空间，而这些小世界自身特有的逻辑和必然性也不可化约成支配其他场域运作的那些逻辑和必然性。参见［法］皮埃尔·布迪厄、［美］华康德著，李猛、李康译：《实践与反思——反思社会学导引》，中央编译出版社 2004 年版，第 133 页。

③ 梁漱溟：《中国文化要义》，上海人民出版社 2011 年版，第 7 页。

第二节　文化的差异：规训式文化与选择性文化的比较

从一定意义上讲，特殊的监狱规训式文化和普通的社会选择性文化是多元文化的不同表现形式。由于这两种文化所存在的场域不同，所以在某些方面还是存在差异的。文化包含的内容很宽泛，广义上说，文化是人类社会所创造的一切精神财富和物质财富的总和，包括精神文化、物质文化和制度文化。我们选取了规章制度、日常生活及行为规制三方面的内容对监狱规训式文化和社会选择性文化进行比较分析。

一、规章制度的差异

我们把《监狱服刑人员行为规范》与《×公司员工行为规范》的部分内容作为规训式文化与选择性文化的代表进行比较，从内容上看，二者之间存在着巨大的差异（表 4-1）。

2004 年 3 月 2 日发布的司法部第 88 号令《监狱服刑人员行为规范》中明确规定：“《监狱服刑人员行为规范》是服刑人员接受改造必须遵守的行为准则，是考核服刑人员改造表现的一项基本内容，是实施奖惩的重要依据。”这一规范共有 38 条，其中出现“必须”“不”“服从”“严禁”“按规定”“须”等字眼共计 26 次，这充分地表明了这一规范的实施是以强制性为前提的。它的作用在于破除恶习，培养服刑人员的组织性、纪律性及服从意识，其包含的服刑人员义务的承担多于权利的享有。这也是监狱承担惩罚与改造任务的必然要求，体现的是监狱的惩罚和规训功能。

表 4-1　规章制度的差异

	规训式文化	选择性文化
内容	第六条：不超越警戒线和规定区域、脱离监管擅自行动……不擅自使用绝缘、攀援、挖掘物品；不偷窃、赌博；不打架斗殴、自伤自残；不拉帮结伙、欺压他人；不传播犯罪手段、怂恿他人犯罪；不习练、传播有害气功、邪教①	公司倡导员工与公司的理念保持高度一致，鼓励员工遵纪守法、诚实信用，要求所有员工要尽职尽责为公司和社会服务；自觉遵守法律法规，不做有损公司利益和社会公德的不良之事；员工之间是互助友爱，互相合作的关系，需努力营造和谐的人际关系
作用	强制性、去个性化，培养服从意识	大力提倡、鼓励张扬个性，主张自我价值的实现

社会团体对其成员的规章制度要求是一种选择性的，强调的是义务与权利的对等性，规章制度的建立源于本公司的发展需要。虽然在一些行为规范中也包括纪律要求，但它强调的是道德准则，如“公司倡导员工与公司的理念保持高度一致，鼓励员工遵纪守法、诚实信用，要求所有员工要尽职尽责地为公司和社会服务”。这是一种倡导型的要求，而非强制性的，它的目的是为了维护本公司的利益。这一具有选择性的制度将公司的长远目标和愿景与员工的切身利益相结合，要求所有员工要尽职尽责为公司和社会服务，如要自觉遵守法律法规，不做有损公司利益和社会公德的不良之事；员工之间要互助友爱等。这些都是为了发挥个体的主观能动作用，实现公司的全面发展。因此，选择性文化的规章制度强调的是对个体的尊重和激励，想要充分调动他们的积极性为公司服务，使员工展示了个性，培养了不断创新的能力。可以说，选择性文化为个体发展提供了宽松而广阔的空间，促进了个体与整体发展目标的契合。

二、日常生活控制的差异

英格兰学者海默尔展开了对日常生活的调查，在他看来，日常生活一方面是指人们习以为常、司空见惯的行为、旅途和空间，这些内容充实并构成了人

① 转引自郭星华、任建通：《规训与选择——对刑释人员回归社会的法社会学研究》，《江苏行政学院学报》2014 年第 4 期。

们的日常生活。他还指出，日常生活与我们密切相关，是我们接触最多，最为切近的世界。[①] 同时，在日常生活内容构成的基础上，海默尔又提出从日常生活可量化的意义中潜长出的另一种意义，即“日常作为价值和质的日常状态”。而且，这种潜长出来的意义并不晚生于日常生活的构成内容，只不过它常常不为人注意而已。生活中的日常状态可能被经验作为“避难所”，它既可以使人困惑不解，又可以使人欢欣雀跃；既可以使人喜出望外，又可以使人沮丧不堪。或者说，它那特殊的质也许就是它缺乏质。它可能是那不为人注意、不引人注目、不触目惊心之物。[②]

赫勒则从个体与社会的关系入手，把日常生活定义为“个体的再生产”[③]，意指社会的存在、发展都要依靠个体日常的再生产。从日常生活的构成内容上来讲，海默尔强调行为、旅途、空间等，赫勒则侧重个体的再生产行为，再生产行为也必然涉及具体的内容，如工作、学习等。在内容方面，他们对日常生活的定义存在共同之处，即日常生活是由诸多的内容组成的。因此，我们从时间安排、日常生活、生产劳动三方面的内容入手来比较规训式文化与选择性文化的差异（表 4-2）。

---

① 参见［英］本·海默尔著，王志宏译：《日常生活与文化理论导论》，商务印书馆 2008 年版，第 5 页。

② 参见［英］本·海默尔著，王志宏译：《日常生活与文化理论导论》，商务印书馆 2008 年版，第 5 页。

③ 参见［匈牙利］阿格妮丝·赫勒著，衣俊卿译：《日常生活》“中译者序言”，黑龙江大学出版社 2010 年版，第 3 页。

表 4-2　规训式文化与选择性文化的差异

	规训式文化	选择性文化
时间	服刑人员作息时间：××：××起床，××：××吃早饭，××：××出工，……××：××出工，××：××收工，××：××吃晚饭，××：××睡觉	公司×员工作息时间：周一至周五：8：30—12：00（9：00早会），13：30—17：30为工作时间；12：00—13：30为午餐时间；17：30以后的时间可自由支配（18：00约朋友一起吃饭、聊天，20：00到酒吧，22：00吃夜宵，23：00回家，23：30听轻音乐，24：00睡觉）
程序	起床、洗漱、吃饭、出工、收工、吃饭、休息、出工、收工、看新闻、洗漱、睡觉	员工可以根据实际情况可以调整工作、休息、娱乐的程序
劳动	生产种类少、机械流水线，劳动内容不得随意调换	根据公司岗位和个人需求，可以申请调入、调出、辞职等
作用	在精确、专注的时间、程序、生产内容的安排下，服刑人员的时间和身体都失去了自主性，完全依赖于监狱	充分发挥个体的才能和主体能动性，促进公司全面发展

从服刑人员的日常作息表中可以看出，固定、反复的生活程序以及单向度的生产劳动实现了监狱对他们的时间和身体的安排，让他们失去了自身生活的自主性，完全依赖于监狱。从表面上看，监狱支配了他们的生活，服刑人员的一日生活全部依赖于监狱带有目的性的安排，他们无需思考，只需在规定的时间“尽职”即可。就本质而言，日常生活能够反映出某一个体或群体的生活习惯、行动轨迹，这种对日常生活的控制实际上是规训式文化对肉体永无止境地征服。而选择性文化的公司为了保障本单位的正常运转必须要对员工的工作时间进行限制，但是除了工作时间之外，他们可以自由支配剩余的时间（如上表所示，他们可以选择性的自由活动），即使工作时间外加班也会被给予一定的物质补偿。员工的工作内容也是灵活多样的，经公司聘任的员工根据公司岗位和个人发展需要，可以随时提出调换岗位的申请，也可以提出辞职申请。这些都足以说明生活在选择性文化中的个体有充分的个人空间，公司以此来激发他

们的积极性和创造性，最终实现公司的全面发展。

三、行为规制的差异

对服刑人员的行为规制是监狱实现教育改造犯罪目标的基本手段。基于监狱安全和有效地矫正服刑人员的目的，监狱对服刑人员的行为规制涉及其在改造过程中的方方面面，哪怕是拉手这样细微的动作。通过对他们行为举止的监督和控制使服刑人员接受改造，进而形成循规蹈矩的行为方式。这种代表着规训式文化的行为规制所体现的不仅是教授一种或几种动作，而是要培养其组织和纪律性，使其成为被驯顺的肉体。选择性文化则不同，公司虽然也会对员工的行为举止进行一定的约束，但约束的前提是员工在公司做出不得体的行为。这种约束是建立在权利与义务关系对等的基础上，通过约束行为举止实现公司高效、安全地运行。而且良好的行为举止能使行为主体产生一种自我约束的意识，有利于提高个体的人力资本和社会资本（表 4-3）。

表 4-3　行为举止规制的差异

	规训式文化	选择性文化
内容	关于服刑人员行为举止要求的补充内容：1. 罪犯在行进中与来宾相遇时，须原地停下，手中持有工具的，须同时放下手中工具，待来宾走过五米后方可继续行走。未经允许，罪犯不得与来宾贴近、攀谈。罪犯三人以上行进时需排成纵队行进，不得挽臂、搭肩、拉手；2. 罪犯不得化妆、文身、染指甲、不得戴首饰、穿高跟鞋；3. 罪犯不得烫发、染发、戴假发；4. 罪犯在回答问题时，不得抢话，不得指手画脚；5. 罪犯不得串监区、串监舍；6. 罪犯不得练拳习武……	公司对员工行为举止要求包括以下几个方面：1. 工作时间的着装要得体大方，不能着怪异的服饰。男性员工不得化妆，女性员工可以化淡妆，不能化浓妆；2. 工作时间不准吃东西、娱乐、做与工作无关的事情；3. 不准在公司内任何场所吸烟，需保持场所内清洁的卫生环境；4. 工作时间避免通过电话、微信等通信工具或软件闲聊……
作用	通过对行为举止的监督和控制使服刑人员遵守纪律，接受改造进而形成循规蹈矩的行为方式，成为被驯顺的肉体	通过约束员工不得当的行为举止来保持公司良好的形象，保障公司高效、安全地运行

行为规制还包括对积极行为的奖励和对违规行为的处罚机制。监狱对服刑人员的管理实行分级处遇、分级管理。服刑人员的在监狱改造中的遵规守纪、思想教育、生产劳动都被作为平时考核的衡量标准。每年年终考核以最终累积得分的高低来确定他们的减刑、假释、分级的待遇。在这种情况下，他们为了争取加分就会积极表现，但分数的高低并不代表着服刑人员改造效果的好与坏。实际上，很多服刑人员的积极表现只是为了分数，并非为了改造。

在里面分数比钱还重要……所以我就想着办法来挣分。犯人之间的很多矛盾都是因为挣分引起的，例如，有犯人违规使用电磁炉煮方便面，同监舍的狱友看见了就向队长举报，队长就会给举报的犯人加分，给被举报的犯人扣分。（案例 7，在押服刑人员肖云峰）

可以说，这是一种消极的应对行为。服刑人员长期在规训式文化中受到消极的规制，容易产生畏惧、恐慌的个体心理，也很难去积极主动地融入社会，这也是规训式文化的不良后果。监狱规训式文化中的处罚原因涉及服刑人员的迟到、缺席、疏忽大意、不服从、言语等方面。处罚的方法也是多样化的，小到训诫，大到公开处理。相对于监狱规训式文化，社会选择性文化对于行为主体是可选择性的、倡导型的。员工在出现违反公司规定的行为时，惩罚具有象征意义，而且惩罚的最高等级就是解除劳动关系。公司奖励是对员工个体人格（如能力、价值）的肯定，也为他们的个人发展指明了方向。奖励员工的目的是使他们产生一种高度的公司文化认同感和根本归属感，最终和公司建立共同愿景，并为公司的发展贡献个体最大的力量。① 对于服刑人员而言则不同，行为规制中的奖励和惩罚都是监狱规训的结果。规训式文化容易使服刑人员的认知出现偏差，导致适应社会的障碍。

由以上两种文化的比较可以得出这样的结论：监狱场域与社会场域所孕育

① 参见郭星华、任建通：《规训与选择——对刑释人员回归社会的法社会学研究》，《江苏行政学院学报》2014 年第 4 期。

的文化存在着一定的差异。从本质上讲，受监狱规训式文化浸染的服刑人员从规训式文化场域进入到多元的选择性文化场域时，他们会受到文化差异的冲击。由于文化的惯性作用，服刑人员可能面临诸多适应社会的困境。

在笔者与刑释人员访谈的过程中，很多人也曾这样描述监狱规训式文化对他们的影响：

> 在里面待上两三年的显不出来，时间一长的话就变化了。10 年改变一个人的性格太简单了，尤其是经历过大的变故。有的人在社会上经历一件事就能让他发生变化，更何况在监狱里面待这么长时间经历这么多事情。在社会上打拼的这些人，做生意最多是赔一些钱，况且这些钱可能原本也不属于他，也是挣来的，赔了可以再去赚。但十年光阴对一个人来说价值比金钱大多了。监狱里的生活太枯燥，每天基本上都是重复着一模一样的生活，特别没意思。（案例 10，刑释人员卢吉祥）

> 俺媳妇儿说我现在是什么都不想，在里边待的不知道怎么去适应外边了，也不想去和别人打交道，更不知道怎么去（处理）。其实不是俺不想，而是不知道怎么想，脑子里一片空白，啥也不了解啊。就像开始承包地，种的辣椒，辣椒熟了，这么多的辣椒不可能走街过巷的去卖，最好是大批量的供应超市。俺媳妇儿想让我去跑跑外面的业务，我不知道怎么做这样的事，给人家套套近乎觉得不好意思，而且和外面的人来往特别复杂。俺媳妇儿就和我一块儿去，去市里边的大超市找人家，慢慢地才好一些。但现在还是内向一些。有的时候不知道为什么就开始发脾气，这火儿说来就来了，和俺媳妇儿吵架也不少。（案例 11，刑释人员梁成坤）

通过这些刑释人员的切身感受可以看出，10 年的监狱生活让他们饱受规训式文化的影响，个体的性格都发生了重大的变化。回归社会后，规训式文化的惯性作用不可能在瞬间消逝，他们的行为和思想还留有规训的印记。其实并不是他们不想去适应社会，而是因为他们什么也不了解，脑子里一片空白，不知道如何去适应社会。他们已经习惯了“里边的生活”，不知道如何与外边的人相处。当内心的苦闷和困惑无法排解时，他们就会通过发脾气的方式向周围人转嫁自身的不适应情绪。

第三节　社会变迁的日新月异

从一定意义上讲，广义的社会变迁指的是一切社会现象的变化，它包括经济、政治、文化、社会结构的变化；狭义的社会变迁指的是社会结构的变化，这种变化涵盖了过程和结果。[①] 关于当今的社会变迁，一位法国经济学家曾进行过估计，今天我们每3年发生的变化，相当于21世纪初30年的变化，相当于牛顿时代以前300年的变化，相当于旧石器时期3000年的变化。[②] 我们暂且不谈这种对社会变迁的估算是否精确，但不容置疑的是人类社会已进入快速发展的时代。吉登斯在《失控的世界》一书中明确地对社会变迁做出了评价，他指出，当前社会的变迁是史无前例的，它已经由局部的变迁延伸至世界的任何一个角落。[③] 换言之，在吉登斯看来，当前的社会正在经历着急速变迁的过程，而且变迁的范围涉及世界的任何一个国家，任何一个地区。严格来讲，社会变迁是一个制度变迁、价值更替、秩序重建和文明再生等诸多方面的变迁。这种快速的、规模宏大的社会变迁使社会中出现了新事物、新观念、新技术、新现象等一系列新元素，在变迁的过程中，当今的社会成为了一个多元化的社会。现今国内经济发展迅猛，保持了良好的发展势头，国内生产总值从2005年的185895．8亿元上升到2014年的636138．7亿元，10年时间国内生产总值增长了近3倍。[④] 在笔者访谈的刑释人员中，他们都深感社会的变化之大：

① 参见郑杭生：《社会学概论新修（第三版）》，中国人民大学出版社2006年版，第321页。

② 参见孙立平：《社会现代化》，华夏出版社1988年版，第9页。

③ 参见［英］安东尼·吉登斯著，周红云译：《失控的世界》，江西人民出版社2001年版，第1—2页。

④ 国家统计局网站：http：//data．stats．gov．cn/easyquery．htm？cn＝C01，（2015-10-16）。

社会变化太大了，出来就晕了，就是蒙圈咧，在里面待的时间太长咧，就跟关傻了一样。外边的人一看他的表情、动作，朦朦胧胧的，就知道是里面出来的。我出来的那天如果没有人去接我，就感觉两眼一抹黑，啥事情也不知道。就像咱们去一个很陌生的城市一样，之前对这个地方一点儿也不了解，公交啊之类的什么也不知道，不也是晕嘛！你想打个电话，连手机都不会用。幸好我还年轻，出来适应得还算比较快一些。（案例 10，刑释人员卢吉祥）

（不适应）那是肯定的。7 年过去了，小树都长大了，更别说现在搞开发，城市农村都在变样儿，我出来一看，哪里是哪里还得好好想想。就拿买得这些吃的东西来说吧，原来的时候品种少，物流也不发达，基本上吃的都是本地的东西。你看现在，我在家就能买到新疆的葡萄。你想买一件东西有好多个牌子，随便买哪个都行。还有就是工资涨了，原来一个普通的打工人每天也就挣六七十，现在得二百来块钱，经济发展是最明显的。（案例 9，刑释人员刘思明）

当了十几年“大劳改”，感觉和这个社会接不了轨了。你说让我去干点儿啥，要技术没技术，要经验没经验，心里想的都是里边这些事，外边的知道的很少，就相当于从头再来。我现在刚刚学会上网，就会上个QQ，连聊天都困难，微信什么的根本就不会，出去一说话都和别人说的不一样。赶不上时代潮流啦。（案例 11，刑释人员梁成坤）

变化挺大的……在里边信息太闭塞，监狱为了不让外边的不利信息传进去，也把有利的信息挡住了。了解不了外边的信息，突然一出来就像是在黑屋子里待时间长了，一下见到太阳光一样，受不了啊。进去之前哪有这么多的楼房啊，你看现在，只要是个城市全都是高楼大厦。原来街上哪有这么多汽车，都是摩托车和自行车，现在这汽车多如牛毛，恨不得去收破烂儿都得开辆车。（案例 13，刑释人员刘亮）

从这些刑释人员的叙述中不难看出，他们把感受到的社会变化做了个形象的比喻“7 年过去了，小树都长大了”，明显地感觉到进去前的社会和出来后的社会是大不一样的。他们长期在封闭、单一的监狱里面生活，信息闭塞，了解不到外边的信息，基本上感受不到社会所发生的重大变迁。突然间回到社会后就好像是“在黑屋子里待时间长了，一下见到太阳光一样，受不了啊”，继而会出现“晕”“两眼一抹黑”等不适应社会的情况。在面对社会中一系列新元素时，困惑、彷徨、焦虑、失落等感受骤然出现。

卢吉祥告诉笔者，有一次他回家的时候，母亲催着他赶紧考虑找对象的事，他还以为是 10 年前那样，男的找对象很容易，所以就不着急。这时候母亲急了说：“哎哎哎，可不是原来那样啦，你知道现在农村里男的找对象多难吗，有的小姑娘离婚了还得找个未婚小伙子。女的找对象对男的要求高着哩。现在农村里找不到对象的男的多的是，你可别不当回事。”“不是女的难找对象吗?”卢吉祥说道。“就这几年变成这样啦，可得抓点紧!”这时候卢吉祥才知道现在的社会原来是这样的了，这也是他没有想到的。

一、新事物的萌发

接朋友电话都不知道是滑动红色键还是绿色键。

——案例 10，刑释人员卢吉祥

就哲学意义而言，新事物代表时代的发展方向，它符合社会变化发展的客观规律并推动着时代向前发展。本文中的新事物仅指与旧事物相对的具有时代特征的，在形态、结构、功能上比旧事物更加高级、合理、强大的东西。正如前文所述，现代社会是一个急速变迁高度发达的社会，新事物的出现让刑释人员短时期内不能完全接受当前的现实。这些变化不仅给社会成员带来了全新的挑战，还使刑释人员异化为“边缘人”①，极易出现适应的困惑，再次陷入文化的“迁徙矛盾”中。卢吉祥从监狱回到社会后，感觉当前的社会变化太大

① 在当代西方理论界，“边缘人”更多地还被用来特指一代成长中的青年人处于一种边缘状态与边缘地位。参见叶南客：《边际人——大过渡时代的转型人格》，上海人民出版社 1996 年版，第 6 页。

了，自己在监狱里待了10年，社会的飞速发展使他产生了被淘汰的感觉。假如他在监狱里服刑了20年，可能就更不能适应社会的变化了，庆幸地是他还年轻，可以慢慢地去适应。

外面变化太快了，10年时间让我觉得自己都有种被淘汰的感觉。如果在里面待个20年的话，再出来就更不行了。好多东西都没见过，眼花缭乱的，原来的时候想都不敢想的东西现在都有了。就拿现在人们用得最多的手机来说吧，现在的手机都是智能的，我进去之前那时候，手机如果是个彩屏的，铃声是和弦音就已经很不错了，连摄像头都没有。现在大家都喜欢用手机玩微信、陌陌啊之类的聊天工具，我都得现学。刚回来的时候，接朋友电话都不知道是滑动红色键还是绿色键，也不知道怎么滑动，有时候总是搞错，电话也接不起来，现在想起这些事情来印象都很深刻。我现在用这手机功能都是别人教的，甚至每次用什么功能，都能想起当初是谁教的我。比如微信里的朋友圈，有谁发的一段话很有道理，写得很好什么的，我就想复制、粘贴转发一下，自己不会就没法儿弄了。不怕你笑话我，开始我连百度都不知道，后来我的一个朋友告诉我说，现在这个社会，如果有什么不懂的搜百度就行，知之为知之，不知百度知。我现在每次用百度就想起他来。百度用起来很方便，什么小道消息啦，“正版”的、“盗版”的消息都有。我现在就把百度搜索放在我手机屏幕的中间，用起来比较方便，不知道的时候就百度。

10年的社会变迁让刑释人员“有种被淘汰的感觉”。他们原来想都不敢想的东西在今天的社会中都出现了。入狱前“彩屏手机”的形式、形态已被出狱后“智能手机”强大的功能所取代，这些新鲜事物的出现让他们无所适从，可以说，现代社会是一个物品极度丰盛的社会。鲍德里亚认为，当前时代已经变成了一个物质丰盛的时代，人们不是在经受着人的包围，而是经历着物的包围。[①] 在他看来，我们生活在物的时代，而我们生活的节奏也不得不跟随着它们的变化而变化，人在物的包围中失去了自主性。对于刑释人员来讲，外面的世界已让他们感觉到很新奇，而越来越多新鲜事物的出现让他们如同进入迷阵一般。伴随着社会的不断发展，新鲜事物的作用和功能已突破了传统意义上的使用价值，实际上，这些新事物已经将人带入了一个新的时代。如智能手机的出现，使手机的作用再也不是主体与主体之间的联系的一种方式，伴随着智能化的发展，手机成为人们之间社会互动的媒介。

二、新现象的生成

"去"原来是网络流行语。

——案例 15，刑释人员赵磊

现象是指人或事物在发展、变化中所表现出来的外部形态。任何人或事物的发展变化都是随着社会的变迁才出现的。以现代语言的发展为例，它的发展就融合了外来语言的因素。"沙发"一词来自于英语中的 Sofa，"克隆"就是 Clone，还有就是语言自身发展出的一些新词汇，如"枪手""汗"等。伴随着网络社会的崛起，新兴的网络语言已实现了从流行到热点的华丽转身，并成为社会成员司空见惯的交流方式，如"世界那么大，我想去看看""然并卵""我勒个去"等。对于经常接触网络的人来说，这些新兴的网络语言并不陌生，但是对于刑释人员而言，这可是"想也不敢想"的事。在监狱服刑期间，他们被禁止使用手机等通信工具，看的电视节目也仅是每天晚上 30 分钟的新闻联播，

① 鲍德里亚这样描述当前的社会：今天，在我们的周围，存在着一种由不断增长的物、服务和物质财富所构成的惊人的消费和丰盛现象。它构成了人类自然环境中的一种根本变化。恰当地说，富裕的人们不再像过去那样受到人的包围，而是受到物的包围……堆积、丰盛显然是给人印象最深的描写特征。大商店里琳琅满目的罐头食品、服装、食品和烹饪材料，可视为丰盛的基本风景和几何区。在所有的街道上，堆积着商品的橱窗光芒四射。还有肉店的货架以及举办整个食品与服装的节日，无不令人垂涎欲滴。参见［法］让·鲍德里亚著，刘成富、金志钢译：《消费社会》，南京大学出版社 2008 年版，第 1—2 页。

上网也是上监狱内部的服刑人员改造网，根本无法了解外面的世界。他们回归社会后，与别人交流时就会感受到自己已悄然落伍了。在调研的过程中，刑释人员赵磊给笔者讲述了他这样一次经历：

> 刚出来那会儿，朋友们都要给接接风嘛，我们就约了个晚上的时间一起坐坐。饭桌上大家都喝了点酒，想让我给说说监狱里边的事，我就给他们讲了讲，可他们不明白。之后我就想了解一下外边是啥情况了，我就问他们，他们这个说一句，那个说一句的，我都记不清了，有些话也听不太懂，有时候他们说一句话就大笑起来，我还在那儿傻傻的待着。人家请我吃饭，我也想还人家个人情，所以吃完饭后我就叫着他们去 KTV 唱歌，等到结账的时候也不知道谁说了一句“我去”，我就赶紧说：“你去啥去啊，今天就得我去！”他们一听就笑了，之后告诉我“我去”是网络流行语，不是要去结账，那时我才知道了。

当笔者问赵磊当时的感受时，他说就是觉得自己什么也不清楚，什么也不知道，有些太土了。网络社会的崛起萌发了诸多的新鲜事物和新现象，从社会形态上来说，它超越了农业社会、工业社会的传统社会结构，它是以互联网的出现和充分利用为基础的信息化社会。卡斯特认为，网络的发展推动了新的社会形态的出现，并不断地建构着新的社会形态，而网络化逻辑的扩散从本质上改变了新社会中的生产、经验、权力与文化过程中的操作和结果。① 在卡斯特眼中，网络社会是一种崭新的社会形态，它在当代的崛起犹如工业社会替代了农业社会发生的社会形态变迁一样，人类社会的生产经验、权力关系和思想文化交流都出现了本质上的改变。因而，网络社会改变了社会成员交流和互动的方式，扩大了互动的范围。在与朋友的交流过程中，刑释人员发现了自己与他们之间的差异，即基于不同的文化生活背景，双方之间的交流产生了一定的障

---

① 参见［美］曼纽尔·卡斯特著，夏铸九，王志弘译：《网络社会的崛起》，社会科学文献出版社 2006 年版，第 434 页。

碍。当一些新现象出现时他们更是困惑不已，不得不感慨“自己太土”，已与社会相脱节。

传统的网络语言以数字类、影像类、谐音类、缩略词类为主要特征，如表示“再见”的“886”、表示“谢谢”的“三克油”，其应用的领域主要是在网络的聊天室或者论坛的跟帖发言中，这类语言的内涵可以通过表面的理解被推敲和揣测。而当前最新的网络语言与传统的网络用语在本质内涵上相去甚远，最重要的是新兴的网络语言不再代表语言或符号本身所蕴含的意义，而是承载着这些语言和符号背后更为深刻的社会事实，并且这些语言以一种流行的方式疯传在网络和现实社会当中。如近几年的“时间都去哪儿了”“有钱就是任性”“我也是醉了”“且行且珍惜”“世界那么大，我想去看看”等具有“典故式”特征的网络语言让人很难揣摩和臆测其背后的故事。从某种程度上说，当前社会日新月异的变化让刑释人员在短时间内很难融入其中，他们已与社会相区隔。在面对网络社会中新事物和新现象时，他们与其他社会成员之间已存在莫大的社会距离。①

三、新观念的涌现

这钱花的比水流地还快。

——案例 9，刑释人员刘思明

观念是人们长期生活和生产实践中形成的对事物总体的综合认识。人们自身的认识具有历史性和局限性，因此，人们的观念是随着社会的变迁而不断变化的。从某种意义上讲，观念在社会变迁的过程中就出现了新旧之分。当观念固步不前时就会变成旧观念，当观念随着社会变迁而变化时就会衍生出新的观念。人们在观念转变的过程中也会出现一些诸如“跟不上时代”的错位现象。在笔者与刑释人员交谈的过程中，他们都感觉自己的想法有些落伍了。

① 参见郭星华、任建通：《刑满释放人员社会适应的法社会学研究——主体间性的视角》，《国家行政学院学报》2014 年第 4 期。

我刚出来的时候闹过不少笑话，原来没进去之前在小饭馆吃碗拉面，拌盘牛肉，也就十来块钱，吃得饱饱的，好好的。回来那天，赶到中午去吃饭嘛，我一寻思好多年没吃过拉面了就去吃个拉面吧。然后呢，找了一家拉面馆，我问服务员，“来一小碗拉面，拌盘牛肉”，然后我就把兜里仅有的 50 块钱放那儿，服务员瞅瞅我，我也瞅瞅他，他没吱声，我心想这是咋回事呢。我问他：“怎么了?”他说：“一份牛肉就 50（元）”。我让他等等，搞了个脸通红就出来了。从那儿以后，我朋友再请我吃饭啥的，最后结账的时候我都得看看花了多少钱。以前的时候，远了不说昂，就说 2004、2005 年那会儿吧，四五个朋友一起聚会吃饭、唱歌，再加上吃夜宵，一晚上也就 1000 块钱，还吃得挺好，玩得挺好。现在呢，我的妈呀，这钱花的比水流地还快，动不动就上千，真是受不了。现在这个社会吧，挣钱不好挣，花钱如流水。

原来的时候喝酒都是 10 块、15 的，抽烟一般都是几块钱的，如果拿上 20 块钱的烟是相当有面子的。现在出来一看，好嘛，都上档次了，喝酒都是百十来块钱，抽烟也是最差的 20，都好面子啊，变化真大呀！其实我现在想明白了，他们的心态是随着社会发展变化的，而我在里面待了这十来年，心态还是 10 年前的，那肯定不一样嘛。（案例 9，刘思明）

刘思明这段尴尬的经历使他感受到这个社会的变化之大，从日常生活的消费来看，由几十块到上千块，钱如流水般地从人们的手指间流出，而他因为在监狱服刑却没有感受到这种变化。关于现代社会的消费观念，鲍德里亚从人与物的关系入手，从需求理论来界定社会。人们添置洗衣机等生活用品不仅是当作工具来使用而且被当作舒适和优越等要素来耍弄，并愿意为后者掏钱。① 传统社会的消费观念和现代社会不同，前者是为了满足生存的需要，强调的是使

① 参见［法］让·鲍德里亚著，刘成富、金志钢译：《消费社会》“前言”，南京大学出版社 2008 年版，第 1 页。

用价值，而后者已超出了生存必需的范围，对消费赋予了一定的符号意义，满足的是内心的需求。在这里，我们暂且不谈消费观念变化的因由，需要肯定的一点就是，现代社会的消费观念与之前相比确实是发生了巨大的变化。正是这种变化让刑释人员产生了不适应。从上述的访谈中可以看出，在刘思明看来，他在里面待了 10 年，社会变化了 10 年，而他的心态还是之前的心态，突然回到社会肯定是不适应的。可以说，当前社会出现的新观念让刑释人员在短时期内很难接受，以至于他们在适应社会的过程中出现茫然、困惑的情绪，并陷入了融入社会的困境。他还给笔者讲起他的一个狱友的情况："我们有一个狱友在里边待了 20 年，除了里边这点事，他什么也不知道，出去跟'穿越'差不多，思想还停留在 20 年前。我们和他聊天的时候都没法儿聊，他对外边一点儿都不知道，听说他出去的时候都找不到家了。"

不只是消费观念，其他方面也发生了改变，如婚姻观念也出现了变化。卢吉祥这样告诉笔者：

还有就是现在的人变的太现实咧，欲望也大了，选择的也多咧，不是原来吃饱肚子的事了。就拿找对象来说吧，原来的时候人们都特别介意找当过"大劳改"的人。其他条件先不用说，只要是当过"大劳改"，条件多好也不行。你看看现在，人们的观念也变了，犯了错误不是什么大事，当不当"大劳改"无所谓，只要你有钱，找对象很容易。现在女的不都是要求男的得出得起彩礼嘛，还要买房买车，没这些就免谈。你说说，像我们这样的人，刚出来没什么钱，如果不是家里条件好，上哪儿买房买车去啊。再说了，谈对象也得花钱吧，吃顿比萨什么的就是好几百，三天两头的约一次，工资就没了，没钱谈恋爱也很难。现实的社会，现实的人呐。

彩礼，又被称为聘礼、聘财，专指男女订婚时男方给女方的财物，是我国传统习俗中的婚礼程序之一。自古以来，我国就有婚礼缔结之制，西周时期的

“六礼”① 婚姻制度中的“纳征”就相当于现在的彩礼。虽然此后“六礼”多有演变，但是纳征一直是男女双方建立婚姻关系的必经程序。伴随着社会的变迁，习俗的演变，我国当前婚姻缔结中的彩礼也发生了根本性的变化，贺雪峰把这一变化称之为“千年未有之变局”②。从内容上看，传统的彩礼是作为男女双方之间婚姻缔结的信用标识物，男方向女方给予实物来征得女方订婚的意思。如女方不同意接收，即婚约尚未达成；如果女方接收彩礼，则婚约成立。因此，在传统社会中，彩礼是缔结婚约的程序和仪式。男女双方在确立婚约关系时，除了彩礼的因素，其他一些如出身、人品、相貌、才华等也是衡量婚约是否能够成立的重要标准。但是，社会的变迁必然引起习俗的变迁，彩礼的性质也发生了变化。现代社会中彩礼的多少掺杂着男方是否心诚、女方的身价，以及面子的攀比等一系列复杂的意义。当前彩礼的性质已发生了根本变化，已经不是传统意义上的内容和形式，更多地趋向于一种“货币化”趋势。在这种情况下，“钱”的意义也就不是单纯的财富的象征，在婚姻关系中还象征着“恋爱、婚姻的资本”，男女双方在择偶的标准方面也趋向于利益化。马克斯·韦伯指出，人类社会的行动可以分为四种③。依韦氏角度看，当前我们时代的宿命就是理性化，现代化的趋势就是理性化即工具理性。在社会广泛、空前和急剧的变革中，社会成员的价值观和社会心理也出现了一些变化。市场经济的开放性、竞争性激发了社会成员进取的活力，但是也促成了功利、拜金、享乐等价值观念的形成，使社会成员趋于功利化、工具化。刑释人员卢吉祥所描述的，原来劳改的经历对结婚的负面影响很大，而现在“当不当‘大劳改’无所谓，只要你有钱，找对象很容易”。对于刚刚回归社会的他们，家里经济条件有限，个人刚出来又没有积累一定的财富，婚姻高成本的发展趋势，导致了他们“谈恋爱也很难”。这个社会变成了现实的社会，人们的行为、观念也趋向于功利化。

---

① “六礼”，即纳采、问名、纳吉、纳征、请期、亲迎。

② 参见贺雪峰：《乡村社会关键词：进入21世纪的中国乡村素描》，山东人民出版社2011年版，第1页。

③ 人类社会的四种行动为：目的取向的行动、价值取向的行动、情感行动、传统的行动。

四、新技术的革新

脑子里一片空白，被淘汰啦。

——案例 15，刑释人员赵磊

技术是一种知识进化的主体，它可以形塑社会，亦可以被社会形塑。如人类对工具的使用促进了人类社会的发展和人类自身的进化进程；互联网技术的出现推动了社会结构的深刻变革等。在任何一种社会形态中，技术皆是人类迎合社会需要而创造或发展的技能、方法和手段的总和，它包括技巧、经验、信息、装备，如计算机技术、文化教育技术、军事技术等。人类社会从农业社会、工业社会到信息化社会，在任何一个阶段，新技术对社会结构的转化都起到了举足轻重的作用。就我国高速铁路的发展历史来说，自 2004 年开始论证至 2008 年京津城际高铁开始运营，这就标志着我国已经拥有了完整的自主知识产权的高速铁路技术体系。中国用 5 年的时间完成了其他国家 40 年的高铁发展历程。到目前为止，我国高速铁路的里程已达到 1 万公里，基本上形成了以北京为中心的 8 小时快速交通圈。关于网络技术的出现，卡斯特指出，人类进入 21 世纪，由于网络技术和通信技术的广泛应用，当前正在浮现的社会结构可以被概念化为“网络社会”[①]。卡斯特对网络社会开展了深入的研究，他在《网络社会的崛起》一书中开篇指出，公元 2000 年将届之际，社会中出现了新的具有历史意义的事件，这些事件改变了人类生活的社会图景。当前，以互联网和信息技术为中心的技术革命正以迅雷不及掩耳之势重构着社会的物质基础。[②] 网络社会是一种真实存在的新的社会形态，它的诞生与工业社会在农业社会中崛起具有同等重要的意义，并使社会结构的各个层面都发生了深刻的变革。这个新社会的组织形式以其普遍的全球性，扩散到了全世界，一如工业

---

① 参见［美］曼纽尔·卡斯特著，夏铸九，王志弘译：《网络社会的崛起》“中文版译者序”，社会科学文献出版社 2006 年版，第 3 页。

② 参见［美］曼纽尔·卡斯特著：《网络社会的崛起》，夏铸九，王志弘译，北京：社会科学文献出版社，2006 年版，第 1 页。

资本主义及其孪生敌人——工业国家主义在20世纪所做的那样，它撼动了各种制度，转变了各种文化，创造了财富又引发了贫穷，激发了贪婪、创新和希望，同时又输入了绝望。不管你是否有勇气面对，它的确是一个新世界。①

伴随着网络社会的崛起，我国社会已进入了网络化时代，不仅网民规模迅速扩大，而且人与人之间的交往空间也从面对面的“在场”走向了网对网的“缺场”。据我国第36次《中国互联网络发展状况统计报告》（以下简称《报告》）显示，截至2015年6月，我国网民规模、互联网普及率相比之前都有所增加，尤其是手机网民的规模和使用手机上网的比例迅速增长。② 而2005年6月30日的《报告》中显示，截至2005年6月，我国网民规模为1.03亿，手机上网还未出现，上网计算机总台数为4560万台③。2015年比2005年的网民规模增加了5.65亿人。网络炒股、网上支付、网络视频、网上订票、即时通信等成为网民使用率较高的网络类型。随着手机的智能化、网络终端大屏化、使用便捷化，智能手机成为网民上网的首选。而微信、QQ、陌陌等网络聊天工具已经逐步取代了飞信、短信等通信聊天工具。从个性化的信息获取和沟通娱乐到交通、医疗等公共服务，互联网技术对人们的生活方式皆产生了巨大的影响。生活在网络化时代的社会群体已经成为镶嵌在网络中的节点，网络成了个人生活的重要组成部分。

可以说，互联网技术的飞速发展，促进了社会结构层面的深刻变化，提高了人们在政治生活、经济生活和文化生活中的沟通效率。但是，互联网地广泛应用对于刑释人员来讲是一项新奇而陌生的技术。在他们生活的监狱规训式文化场域中，监狱为了实现安全管理的目标，移动通信、网络技术是被禁止使用

① 参见［美］曼纽尔·卡斯特著，曹荣湘译：《认同的力量》，社会科学文献出版社2006年版，第1—2页。

② 截至2015年6月，我国网民规模达6.68亿，互联网普及率为48.8%，半年共计新增网民1894万人，我国手机网民规模达5.94亿，网民中使用手机上网的人群占比由2014年12月的85.8%提升至88.9%。中国互联网络信息中心：《中国互联网络发展状况统计报告》，http://www.cnnic.net.cn/hlwfzyj/hlwxzbg/hlwtjbg/201507/t20150722_52624.htm(2015-10-31)。

③ 中国互联网络信息中心：《中国互联网络发展状况统计报告》，http://www.cnnic.net.cn/hlwfzyj/hlwxzbg/hlwtjbg/201507/t20150722_52624.htm(2015-10-31)。

的。服刑人员长期受到监狱规训式文化的影响，感受不到外面世界的变化，其思想也基本停留在入监前的状态。当他们刑满释放回归社会后，面对互联网技术飞速发展的社会，会感到茫然而失措。

现在大家都喜欢用手机玩微信、陌陌啊之类的聊天工具，我都得现学。刚回来的时候，接朋友电话都不知道是滑动红色键还是绿色键，也不知道怎么滑动，有时候总是搞错，电话也接不起来，现在想起这些事情来印象都很深刻。我现在用这手机功能都是别人教的，甚至每次用什么功能，都能想起当初是谁教的我。比如微信里的朋友圈，有谁发的一段话很有道理，写得很好什么的，我就想复制、粘贴转发一下，自己不会就没法儿弄了。（案例 10，刑释人员卢吉祥）

当了十几年“大劳改”，感觉自己都被淘汰了，在里边待的都傻咧，什么也不知道，脑子里一片空白，被淘汰啦，感觉和这个社会接不了轨了。你说让我去干点啥，要技术没技术，要经验没经验，心里想的都是里边这些事，外边的知道的很少，就相当于从头再来。现在刚刚学会上网，就会上个 QQ，连聊天都困难，微信什么的根本就不会，出去一说话都和别人说的不一样，赶不上时代潮流啦。（案例 15，刑释人员赵磊）

人们以互联网为平台，通过微信、陌陌等聊天工具进行互动。网络聊天工具的功能已突破了传统通信聊天工具的局限，拥有了广泛的使用群体，改变了人与人之间的互动方式，增强了人与人之间互动的广度和深度。巴洛这样描述网络社会的互动：目前，我们正在创造着让全球的社会成员可以实现新的沟通和互动空间，在这个空间里，个体与个体之间可以实现完全的互动。[①] 从网络社会互动的角度来讲，网络不仅创造了一个新的互动的平台，更为社会成员创造了一个新的空间。可以说，网络社会建立了以互联网为中介的沟通形式，人

① 参见［美］曼纽尔·卡斯特著：《网络社会的崛起》，夏铸九，王志弘译，北京：社会科学文献出版社，2006 年版，第 335 页。

们可以进行平等的、无障碍的互动。值得肯定的是，互联网能够促进新兴社群的发展，但由于网络互动的匿名性交往替代了面对面的沟通方式，这也会导致个人与社会的分离，受众的终结。在我们看来，人与人之间的网络互动是建立在人人使用网络的前提之下，如果缺失了这个前提，那么网络互动就不会产生。刑释人员在监狱服刑期间几乎没有接触过网络，“十几年的劳改”生活让他们与外界接触很少，不了解外界的变化，与社会脱节。回归社会后，他们的技术和经验已经赶不上时代潮流，最新的技术又很难学会，自己所想的基本上还是“里边”那些事，这些都是导致他们回归社会后出现适应困境的重要原因。

可以说，变迁社会中的每一个个体都会感受到社会或大或小的变化，致使置身其中的人都很难理解我们身边陌生的世界。毫不夸张地说，可能当你面对新事物或新现象稍加思考的时候，它已悄然与你擦肩而过，被其他的事物所取代。对于从监狱场域走向社会场域的刑释人员来说，面对这样的多元选择的社会，极易因出现适应的困境而无所适从。从适应的过程来看，刑释人员经历了从社会到监狱和从监狱到社会的适应过程。刑释人员进入监狱场域接受惩罚和矫正是一种再社会化或继续社会化的过程。刑释人员在服刑期间要学习社会规范、职业技能，接受文化教育、思想教育，这些都是再社会化过程中不断内化社会规范的方式。此外，监狱在刑释人员服刑期间大多是通过劳动的方式对其进行矫正。这样的生产劳动也能体现一定的分工，但是这种生产的分工远远达不到社会分工的专业化水平。马克思对分工进行了专门的研究，他认为，就劳动本身而言，社会生产的分工可以分为工业、农业，即一般分工；工场内部按照工种的分工是个别分工。社会内部的一般分工和工场手工业的分工具有很多相似之处，但是二者之间还是存在很大的差别。以生产资料的所有为例，个别分工中的生产资料是以集中在一家工场或者一个资本家手中为前提，而社会内部的一般分工的生产资料则以分散在许多的商品生产者中间为前提。① 应该说，与个别分工相比，社会内部的一般分工之间的相互依赖性更强，个别分工

① 参见廉勇、李宝山：《分工协作理论及其发展趋势》，《青海社会科学》2006 年第 2 期。

是由工场内部统一分配和安排，一般分工则是由市场调控各个商品生产者之间的协作。按照马克思对分工的分类标准，监狱的生产劳动应是与工厂手工业分工类似的个别分工，这种分工仅是工种的分工，相互之间缺乏较强的制约性。在监狱服刑期间，刑释人员在生产过程中如果遇到不知或知之甚少的问题可以向“师傅”——技术熟练的狱友——请教和咨询。

最开始主要是很多事情不懂，不知道怎么去做，入监教育的时候，一些生活卫生啦，监规监纪啦，都是由其他“老号”传授给我的。不懂啊，都是里边的“师傅”（“老号”犯人）教的，有什么不懂的就问他们。（案例 1，服刑人员郑二臣）

在里边，队长会把这里边的一些事给我们讲的很详细，方方面面都了解，事前都告知你。不会整理内务啦，有“老号”教你，思想上有什么想法了可以找队长说说，生产上不懂的也有师傅教你，自己再慢慢学呗。时间长了就行了，好多刚进来的都不知道怎么回事，熟悉了就没事了。（案例 2，服刑人员孙小杰）

费孝通在描述传统乡土社会人口的低流动性时指出，“不流动是从人和空间的关系上说的，从人和人在空间的排列关系上说就是孤立和隔膜”①。他认为，人与人之间的孤立和隔膜是因为在农业劳作中分工的程度很浅，至多也就是性别上的分工，各家与各家之间的协作是很少出现的。费老认为男女性别上的分工合作“与其说是为了增加效率，不如说是因为在某一时间男的忙不过来，家里人出来帮帮忙罢了”②。在这样的乡土社会中，社会秩序的维系是依

① 费孝通：《乡土中国》，人民出版社 2008 年版，第 4 页。
② 费孝通：《乡土中国》，人民出版社 2008 年版，第 4 页。

礼而治的，维持礼这种规范的是“传统”①。可以说，在传统社会自给自足的自然经济基础上，劳动的分工程度很浅，经验积累和传递的方式是“口耳相传”和“自上而下”的，下一代人可以从上一代人那里学到解决人生道路上可能发生的所有问题的方法，未来的生活是可以未雨绸缪的，未来的问题也是可以预见的，他们不需要质疑和思考，顺势接受即可。从某种程度上说，刑释人员在监狱服刑期间的劳动分工程度不高，学习仍旧是自上而下的，这与传统社会的劳动和学习模式大同小异。当刑释人员遇到适应监狱生活的困惑时，他们可以向有经验的“老号”们请教和咨询。监狱里的队长也会扮演“专业人士”的角色，把一些他们不了解的事情提前告知并提出一些建设性的意见，帮助他们尽快适应监狱生活。在监狱场域的各类“专业人士”的帮助下，刑释人员在短期内都顺利地实现了过渡。

从监狱场域回归到社会场域后，虽然他们已经成为法律意义上自由人，但在适应方面却出现了困惑。当前的社会已不是他们印象中所熟悉的社会，而是正在处于急速变迁中的社会。如果再以单纯地传统到现代、工业到农业、封闭到开放、计划到市场来认知这个转型的过程无异于管中窥豹。当前的社会已经迈入了一个更为全面、高层次的转型阶段。② 这是一个高度发达的社会，科学技术的迅猛发展，网络技术的普遍应用，新能源、新材料的开发，致使社会分工向更深层次、更广领域发展，专业化趋势日渐凸显，例如东南亚地区的劳动力资本输出、欧美地区的技术资本输出，分工国际化、产业化趋势使社会分工已经超越了国与国之间的界限。这使得我们绝不能以之前的眼光来看待今天的问题，现代社会已相异于他们入狱前的社会。伴随着社会的不断发展，新鲜事物的作用和功能已突破了传统意义上的使用价值，实际上，这些新事物已经将

① 费孝通先生给“传统”下了一个定义，它是指社会所积累的经验。人们有学习的能力，上一代所试验出来有效的结果，可以教给下一代。这样一代一代地累积出一套帮助人们生活的方法。从每个人说，在他出生之前，已经有人替他准备下应怎样去应付人生道路上所可能发生的问题了。参见费孝通：《乡土中国》，人民出版社 2008 年版，第 61 页。

② 参见蔡宝刚：《社会转型与法理回应：以 21 世纪初的中国为背景》“序”，社会科学文献出版社 2007 年版，第 1 页。

人们带入了一个新的时代。对于刑释人员来讲，外面的世界已让他们感觉到很新奇，而越来越多的新鲜事物的出现让他们如同进入迷阵一般。如新的智能手机和聊天工具的出现，它们的作用再也不是主体与主体之间联系的一种方式。伴随着智能化的发展，手机成为人们之间社会互动的媒介。尤其是当前社会的多元化特征凸显，社会中出现的一系列新元素让他们成为被“边缘化”的群体，加重了对现代社会的隔离感和陌生感。面对日新月异的社会，刑释人员和其他社会成员之间产生了巨大的社会距离，与主流社会渐行渐远。

本章小结

监狱和社会是两个不同的场域，不同的场域所具有的文化背景也是不同的。从一定意义上讲，虽然特殊的监狱规训式文化和普通的社会选择性文化是当前多元文化的不同存在形式，但在某些方面还是存在差异的。我们选取了规章制度、日常生活及行为规制三方面的内容对监狱规训式文化和社会选择性文化进行比较。经比较分析发现，单一、强制的监狱规训式文化导致了刑释人员在监狱服刑期间养成了被动接受的惯习，丧失了主动选择的能力。就监狱和社会不同文化场域而言，刑释人员第一次是因罪入刑，从社会场域到监狱场域，我们可以暂且称之为“离轨”适应。由于监狱规训式文化的强制、单一特征，刑释人员被迫去适应。第二次是他们刑满释放后从监狱回到社会，基于社会的多元性、选择性的特征，刑释人员需要主动去适应，我们称之为“转轨”适应（如图 4-1）。

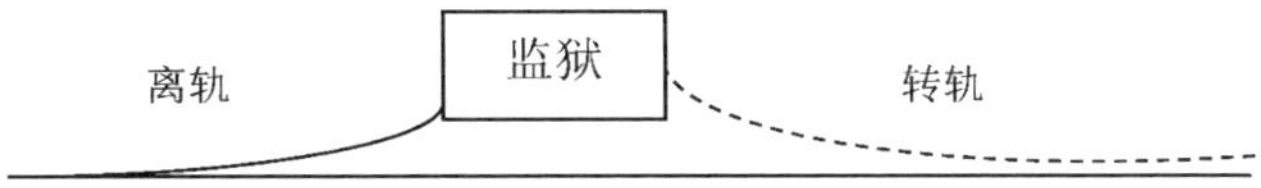

图 4-1　刑释人员“离轨—转轨”适应图

“转轨”适应和“离轨”适应是截然不同的，从刑释人员的描述中可以发现，长期的监狱生活使他们很少与外界接触，对外界不知或知之甚少，与社会相区隔，丧失了选择能力。刑释人员从规训式文化场域进入到多元化的、选择性文化场域，经历了从“离轨”到“转轨”的过程。从社会变迁的角度来讲，当前的社会已不是他们入狱前所熟谙的社会，而是正在经历着急速变迁日新月异的社会。社会中出现了一系列新事物、新观念、新技术、新现象等多元的新元素，这些变化不仅给社会成员带来了全新的挑战，还使刑释人员异化为主流社会的“边缘人”。他们的观念、思想、认识、技术、经验等已经赶不上时代潮流，面对社会中出现的可多元选择的新元素，困惑、彷徨、焦虑、失落感等骤然出现。在文化差异的冲击作用下，刑释人员陷入了选择性文化的适应困境之中。

第五章　高墙外的关系网络“重组”

布迪厄以其传神之笔，将场域理解为有内含力量的、有生气的、有潜力的存在。刑释人员从监狱规训式场域（高墙内）到社会选择性场域（高墙外）经历了从“离轨”到“转轨”的复杂过程。由于急速的社会变迁，社会中出现的多元化的新元素、新现象，让丧失了选择能力的他们在场域的转换中再次陷入了选择性文化的困惑。在上一章中，我们以刑释人员为主体，让他们言说和叙述了从监狱场域回归到社会场域的现实过程，但这种困境的产生并非仅是社会急速的变迁所导致的。由于刑释人员经历了监狱规训式文化的熏陶，面对社会选择性文化时，他们的社会关系网络也因此而受到了影响。

第一节　社会结构与关系网络

社会关系网络是分析社会结构的重要视角。社会关系网络是行动者在互动中形成的社会联系。马克思认为，人的本质就是社会中的一切社会关系的总和。① 换句话说，人与社会关系之间并非二元对立关系，人与社会在互动的过程中是共生的关系。就关系的双方而言，社会关系包括单个的人与人之间的关系，也包括人与群体、群体与群体、个人与国家、群体与国家的复杂关系。中国社会是以“关系”为取向的社会，关于社会关系的探讨对研究中国社会具有极其重要的作用。杨国枢以社会互动为视角来研究我国社会成员的社会取向。

① 参见郑杭生：《社会学概论新修（精编版）》，中国人民大学出版社 2009 年版，第 10 页。

中国社会的人际关系是“关系中心”或“关系决定论”,[①] 即任何事情的变化、发展皆是围绕人与人之间的关系展开的，离开关系，人与人之间就没有了互动。因此，“关系”就成为研究中国社会结构的核心概念和深刻分析中国社会结构的重要指标。费孝通先生从传统的社会关系入手，从宏观上分析了中国传统乡村社会的基本特征，即熟人社会[②]。他认为，在这样的熟人社会中，维系人与人之间关系的原则是差序格局[③]。费老还指出，在西洋社会里争的是权，而在我们却是攀关系、讲交情。在这个以“己”为中心的差序格局中，社会关系是是由自己推出去的，在和自己发生社会关系的那一群人里所发生的差序，是私人关系的重叠和增加，社会关系则是以私人的联系为纽带建立起来的网络。[④] 随着社会的变迁，社会关系也发生了巨大的变化，学界对差序格局的理解进行了进一步的补充和探讨：“从资源配置的角度来讲，差序格局是一种对

---

① 在社会互动中，人们强调是对方与自己的关系决定了自己如何对待对方及其他的相关事项。参见杨国枢、余安邦：《中国人的心理与行为：理论及方法篇》，台湾桂冠图书公司 1994 年版，第 106 页。

② 差序的核心是关系和人伦。乡土社会在地方性的限制下形成了生于斯、死于斯的社会。假如在一个村子里的人都是这样的话，在人和人的关系上也就发生了一种特色，每个孩子都是在人家眼中看着长大的，在孩子眼里周围的人也是从小就看惯的。费孝通先生把中国传统的乡土社会概括为“这是一个‘熟悉’的社会，没有陌生人的社会”。参见费孝通：《乡土中国》，人民出版社 2008 年版，第 6 页。

③ 他还把这种差序格局的人际关系做了一个形象的比喻：我们的社会结构本身和西洋的格局不相同的，我们的格局不是一捆一捆扎清楚的柴，而是好像把一块石头丢在水面上所发生的一圈圈推出去的波纹。每个人都是他社会影响所推出去的圈子的中心。参见费孝通：《乡土中国》，人民出版社 2008 年版，第 28 页。

④ 参见费孝通：《乡土中国》，人民出版社 2008 年版，第 6 页。

稀缺资源配置的格局”[1] 和“差序格局理性化趋势”[2]。

由此，我们可以认为：一方面，社会关系网络的形成、变化、发展和与其密切相关的社会结构存在莫大的联系，相异的社会结构便会产生不同的社会关系网络，就如同西方社会结构和中国社会结构所呈现的不同社会关系一样。即使在同一个社会结构下，不同的时期以及不同的局部社会结构所形成的社会关系网络也是不一样的；另一方面，社会关系网络对社会结构的变动又产生一定的推动作用。在这方面，列维-斯特劳斯进行了充分地说明，社会关系是由原材料组成的，构成社会结构的模型就是在它们中间建立起来的。[3] 换言之，社会关系在一定程度上代表着一定的社会结构，而社会结构变动的结果是由社会关系网络的变化所引起的。因此，社会关系与社会结构之间是一种相互作用的共生关系。刑释人员回归社会，从本质上讲是从单一的、规训式的文化场域进入多元化、选择性的文化场域，基于两种不同文化场域的结构就必然对他们的关系网络产生一定的影响。

---

① 孙立平认为，社会主义再分配体制的确立取代了过去以血缘和地缘为基础的配置制度，带来了差序格局的变动。参见孙立平：《“关系”，社会关系与社会结构》，《社会学研究》1996 年第 5 期。

② 杨善华、侯红蕊认为，费孝通先生在《乡土中国》中所谈到血缘社会与商业活动是不相容的，因为乡土社会中的商业活动奉行的是理性原则，而血缘社会奉行的是人情原则。但是，在当今走上工业化道路的农村，社会已经发生了深刻的变迁，亲属之间关系的亲疏越来越取决于他们在生产经营中相互之间合作的有效和互惠的维持。农民的整个生活可以分为“礼”和“利”这两部分，商业经营活动和其他生产经营活动在“利”的范围之内；而农民的日常生活尤其是婚丧嫁娶等礼仪性活动及日常家庭生活与人际交往则属于“礼”的范围，通行的是由差序格局决定的、费先生所说的人情原则（即由亲情和建立在亲情基础上的互惠构成了人们相互对待的基本原则）。当这种关系亲疏的改变出现之后，它却不可能把自己仍局限在生产经营的范围之内，而是极有可能出现向农民的日常生活渗透的趋势，从而逐渐使农民日常生活中的相互交往也受利益的支配以至全面改造原有的关系亲疏的格局，这就是“差序格局的理性化趋势”。参见杨善华、侯红蕊：《血缘、姻缘、亲情与利益》，《宁夏社会科学》1999 年第 6 期。

③ 参见［法］克洛德·列维-施特劳斯著，谢维扬、俞宣孟译：《结构人类学》，上海译文出版社 1995 年版，第 300 页。

第二节 已有社会关系网络的变化

相对于普通的社会群体而言，刑释人员是一个特殊的社会群体。缘何特殊？主要是因为他们都曾经犯下了不可饶恕的罪行，有过在监狱服刑的经历。一方面，这段刻骨铭心的经历让他们回归社会后饱受罪犯的“标签”所带来的歧视和冷漠；另一方面，趋于社会关系理性化的趋势，以传统的人情为纽带的社会关系也发生了转变。

一、兄弟姐妹关系受到剥蚀

在家庭关系的差序格局中，兄弟姐妹是亲属关系中较为紧密的社会关系网络。在未婚之前，兄弟姐妹共处于家庭这个生活共同体中，是具有亲密关系的家人，是与刑释人员社会距离最近的初级社会群体。而他们与刑释人员的关系也是最先受到剥蚀的对象。在调研过程中，笔者就“刑释人员与家人关系”对卢吉祥进行了访谈。据卢吉祥介绍，他有一个哥哥、三个姐姐，他出生的时候父母年龄比较大了，他和哥哥姐姐的年龄差距比较大。在他服刑期间只有父母去看过他，哥哥和姐姐们都没有去过。据他分析，哥哥姐姐之所以没去看过他主要是因为兄弟姐妹之间的感情不深，他在监狱服刑给哥哥姐姐带来的是一种污名①，因此他们会对自己产生一些不满。当笔者与他交谈到这一问题时，卢吉祥喝了一口矿泉水，神情有些失望，低着头冒出一句：“和父母不一样，亲情不到吧。俺这个事儿肯定是没给他们争光，嘴上不说，但心里对我还是不满的。”他很清醒地对这一问题进行了思考：

亲的兄弟姐妹虽然都是除父母之外最亲的人，可有时候也不一定像想

---

① “污名”是指个体在人际关系中具有的某种令人“丢脸”的特征，这种特征使其拥有者具有一种“受损身份”。参见［美］欧文·戈夫曼著，宋立宏译：《污名——受损身份管理札记》，商务印书馆2009年版，第3—6页。

象的那样亲。他们现在已经结婚了，有了自己的家，最亲的人是他们的孩子。他们的注意力全在自己的孩子身上，我虽然是他们的亲弟弟，但是和他们自己的孩子比较起来还是一个外人。假设他们自己的孩子什么的话（在监狱服刑），他们肯定百分之一万的得去，这就是现实。姊妹们这种就……你比如说，我有三个亲姐姐，但我只给三姐打电话，别的从来没打过。俺大姐挺会说的，但说的再好也白搭，得有实际行动。我们之间虽然还是有亲情，但毕竟是外人了，她们也有自己的家庭、自己的孩子。人就是这样，投脾气的关系近点，不投脾气的就远点。我有这么多姐姐，这么多外甥，但就跟大姐家的小儿子关系最好，不管是之前还是现在。

毋庸置疑，家庭在中国社会生活中具有极其重要的作用。费孝通先生在对传统的乡村社会结构的研究中认为，“差序”是社会中人与人往来所构成网络中的纲纪。在家庭关系这种极具富有伸缩性的网络里，以“己”为中心的自我主义随处可见，随即也便形成了不同中心的“差序”①，差序就意味着亲疏远近，在同一个家庭中共同生活的兄弟姐妹之间也能表现得淋漓尽致。家庭中的兄弟姐妹尚未结婚时都同属于由父母和兄弟姐妹组成的家庭共同体，这时的差序是家庭内部的亲疏远近，可以说是费孝通先生所描述的“自家人”核心圈。当兄弟姐妹结婚组建各自的家庭时，原有的核心圈便分离出来多个以“己”为中心的核心圈，相对于结婚后生育的子女而言，原有核心圈中的兄弟姐妹俨然已成为核心圈外的人了。

在卢吉祥看来，自己在狱中服刑，哥哥姐姐没有来看过自己主要是因为“亲情不到”。与父母相比，哥哥姐姐是他在这个世界上最亲的人，但是他们已经结婚有了自己的家庭，以“己”为中心的差序格局发生了变化。在原来的家庭中，兄弟姐妹之间共同生活在同一个家庭里，不分彼此，同属于一个共同体。但在结婚后的家庭中，哥哥姐姐都有了自己的孩子，在差序格局中与他们最亲近的人不再是原来的家庭成员，而是自己现在婚后家庭中的孩子，因此，

---

① 参见费孝通：《乡土中国》，人民出版社2008年版，第30—31页。

在富于伸缩性的家庭网络中，卢吉祥不再是哥哥姐姐的“自家人”，而是“外人”了。卢吉祥认为，自己服刑期间哥哥姐姐没有去看过他，但是如果是哥哥姐姐的孩子有什么事，他们“肯定百分之一万的得去”。这就是家庭关系网络中差序结构的变化所导致的亲属关系的变动。

此外，兄弟姐妹这种关系受到剥蚀的原因还包括家庭中某个成员的犯罪使其他人因此而蒙受污名。戈夫曼在分析污名和社会身份时认为，和蒙受污名者牵扯上关系的人，会被他者当作与蒙受污名者一样的人来对待。“因此，精神病患者的忠实配偶、刑满释放人员的女儿、跛子的父母、盲人的朋友、绞刑行刑者的家人都不得不分担蒙受污名者的亲属的部分耻辱。”① 对于已婚的哥哥姐姐来说，卢吉祥不但没给他们争光，还会让他们在外人面前丢脸，甚至是感到耻辱，他们因弟弟入狱而分担了他的污名。他们虽然没有将这样的想法直接表达出来，但是内心对此事还是很不满的，并且通过平时的行动体现了出来，如不去监狱探监。诸如此类的情况在案例 11 的梁成坤家中也同样存在，笔者在访谈梁成坤的时候，他的妻子告诉笔者，梁成坤在监狱服刑的事对孩子的影响很大，她这样说道：

> 那时候我特别担心他这事（服刑）会影响孩子。俺儿子上初中，俺就问俺儿，有同学说你吗？俺儿说，同学在背后指指点点，议论我爸是劳改犯。我都是一个人上学，放学也一个人回家，同学的家长也不愿意让他们和我一块儿玩。我听了之后心里边那个难受哇，眼泪刷刷地往下流。俺就告诉俺儿，没事，有妈在，谁也别想欺负咱。后来，俺就让孩子去县里边上初中去啦。在新学校上了半年之后，俺又问俺儿，他们都知道（你爸是劳改犯吗）吗？俺儿不好多说话，就给俺说了一句话，妈，你认为纸能包住火吗？我当时一听什么话都说不出来了，后来我告诉梁成坤，你出来如果不活出个人样儿来，你活着怎么见你的儿子，死了怎么见你的祖宗！

① ［美］欧文·戈夫曼著，宋立宏译：《污名——受损身份管理札记》，商务印书馆 2009 年版，第 42 页。

梁成坤妻子的叙述真实地呈现了服刑人员的家庭成员蒙受污名的事实。在她看来这些影响肯定存在，成年人对他者议论可以不在乎，但是对孩子可能会是一生的阴影。所以，无论自己吃多少苦、受多少累，她都想方设法将孩子送到一个陌生的环境学习，以此来逃避污名的效应，但最终还是纸里包不住火，这些努力没有到达内心的预期。彼时彼刻，她的内心深处爱恨交加，把心里的“气”化作现实中的动力，争取出人头地。听到这里时，笔者对梁成坤的妻子心生崇敬之情。作为一个女人，对儿子深深的爱，对丈夫的不离不弃，对家庭的坚守和担当，这不是每个人都能做到的。虽然当时的家庭是不完整的，但爱是满满的，甚至超越了社会上的无数个家庭。

> 现在俺儿上了大学了，我就担心俺儿因为梁成坤这事不能入党。梁成坤和俺也想让他去部队当兵锻炼锻炼。可是政审这关就是个麻烦事。你们懂得多，你给出出主意呗，俺俩就这样了，可孩子还年轻，不能影响俺儿啊。俺现在就是希望俺儿将来能有出息，成人（出人头地），这些年吃的苦，俺也就认了！

起初，陪同笔者一起去访谈的张警官在介绍时，说笔者是北京来的博士生。或许是学历高这方面的原因，梁成坤的妻子觉得我们肯定比他们懂得多，所以就顺便咨询。从她的话语中我们可以感受到，由于梁成坤的特殊经历给家庭带来了巨大的耻辱，她希望这些负面影响不要再影响自己的孩子。只要孩子将来能有出息，能“成人”，他们也就算是没白吃这些年的苦。

二、亲戚关系的疏远

在差序格局的亲属关系中，由血缘关系、伦理维度为决定因素的亲戚关系在同心圆中所处的位置（带有地理坐标意义）是仅次于家庭关系的，这种代表着关系远近的格局从排列顺序上是固定不变的，如叔伯、姑姨关系等，但是这种血缘的远近并不代表着关系的亲疏。[①] 从一定程度上讲，血缘关系的远近是其关系亲疏的一个充分但非必要条件。尤其是在社会变迁的背景下，以利益为导向的经济机制的形成，社会成员在利益的驱使下，行为和观念也趋向了利益化。与此同时，利益介入了人们之间关系的互动过程，传统的情感因素逐渐被消解，理性化的因素得以强化。这种变化在卢吉祥的亲戚关系中也体现了出来：

"我现在算是感受到人情冷暖了。别人可能因为我进去过就认为我是不务正业、不争气的一个人，人家想理就理，不想理就离远点，亲戚间也掺杂了一些利益因素。就是没有我这个事，我的三个姑、三个姨那也有走得近的，走得远的，有喜欢的，有不喜欢的。更何况我有这个事了呢，人家就怕沾上什么不好的事，借钱啦、借东西、找他们帮忙啦，这是个很现实的社会。那些亲戚也就那样儿吧，比起父母来就差远啦，平时不打电话，来往的也很少。谁也不愿意给自己找事。我给他们除了麻烦，什么也带不来啊。"

笔者："掺杂什么利益因素了?"

卢吉祥无奈地笑了笑说："这不明摆着的事嘛！我如果不进去，而且混得还挺好，他们（亲戚）肯定都不会像现在这样对我。你不知道啊，他们见了我就像见了病毒一样，想方设法躲远点。没办法，谁让咱进去过呢，他们爱怎么样就怎么样吧。"

卢吉祥的服刑经历让他感受到了亲戚间人情冷暖的变化。在亲戚的眼中，进过监狱成了一个人的人生污点，即使你出来想做好，但他们认为人一旦进过监狱，就成了有色眼镜中的"不务正业"的人。此时，他们为了躲避沾上"不

① 关系的亲疏是指往来的频度和感情上的亲密程度，血缘的远近可以成为关系亲疏的一个前提，但不是绝对的正比关系，它也会因为双方利益的不同或其对另一方的期待不能得到满足而淡漠甚至彻底疏远。参见杨善华、侯红蕊：《血缘、姻缘、亲情与利益》，《宁夏社会科学》1999 年第 6 期。

好的事儿”便疏远了亲戚之间关系和往来。国内有些学者的研究表明，关系远近仅是血缘决定的，而关系的亲疏反映了在差序格局中处于中心位置的人或家庭与其他个人或家庭互动的情况以及感情的亲密程度。[①] 亲戚之间关系的亲疏是由中心和周边同心圆上各点之间连线是否牢固决定的。随着中国社会的转型，社会结构发生了急剧的变迁，情感、血缘对人们之间社会交往的作用渐趋式微，而以利益为中心的互惠格局逐渐形成，人际关系结构表现出从情感向理性变化的趋势。在利益化的力量驱动下，差序格局中的亲戚关系交往也呈现出“易变性”。对于这些亲戚而言，一无所有的卢吉祥如果向他们借钱、借东西，这就使得他们将面临长期甚至无期地无回报或低回报的境地。因此，基于自身利益的考虑，他们必须重新调整差序格局中关系的亲疏远近，再次审视、定位甚至取舍与卢的关系。为了实现自身利益的最大化，他们要估算自己“成本—利益”的收益后做出决定。而对于卢吉祥来说，亲戚关系是建立在原有情感基础上的亲密关系，但这么多年的互相关心和信任在利益面前却烟消云散了。

刑释人员刘亮告诉笔者，他在入狱前和亲戚的来往还是比较密切的，尤其是和姑姑家、姨家来往比较多，但是他从监狱回来后，情况就发生了变化。

原来的时候和亲戚们还行，和姑姑、姨她们经常来往，谁家有个大事小情的都过去串串门、帮帮忙什么的。我出来后就不一样了，刚出来手里没钱啊，亲戚朋友都不愿来。人家来了就得给钱吧，就怕你向他们借钱。人家都觉得，我进去过，出来也没什么前途啦，多接触只会给他们添麻烦，多一事不如少一事，现在来往的就更少了。更何况我知道他们是这样，就也不愿意厚着脸皮去求他们，没什么意思。现在也就是过年的时候不得不见见面，平时基本上就不来往。其实我也理解他们，我已经进去两次了，每次都这样，总给别人添麻烦，人家嫌弃也是正常。（案例13，刑释人员刘亮）

进去前和我姑姑他们关系还行，我也经常去他们家和表弟他们玩儿。

---

① 参见杨善华、侯红蕊：《血缘、姻缘、亲情与利益》，《宁夏社会科学》1999年第6期。

上学的时候一放暑假我就跑过去。后来在外边瞎混就去的少了，但过节的时候还是会走动。我进去之后他们也没去看过我，打听我的情况都很少。我出来的那天，姑姑啊这些亲戚也都去看我了，给钱什么的。可是我在屋子里不愿意去见他们，毕竟咱干的这不是什么好事。我在屋子的时候听到他们说话了，肯定是在说我的事。我姑对我爸妈说："这孩子能改好不？成天瞎混，怎么这么没出息啊，这一当'劳改'让我脸上都跟着丢人。"我听到这话心里挺难受，他们真是看不起我，就连她走的时候我都没出去送。我爸让我出去，我怎么着都没出去。自从那以后，我就没再去见过他们，也就没联系了。（案例 14，刑释人员王晓光）

可以这样说吧，你原来就犯了错，出来后别人怎么可能看你和没犯过错一样呢，必然会被人家看不起。亲戚只是因为有些血缘关系存在，如果来往得不多，有时候还不如朋友够义气。（案例 12，刑释人员姚伟）

入狱前，刑释人员与亲戚之间都保持着较为良好的交往关系，"进监狱"的特殊"生命事件"对这种亲戚关系的交往产生了影响。刑释人员出狱后一无所有，碍于关系、面子、情义等复杂因素，亲戚来看望的话是肯定要给钱的，这种给予不同于人们之间"礼物的流动"① 的交换，它属于一种单方面的付出，相当于拿自己的利益来做赌注，而赢的希望又很渺茫。亲戚们认为，刑释人员进过监狱，即使出来了还会"瞎混""没出息"，没有什么前途，将来给他们回报的机会少之又少，再加上亲戚中有当劳改的人让他们在外人面前颜面尽失，所以他们必须充分考虑到自己的利益得失，情感的因素逐步被利益所取代。就像杨联升所讲"互惠"在维系关系网络中的作用那样：一般情况下，中国人都相信人与人之间的关系维系的基础是礼尚往来，这样的过程就像确定的因果关系那样，有因就会有果，所以当他们在为他人做某件事的时候，总是期

① 阎云翔通过下岬村中村民之间的礼物的交换行为阐释了礼物的流动在构建社会网络中的重要作用。其中涉及人情和礼物交换的道德性、互惠原则、婚姻交换与社会转型等。

待着预期中的回报。[1] 当刑释人员从监狱出来后，缘于血缘的亲属关系，他们也会象征性地去看望，以示关心。然而这次看望并不代表以后仍然继续保持这份关系，每一次的交往他们都要进行矛盾的选择和煎熬，往往很多时候就是“再也没有联系”，从此从疏远走向了断裂。

三、同学朋友关系的断裂

同学朋友的关系属于一种家庭以外的社会关系，这种社会关系的交往不是以血缘为纽带，而是以业缘或趣缘[2]为纽带建立起来的。人们在交往的过程中，各个交往的主体都扮演着不同的角色，相互之间也都期盼着互惠，即交往双方都期待着交往利益的对等性。[3] 当然，各个角色之间的互惠并不是都以物质的形式（如金钱）呈现出来，很多时候也表现在精神层面（如互相安慰和鼓励），但交往的利益实现的前提就是对等性。换句话说，当交往的角色主体投入一定的物质或精神利益时，他必然想从对方那里获取一定的物质或精神利益作为回报，即成本与收益之间的关系。不可否认，虽然以人情为纽带维系的个体社会关系在当前中国社会中仍旧普遍存在，但理性的成分在朋友的交往中已成为主导。刑释人员赵磊是一个精明能干的青年男子，据他讲，自己原本家庭条件不错，1995 年的时候家里就给他买了辆吉普车，他还结识了一帮小兄弟，在这个不大的城市里算是个“小人物”，后来他花销太大才入错了行。他出狱后和原来的朋友来往的也就少了。

> 后来知道我回来的那些哥们儿来找我，给我接风洗尘，吃吃饭、唱唱歌。其实我觉得这些对我没有什么太大的帮助，只是礼节性的。我进去这么多年，回来后一无所有，需要的是真真正正能够帮我立足的人。大多数原来的朋友都是吃吃饭而已，下一步的发展也好、打算也好就说的不多

---

① 参见阎云翔著：《礼物的流动——一个中国村庄中的互惠原则与社会网络》，上海人民出版社 2000 年版，第 18 页。

② 趣缘指成员间因兴趣、爱好、志向等相同或相近而形成的群体，如车友会、登山协会等。

③ 参见徐晓军：《内核—外围：传统乡土社会关系结构的变动——以鄂东乡村艾滋病人社会关系重构为例》，《社会学研究》2009 年第 1 期。

了。原来好多事都是我帮他们弄起来的，没有我当时的努力他们也没有现在的飞黄腾达。有几个朋友凑了 20 万元给我，让我当作本钱做点生意，我没要。

你想想啊，原来他们都不如我，有什么事都是我帮他们，现在我出来了，给我 20 万就行啦？刚才不是给你说了吗，我要的是在社会上立足！如果我接了他们这些钱，那就说明以后有什么事找他们帮忙的话就不好意思开口啦，就相当于在企业上班买断工龄一样，给你一笔钱，以后就不管啦。当初没有我他们现在也成不了事儿（发展这么好），都是有房有车。我在里面遭了这么多年的罪，给钱就把我打发啦?!

再后来，他们也知道我是什么意思，其实道理很简单，“光脚的不怕穿鞋的”，干成事很难，但是不让你干成事很简单，他们就把原来我们合伙给房地产商送砂石料的活儿转给我了。现在这社会，人情淡了，金钱、利益重了，和原来不一样了。从原来的这些朋友这儿就可以看出来啦，有时候我觉得他们还不如我和在监狱里头交的那些哥们儿感情深，我们之间没有金钱交换的利益，都一样，都是“大劳改”，关系好就是关系好。你看我现在交往最多的朋友就是狱友。我觉得也挺好，通过这么一进一出我认清了许多人。

依照交往的人情规则，原来关系不错的朋友要为赵磊的释放“接风洗尘”，大多是以请吃饭、喝酒等方式进行。但是，赵磊很清楚地认识到，他们这样做是因为当初自己对他们有一份情义的原因。如果他们不这样做就会被其他人鄙视，以后在这个朋友圈内是很难立足发展的。“接风洗尘”仅是朋友带有“礼节性”的表达，并非是对赵磊倾注了一份真情，更多的是理性化规则的使然。朋友们资助赵磊 20 万元作为发展的起步资金，他没有接受。在他看来，朋友的“飞黄腾达”源于自己的帮忙，是他们欠自己的一个不可让渡的“人情”，20 万元的资金是一次性的，不是赵磊想要的，他需要原来的朋友帮他“立足”，也就是还他一个“人情”。如果原来的朋友不帮助赵磊“立足”，以后他们的事也很难做成，就像他说的那样，“光脚的不怕穿鞋的，干成事很难，但是不让你干成事很简单”。从某种程度上讲，这种理性化交往的对等性是在“人情”的掩饰下进行的。所有这些都说明，交往角色的互惠本质上属于理性化行为规则，这种规则对人际交往的影响越来越明显。现有的研究也表明，在现代社会的人际交往中，理性化的趋势增加，理性化的成分所占比重也越来越大①，由于这种理性的人际关系结构过于钟情计算利益得失而可能会影响现代社会人际关系的健康机体。

笔者从刑释人员的叙述中发现，他们中很多人出狱后和原来的同学朋友关系越走越远，一方面是因为他们长期与社会隔离，与原来的朋友失去了联系；另一方面是他们的所做、所想与原来的朋友产生了差异，兴趣、爱好、志向等形成趣缘的纽带也出现了变化，这些都是可能导致刑释人员与原来的朋友圈出现断裂的因素。

> 进去这么多年，原来那些朋友一部分失去了联系，一部分就是有联系但没什么深交了，和现在的朋友走近了，和原来那些就走远了。再说了，现在想的也不一样了，我是想着从头开始，一切都不知道，别人在外边已经混了10年了，各方面都差不多吧，你说能聊到一块儿去吗？这个社会人都很现实，谁不想和那些有钱有势的人在一块儿啊。和我们这样儿的人接触只能是了解那里边的事，别的事咱也不知道啊，没有前途。（案例10，刑释人员卢吉祥）
>
> 和我原来一起吃吃喝喝的朋友都跑了（关系远了），怎么说呢，人家混的都是稳稳当当，后来就觉得不是一路人啦，交往就不多了。有时候也互相打个电话什么的约着出来吃顿饭，瞎侃一通，但没有什么过多的交往，和原来不一样了。（案例9，刑释人员刘思明）
>
> 像我们这种人啊，进去之前有100个朋友，出来之后能有十个八个就

① 参见周建国、童星：《社会转型与人际关系结构的变化——由情感型人际关系结构向理性型人际关系结构的转化》，《江南大学学报（人文社会科学版）》2002年第5期。

不错啦。回来后和在里边的时候想象的不一样，还没出来的时候想着出去后找朋友们帮帮忙，干点事不难，可回来了一见面就不一样了。我那些朋友听说我回来了，有的带着酒啊、烟啊、奶啊、钱啊之类的就来家里了。人家给钱啊什么的，这已经很好啦。我回来了，人家看得起你，过来问一下，这也算是朋友啦。而有些人呢，知道我回来了，还装作不知道，我也就没必要跟他联系。还有一些是先看看再说，就是观望一下我将来的发展。如果有一天我混好了，那些人想靠近我的时候我也不去理他们。总体来说，朋友患难才会见真情，你行的时候靠近你，你不行的时候远离你，这样的朋友表面上还是好哥们儿，但我不会真心地去对他了。那些不是朋友的朋友有的看我混好了，约我去喝酒，我就不去，没必要和他们浪费时间，我还不如去挣点钱呢，什么人都有啊。（案例 12，刑释人员姚伟）

我进去这么些年，和外边的这种关系中断了，联系的就少咧。他们干的都是稳稳当当的工作，挣得不多也不少。我和他们干的不一样，也没什么可交流的，我和现在的朋友一块儿哈（喝）酒什么都说，互相介绍经验。和那些同学有什么说的啊，我也不想和他们在一块儿，想的都不一样，也说不到一块儿去。记得刚出来那会儿，他们也去看过我，在一起拉呱（聊天）的时候我心里还是说不出来的感觉，人家还得考虑我的感受，说话的时候还得格外注意，不是像原来那样一起说说笑笑。后来我找他们帮忙想弄点事干，我能看出来人家还顾着自己呢，不怎么愿意帮，我也就不再开口咧。"圈养"的和"散养"的区别大着呢。时间一长和社会上这些人"拉不来"（谈不来），脱轨咧。联系少，共同语言就少，交往的就更少啦。（案例 13，刑释人员刘亮）

刑释人员的服刑经历对他们的社会交往影响很大，原有的朋友圈渐渐地缩小了范围，如"进去之前有 100 个朋友，出来之后能有十个八个就不错啦"。"我们这种人"的角色认知把他们自己与原来的朋友区隔开来，原本是生活在同一个世界的人，而现在见面后却形同路人。长期与社会空间隔离，使他们原有的社会关系网络被切断。当被从监狱释放出来后，他们所想的和所知道的也仅是监狱里边的那些事，对外界一无所知，和原来的朋友同学在一起的时候失去了共同的“话语空间”①。伴随着网络化时代的到来，人们之间的社会交往存在“在场”和“缺场”两种形式。无论是在场交往，还是缺场交往，维系这种交往存在的是共同的“话语空间”，即交往主体之间存在共同的话语以及话语得以存在的系统。共同的“话语空间”不复存在，交往主体之间便会疏远相互之间的关系，社会关系网络也就随之消失。刑释人员通过朋友对自己出狱后的表现可以辨别这种社会关系是否牢固。一部分人因为刑释人员的犯罪经历而切断了与他们的交往，而另一部分人仍旧和他们保持了良好的社会交往，这也成为刑释人员是否和原来的朋友继续交往的一个重要因素。

此外，刑释人员在与原来的朋友交往过程中，还存在一种内心深处无法跨越的“内在的屏障”②。当原来的朋友和他们主动联系时，刑释人员在心理上却让自己陷入了另一个隔离的世界，我们称之为“自愿性隔离”③，如“不愿和他们联系，也不愿意见他们”。

咱以“大劳改”的身份去找人家，有的人忌讳这个，他们要是不愿意和咱们来往，那咱们不是自找没趣吗。（案例 10，刑释人员卢吉祥）

有些朋友人家稳稳当当的正规干，现在发展也很好，咱出来了一无所有，心里不是感觉有落差吗，不好意思见人家。他们说不是他们排斥我，是我排斥他们。朋友当中混的最好的开了一个铁珠厂，条件比较好。虽然人家挺够意思没嫌弃我，如果我想去他那里去上班就是一句话的事，但我

---

① 人与人交往的空间不仅限于生活的空间，生活的空间仅是交往的平台或场所，而出现深层次的交往还需要彼此之间的共同沟通、交流，也被称为“话语空间”。

② 齐美尔为社会距离的概念注入了主观的内涵，认为社会距离就是人与人之间“内在的屏障”。

③ 梯姆斯认为，个体的认同与他的互动对象密切相关，个体的公共认同以及他的阶级归属感，是由与他经常互动的群体的特性决定的。这样，有共同需要的群体，面临共同的问题，群体成员生活在一起就能更好地满足大家的需要、处理共同的问题，并逐渐形成群体亚文化圈。参见郭星华、褚卉娟：《从乡村到城市：融入与隔离——关于农民工与城市居民社会距离的实证研究》，《江海学刊》2004年第3期。

还是觉得不想去麻烦他，都是一起长大的，心里边觉得（和他）还是有差距。（案例 9，刑释人员刘思明）

我有三个从小一块儿长大的把兄弟，出事之前基本没分开过，成天在一起。其中三哥对我最好，我俩是过命的交情。另外两个就差一些，出事后，找他们帮忙就找不着人啦。我在里边的时候他们没去看过我，也没去我家看我父母。就是我出来的时候找过我一次，一块儿待了会儿，客气了一下，下来就没什么信儿了。我也没找过他们，大家心里都明白是咋回事，你不联系我，我也不愿意联系你。大道通天，各走一边吧！（案例 14，刑释人员王晓光）

刚回来的时候看着身边的这些人混的都挺好，安安稳稳的，再想想自己，心里感觉和别人有差距。好多次他们叫我去吃饭我都不想去，自己又没钱，总让人家请客不太好。我不想让他们认为我和他们来往是为了让他们帮助我，当然人家不一定这么想，但是我挺在意这方面的，他们知道我是有意躲着他们。我更愿意和自己差不多的朋友在一块儿，比如在里边认识的那几个，现在联系就比较多。（案例 15，刑释人员赵磊）

大多数刑释人员出狱后都处于一种“一穷二白”的状态，看到原来的朋友生活的“安安稳稳的”，和他们相比自己感觉有落差，这种内心的落差也会拉大刑释人员与朋友之间的社会距离。当朋友们联系他们时，他们以躲避、排斥的方式面对原有的朋友圈，这不仅强化了自愿性隔离的作用，还致使他们与原有朋友圈出现了裂痕。社会心理学的相关研究认为，个人或群体在以他人或群体为参考进行比较时发现自己处于劣势后会产生一种消极的社会心理，即“相对剥夺感”①。相对剥夺感是个体或群体对自身相对状况所持的态度，是一种主观的心理感受。这种相对剥夺的感受是一种社会比较的结果，而与自身利益

① 相对剥夺感是由美国社会学家斯托弗在《美国士兵》一书中首先提出的。他在研究二战期间士兵的士气和晋升的关系时，发现士兵不是依据绝对的、客观的标准来评价他们在生活中所处的位置，而是根据他们相对于周围的人所处的位置来评价。在与周围人的比较中，如果自己处于劣势地位，他们就会产生“相对剥夺感”。参见吴鹏森：《犯罪社会学》，社会科学文献出版社 2008 年版，第 64 页。

的实际增减并无直接联系。[①] 刑释人员通过在与周围人交往的过程中比较发现，自己和原来一起成长的朋友之间出现了莫大的差距，自身处于一种劣势地位。因此，当朋友们与刑释人员联系时，他们选择了自愿性隔离的方式来降低他们与原来朋友之间社会交往的频度。此外，他们为了缓解心理上的相对剥夺感，选择交往群体的时候就倾向于“和自己差不多”的朋友。这些都会影响刑释人员与原有朋友的关系，人为地拉大了和他们的社会距离。其中，切断式的“互不联系”是刑释人员与原来朋友圈关系断裂最为典型的表现之一。

四、街坊邻居关系的剥离

费孝通先生在《乡土中国》中这样描述中国社会：“从基层上看去，中国社会是乡土性的”[②]，“乡土社会在地方性的限制下成了生于斯、长于斯的社会……这是一个‘熟悉’的社会，没有陌生人的社会。”[③] 他把此种社会称为熟人社会。在熟人社会中，由于社会的低流动性，人们聚村而居，相互之间抬头不见低头见，没有陌生人。基于熟人社会这种空间或地理位置关系，街坊邻居是社会成员交往的重要群体之一。正如费老所言：“每个孩子都是在人家眼中看着长大的，在孩子眼里周围的人也是从小就看惯的。”[④] 换言之，在这样的社会里，人口流动性小，交往的范围也相对较小，任何人的生活背景和详细信息都被其他人知晓，人与人之间的交往是一种“透明人的交往体系”[⑤]。刑释人员回到熟人社会的场域中必然受到来自于街坊邻居的非议，甚至成为家家户户茶余饭后的谈资。笔者在访谈刑释人员的过程中，发现他们因接受不了他人的议论而不敢回家，不敢面对左邻右舍的比比皆是。

刑释人员梁成坤告诉笔者：“我是 2010 年 8 月被释放的，刚出来那会儿什么也没干，一直歇到春节后。在里边待了 11 年，我得先适应适应，看看这个社会变化有多大。春节后就好些了，我就开始想着干点什么，要不这么闲着也

① 参见郭星华：《城市居民相对剥夺感的实证研究》，《中国人民大学学报》2001 年第 3 期。
② 费孝通：《乡土中国》，人民出版社 2008 年版，第 1 页。
③ 费孝通：《乡土中国》，人民出版社 2008 年版，第 6 页。
④ 费孝通：《乡土中国》，人民出版社 2008 年版，第 6 页。
⑤ 参见郭星华：《当代中国社会转型与犯罪研究》，文物出版社 1999 年版，第 120 页。

不是办法。后来跟俺媳妇儿一商量，决定种点蔬菜吧。本身咱们就是老农民，就想着还是靠地吃饭，土里刨食吧。我是 2011 年承包了这些地，边干边学，现在规模比原来大了一些，原来只种辣椒，现在种的多了，还有西瓜、豆角什么的。”梁成坤取得现在的成绩也不是一帆风顺的，回归社会的过程中他也遇到了诸多的困难。

“出来前还想的挺好，出去干吗干吗，没想到现实是这样的，到处碰钉子。困难挺多的，尤其是自己创业，太难了！社会上正常人创业都很难，像我们这些出来的人，刚出来再没人拉帮一下，更难。开始承包地的时候，人家都不愿意承包给俺们，不是怕咱给不上承包费嘛！主要是村民不信任你啊，怕你给不了钱坑了他们，歧视得很厉害。比如说吧，我想向原来的老街坊们借点钱，人家宁愿得罪你也不借，就怕还不了。对老百姓来说，如果你向他借钱，他宁可给你点也不借给你，谁也不借给谁钱。话说回来，咱也不能白要人家钱，虽然没钱，可不能没有骨气吧，现在就是这样子。”

梁成坤的妻子说：“有的人在里面待个三四年、四五年，媳妇儿就走啦，时间再长的话，难处那就更是没法儿说啦。你出来想再干点什么，哎呦，老天爷，别人根本就看不起你，走路的时候看见你都离得远远的。尤其是在农村，城市也差不多，如果没有人扶持扶持你，回来后确实是太难！”

笔者：“街坊邻居的歧视有难么严重吗？”

梁成坤：“嘿，这就别提咧！俺开始弄棚（蔬菜大棚）的时候，别人说俺，‘他还能弄棚？正常人都不好弄，他凭啥能弄好。’他们都不用正眼儿看俺。”

梁成坤妻子：“不仅是街坊邻居，就因为他这事（服刑），到哪儿都受歧视。有一次俺为自己去镇上派出所办手续，那个办事员问我，‘梁成坤不是你对象？’他的意思是因为梁成坤这事，我连和他无关的手续都办不了。他就拿这事压我，俺当时就回了一句，‘梁成坤是俺对象，别说他因为犯了那个罪判了10年、20年，他就是判了死刑，这事也是我的事，和梁成坤有啥关系，你别拿这事压我’。我这样一说，那办事员也就不说话了。”

让梁成坤没有想到的是，自己生于斯、长于斯的那片土地，看着他长大的街坊邻居们已经容不下他的过错。他原打算出来后闯出一片天地来洗刷曾经犯罪的耻辱，可是周围人带有歧视性的眼光（“他们都不用正眼儿看俺”）和行为（“走路的时候看见你都离得远远的”）让他备受冷落。可以说，街坊邻居和村民们对他的信任在主观上已经被消解了。这种信任的消解来源于两个方面：一方面是梁成坤曾经不光彩的经历彻底改变了人们内心原有的印象；另一方面是由于熟人社会向陌生人社会的转型，乡土社会里从熟悉到信任的规矩成了现代社会的阻碍，那种预先给定的对“规矩的熟悉到不假思索时的可靠性”① 在人们的意识中已经模糊化了。吉登斯在比较传统社会和现代社会中信任关系的建立时发现，现代社会中信任关系是建立在人们之间的长期交往、彼此展现自我的基础上的，即信任②的建立不是预设的，而是相互之间在交往的过程中建构起来的。换言之，信任不是凭空而信，信任的建立需要双方交往的过程或基础。因此，村民对梁成坤承包土地弄大棚的做法存在着质疑和嘲讽也是必然的。

从梁成坤妻子的描述中我们可以看出，村民已经对梁成坤进行了符号化或者标签化。在村民眼中，普通人创业都是如此之难，他这样一个刚刚从监狱里出来的人，没资本、没关系，做成事更难。这是一种带有主观倾向性的不良标签，即污名化，或者说是将刑释人员这一类人“妖魔化”，从而使这些问题在

---

①　乡土社会的熟人性决定了人们之间的信任产生于相互之间的熟悉，这种信任不是没有根据的，这是规矩的表现，信任是中国人天生的。参见费孝通：《乡土中国》，人民出版社2008年版，第7页。

②　吉登斯所谓的信任在这里不是预先给定的，或者说凭空而信，而是建构起来的，而且这种建构意味着一个相互的自我开放过程。[英] 安东尼·吉登斯著，田禾译的，《现代性的后果》，译林出版社2012年版，第106页。

他们甚至家人的身上被无限地放大，导致他们与主流社会相区隔。刑释人员卢吉祥给笔者讲述了他刚出狱时不愿面对街坊邻居的情况：

> 这么多年没回家啦，怕见人啊！回来的时候又是年前，过年能不出去吗，不想去也得去啊。我就去大爷家拜了个年，别人家都没去。还有就是担心，担心别人看不起，有时候别人嘴上不说，但他们看我的那种眼神让人受不了，一般情况下都是他们问一句我就答一句，说话都不愿意抬头，就是害怕那种眼神。或许人家没那意思，但是我比较敏感，总是朝那方面想。主要还是自己底气不足，现在是什么也没有，什么也不是啊。我现在也不怎么回家，回去也是看看父母就赶紧回来。我还是不愿去串门，总觉得不大好意思，不愿意面对村里的人。我现在回去也还是村里人议论的对象，当面不说，背后说“卢吉祥当了10年‘大劳改’回来啦”，没什么意思！现在比刚回来那会儿稍微好点，但和原来也不一样。上学那会儿，见到街坊邻居都高高兴兴地打招呼，现在就很不好意思，心里面自卑啊。这么多年没混出个样儿来，还当了“大劳改”，真是不敢面对这些人啊！等哪一天我混出个样儿来吧，再风风光光地回去，到时候父母脸上也有光。其实刚回来那会儿，我成了村里人讨论的热点，基本上只要有几个人在一起拉呱（聊天），就会说到我，说我这个“大劳改”出来了，看看改造好没有，是不是还得回去（进监狱）。我听到这话很生气，可是你有啥办法儿，嘴长在别人头上，我又堵不上他的嘴，你不让他说，他就不说了吗？只要他不指着我头皮说我，我就装听不见，即使听见了也是听不见。后来这话听多了，也就没感觉了，随便说吧，爱怎么说就怎么说，我不出门了就是了，谁没点过去的事啊。

吉登斯认为，自我认同与耻辱感、尊严感、自豪感之间存在着关系。耻辱感是个体对自我认同缺失的表现，而尊严感和自豪感是自我认同的正向肯定。[①] 自我认同能够使个体奋发向上，积极实现自我价值来获得社会的承认和赞许。自我认同缺失则会消极厌世，无法实现自我价值。刑满释放的卢吉祥带着几分羞涩和自卑回到了自己熟悉的村庄，害怕见人、担心被人看不起成为萦绕在他心头的负担，毕竟多年的牢狱生活改变了他人生的轨迹，最初的人生梦想也消失的无影无踪。他不敢面对看着他长大的邻居们，哪怕是别人不经意的眼神都会刺激他敏感的神经末梢，让他不得不觉得自己已经是个异样的人，内心深处缺失自我的认同感。个体对于自我认同的缺失容易使其自身陷入“习得性无助”[②] 或者绝望的心理状态，这种心理让个体自设樊篱，不敢去尝试。

出狱后的卢吉祥成了左邻右舍议论的焦点，人们都在讨论他经过监狱改造之后是否能改好，是不是在不久的将来仍旧要回去（进监狱），这些都是人们所热议的内容，也是他所在意的评价。尽管父母对自己的关心、信任可以在一定程度上缓解外界非议的压力，但却不能从根本上消解它。因此，为了躲避这种非议，他选择了以回避的方式进行自我保护，这便无形中拉大了他与其他人之间的社会距离。这种社会距离的增大、交往机会的减少使他成了一个“边缘人”。在他看来，现在让他们相信自己无异于水中捞月、缘木求鱼，只有自己出人头地、衣锦还乡的时候才会在他人面前重获自信，那时他才会缩小这种社会距离，成为这个熟人群体中的一员。

五、家人互动模式的变化

从家庭结构来看，费孝通先生认为，西方社会的家庭有严格的限定，它包括他和他的妻子以及未成年的孩子，而中国社会的家则不同于西方社会的家，它是由血缘关系、婚姻关系或收养关系为基础组建起来的关系网络，并且根据

---

① 参见［英］安东尼·吉登斯著，赵旭东、方文译：《现代性与自我认同》，三联书店 1998 年版，第 71—75 页。

② “习得性无助”是美国心理学家塞利格曼在 1967 年研究动物时提出的，他用狗做了一项经典实验，起初把狗关在笼子里，只要蜂音器一响，就给以它难受的电击，狗关在笼子里逃避不了电击，多次实验后，蜂音器一响，在给电击前，先把笼门打开，此时狗不但不逃而是不等电击出现就先倒在地上开始呻吟和颤抖，本来可以主动地逃避却绝望地等待痛苦的来临，这就是习得性无助。

血缘关系的亲近远疏划分为不同的关系层次，具有较强的伸缩性，家庭成员在这种亲近远疏的关系中获得归属感。学者许烺光指出，亲属关系普遍地存在于所有社会，并提出用“轴”这个概念来研究亲属关系。[①] 费孝通认为，家的主轴是在父子之间，在婆媳之间，是纵的，不是横的。[②] 但随着时代的变迁，我们的家也出现了结构性的变化。传统社会中常见的四世同堂式的联合家庭已被由父母与子女组成的核心家庭所取代，因此，现代家庭的主轴可以为两个，即横轴的夫妻和纵轴的父母子女。由于家人[③]之间的亲密关系和较强的责任意识，他们也就成为刑释人员互动关系中主要的组成部分。

父母与子女的关系是血缘关系中最具有吸引力的。笔者在调查时发现，父母的宽容与接纳对刑释人员适应社会发挥着至关重要的作用。刑释人员卢吉祥是家中最小的孩子，和兄弟姐妹的年龄差距比较大，他的父母现在都 70 多岁了。他告诉我：

俺妈是 40 岁才生的我，从小就没怎么教育过我，基本上就是让你吃饱饭，学习也不怎么管，有什么事也很少和他们沟通。我现在年龄大点了，想的事也多了。说起父母，心里就觉得很愧对他们，今年都 70 多了，还为我操心呢。我在里边的时候他们经常去看我，挺不容易的，路程远还得倒车，见了面俺妈就是哭。来了几次之后，我就让他们别来啦，我好好表现就行了。小的时候不懂事儿，不好好上学，不理解父母，经常惹他们生气，成天在外边瞎混，最后还是进去了。虽然父母生气我不争气，可从来都没不管我。俺妈告诉我：“只要你好好的，爹妈就等着你出来。”父母生气归生气，可他们不会嫌弃我。现在看着他们年纪越来越大，我心里说不出的难受。所以，我还没出来的时候就发誓，出去了就是要饭也得让老

---

① 参见夏建中：《文化人类学理论学派——文化研究的历史》，中国人民大学出版社 1997 年版，第 204 页。

② 参见费孝通：《乡土中国》，人民出版社 2008 年版，第 48 页。

③ 笔者所指的家人是狭义的家庭内部成员，仅指以己为中心，与自己最为亲密的父母、子女、夫妻。已婚的兄弟姐妹已组建自己的家庭，所以不算是最为亲密的家庭成员。

人安享晚年。父母对我这些事是真无所谓，10 年、20 年之后回家照样亲，没有任何怨言。

父母对自己的孩子是真诚、无私的，不管你犯了什么样的错误，干了多么让他们伤心的事，他们仍然会认为你是自己的孩子，会接纳和包容你，还是那么关心你。只有父母对我的这种关心是一直不变的。自从我出来后，父母对我比以前更关心了。尤其是俺爸，每次都是嘱咐我不要再像原来那样了。有时候我就不给他们讲自己的烦心事，只给他们说说自己生活上的一些小事。

社会成员之间的互动是社会学研究领域的基本分析单位，是个体与个体之间、群体与群体之间沟通交往的基本形式。人与人之间的互动对于人类社会的延续具有重要的意义。从上述案例可以看出，由于年龄的差距和生活所迫，父母对幼小的卢吉祥关爱较少，卢吉祥与父母之间存在心理上的代沟。但随着年龄的增长、人生阅历的丰富，他逐渐体会到父母对自己的关爱。当他因犯罪入狱服刑后，出于骨肉亲情，父母并没有像兄弟姐妹和亲戚那样疏远他、抛弃他，而是以真诚、无私的爱去关心和包容他，帮助他走上正轨。尤其是在他出狱后，父母比以前更加关心他，这让他感受到无比的温暖。由于卢吉祥的犯罪经历，父母最担心的是他再去犯罪，因此总是打电话叮嘱他。父母对自己生活的干涉让卢吉祥感觉很不自在，有时候为了躲避父母的叮嘱或选择少回去，或选择避开争执的话题。与父母互动模式的变化在刑释人员王晓光身上也较为明显。

父母很关心我，我在里边的时候他们每个月都去探监，问问我在里边怎么样，嘱咐我好好表现争取早点出来。尤其是我妈，每次见到我都说我瘦了，总掉眼泪，她一掉眼泪我就难受啊。这么大年纪了，自己身体也不好，还总是担心我。现在出来了，基本上只要是我正干的事儿，他们都很支持，没有任何的怨言。虽然有时候说我两句，但我知道是为我好，担心我学坏再进去。

基于家庭纵轴关系中的父母与子女之间是以亲情为基础的固定不变的且具有较强凝聚力的血缘关系。毋庸置疑，王晓光的入狱对父母而言是一种致命的伤害，然而这种伤害并没有使父母放弃对他的关心，一次又一次的探监、一次又一次的流泪让他感受到了血浓于水的亲情。可以说，经历了服刑这样的生命事件，父母对子女的亲情不仅没有被弱化，反而出现了强化的过程，这对他们出狱后适应社会是一种莫大的支持。父母出于关心，担心他再学坏，对王晓光有时候也会说几句。

笔者在访谈梁成坤时发现，除了父母对他的关心，处于横轴关系中的“妻子的谅解和支持”① 也是一个非常重要的因素。梁成坤给笔者讲述了妻子的不易。自从他进去（服刑）以后，她就到化肥厂打工，后来跟着干装修，她一个人带孩子、挣钱，省吃俭用过日子，在他出狱回来后，家里还盖上了楼房。因此，他现在和妻子的关系更加亲密了。

“先说说俺媳妇儿吧，我进去那会儿儿子还小，她挺不容易的，一个人带着孩子，得出去上班还得操持这个家，每个月还来看我一次，为了我什么苦可都吃了（说到这时，梁成坤对妻子的感激之情油然而生）。俺在里边待了 11 年，她就这么苦等了俺 11 年。俺媳妇儿对俺、俺家里真是没得说了。”

这时候，梁成坤的妻子对笔者说：“如果他们从监狱出来后连个完整的家庭都没有，谁都会看不起他们。你想想啊，连自己家人都不相信你了，别人就更不相信你了。他有一个狱友，头一次判了四五年，出来后和媳妇儿离婚了，孩子判给媳妇儿了，老人又不在了，这不前段时间又进去

① 梁成坤因强奸和抢劫被判处有期徒刑二十年，实际服刑十一年三个月。基于夫妻感情的排他性，在妻子的眼中，丈夫犯强奸罪是违背家庭伦理道德的行为，对妻子的感情伤害最大，是最不容易获得妻子谅解的行为。

咧。”笔者借此机会给梁成坤的妻子搭话：“嫂子，你对他可真好啊。”她哈哈一笑：“哎，这就是受罪呗，没事儿。什么事俺都得跟着他去做，就怕他再惹出什么乱子来。俺给他说，不管你什么心态，这戏台你搭上，俺就给你唱！”

这时候我们笑了，梁成坤也笑了。我看得出梁成坤这是幸福得笑，家庭的支持和妻子的包容与接纳是激励他向艰难险阻挑战和面对新生活的无穷动力。笔者接着问梁成坤，适应社会过程中什么最重要？

最重要的，最重要的是俺媳妇儿。没有她，我没有今天；没有她，我也没有未来。有钱没钱不重要，最重要的是俺媳妇儿这个人儿在呢。家里边的支持特别重要，尤其是俺媳妇儿一个人带着孩子等了俺 11 年，有些狱友进去两三年媳妇儿都跟人家跑啦。俺媳妇儿对俺和家里这么好，都是俺让她吃这么多苦，没有她遭这么多罪，俺这个家没有现在，俺也不知道会成什么样。

随着社会的变迁，女权主义的出现，女性社会地位明显上升，以父子为主轴、夫妻为配轴的家庭关系结构向以父子、夫妻两种关系为主轴转变。在现代社会中，核心家庭成为组成社会的主要家庭类型。为此，家庭关系的和谐、家人的接纳对刑释人员融入社会具有促进作用，而家庭关系的排斥则会导致刑释人员自暴自弃，生成融入社会的障碍。[①] 从上述案例可以看出，妻子在梁成坤入狱后对家庭的坚守，以及对他的不离不弃成了梁成坤回归社会的主要动力。从梁成坤的回归过程来看，出于夫妻间的感情，妻子的包容和谅解对他是一种激励。为了让他出狱后拥有一个完整的家，妻子承担了太多的苦难和委屈，这使他觉得妻子是他生命中最重要的角色，从而倍加珍惜现在的生活。妻子最为

① 参见吴鹏森、石发勇：《社会资本和社会排斥：刑释人员回归社会的影响因素分析》，《安徽师范大学学报（人文社会科学版）》2014 年第 5 期。

担心的还是如果梁成坤遇到什么不顺心的事会再去犯罪，所以她总是陪着他一起去办事。可以说，妻子虽然事事为梁成坤操心，但这也让他获得了家庭归属感，从而促使他去主动适应社会。但是，梁成坤的一部分狱友出狱后因妻离子散，失去了家庭的归属感而重操旧业。

第三节　新建的社会关系网络：狱友的莫逆之交

如上文所述，在刑释人员从监狱场域回到社会场域的过程中，基于两种场域之间文化的差异，其所属的社会关系网络出现了重建的过程。由于刑释人员特殊的经历，原有的社会关系网络都出现了不同程度的疏远、断裂。与此同时，由于情感的强大引力作用，在他们重建的社会关系网络中出现了以牢固的情感为纽带的社会关系——狱友群体。

狱友是刑释人员因服刑的特殊经历在监狱中结识的有交情的人。他们是刑释人员建立的新的社会关系，也是其社会关系中甚为重要的交际对象。根据笔者的调研，刑释人员回归社会后最主要的交往群体就是在监狱中结识的狱友，或者是通过原有狱友认识的其他的狱友群体，这也是他们适应社会过程中主要的交往对象。卢吉祥给出这样的回答：

> 基本上都是里边（监狱）认识的朋友，我觉得在里边了解一个人要比在社会上了解一个人更全面、更深刻。一个宿舍的人相互间的了解和两口子差不多，当你在里边的时候没有可以隐藏的，天天在一块儿，24 小时都在一起，比家里的亲人待的时间还长。当然这也分人，你这个人办事为人怎么样都被看得清清楚楚，并不是里边的都这样儿，只能是拉（聊）到一块儿去的走得近，这么多人，能处好的也就几个，不是说“物以类聚人以群分”。我们这些人有共同的经历，是同一种人、同一种类型，都是一样的。不像社会上这些，有钱就好像高人一等，人们都巴结那些有钱有势

的。而我们这些人都是平等的，谁也别说谁，在一起都是掏心的那种，我觉得比社会上处的这些朋友要亲、要近。你看，我现在没有钱，但只要是朋友来，即使我招待不起，我只需要打个电话就行了，他们就负责招待。玩啊、吃啊什么的，这些得花钱吧，而我们之间没有什么钱的概念，其实就是欠人情，人情比钱重要得多。不是说这次招待他花多少钱，我以后再还给他，这是人情之间的来往，我们都明白。

社会群体是指处在社会关系中的一群个人的集合体。可以说，这样的社会结合体能够被自己和群体外的人所意识到。基于此，美国社会学家萨姆娜提出了内群体与外群体的概念，意在通过这两个概念来描述群体成员对自己人或别人群体的感情。[①] 卢吉祥经历了监狱服刑之后，结识了关系密切的狱友群体，在他看来，朝夕相处的狱友比外面的朋友关系近，相互了解的更加全面，而且自己与交往的这些狱友都有共同的经历，都属于“同一种人”，相互之间是平等的，不存在高贵与低贱之分。卢吉祥和他的狱友在心理上都产生了相互的自我认同感和群体的内聚力。和原来的朋友相比，他和狱友之间更容易认识和了解彼此，更能够寻找到归属感。

卢吉祥认为，和原来的朋友交往都是一种双方利益对等前提下的互惠，而狱友之间的交往却是相互之间的人情往来。即使在有些时候狱友之间会相互请客花钱，但这仅是一种形式，其内容表达的还是人情，没有什么利益（钱）的交换。为了充分地证明他们之间的交往事实，卢吉祥还向笔者讲述了刘思明的例子。

你访谈的那个刘思明，前段时间结婚人家都来捧场，现在别人结婚不是只随礼这么简单了，人到才行，喜事不就是需要人气嘛，这就是人情。还有就是，我们之间几千块钱根本就不会说是借，要就行了。如果你说向

---

① 参见郑杭生：《社会学概论新修（精编版）》，中国人民大学出版社 2009 年版，第 154－157 页。

他们借几千块，他们是不借给你的，就是直接给，除非多了，像10万、20万那种才算是借。我刚从家来这里的时候，没工作，也没什么收入，学车、租房子，后来还有个朋友结婚得随礼，都是我一个哥们儿给的。不过，我们之间也不会有钱说没钱，故意向人家要钱的，这是做人的基本原则。

众多学者研究了转型中中国社会背景下，由于利益因素的顺势嵌入，人们之间的关系趋向于“理性化”或利益导向的“巨变”。但是，利益的因素却未能嵌入刑释人员群体的交往之中，传统社会中的人情往来在这个“高度情感化”的群体中得到了体现。因此，狱友之间无论是工作还是生活，都是无话不谈。当笔者询问其他刑释人员：“出来后交往最多得是哪些人?”的时候，得到的答案却是出乎意料的相似。

都是原来在里边认识的，关系比较好的这些伙计们。（案例11，刑释人员梁成坤）

除了生意上的那些朋友，就是这些从里边出来的兄弟。我们一般隔上两三个星期就聚一次，有人出来的时候我们也会搞接风聚会。（案例12，刑释人员姚伟）

现在交往多的基本都是里边出来的这些人。（案例13，刑释人员刘亮）

人类本性之一就是一种强烈而普遍地建立亲密关系的欲望。人与人之间存在各种不同的社会关系，任何人如果想过正常生活就需要与他人（亲密的伙伴）进行经常性地、愉快地互动，因为人会在与他人的互动过程中获取归属感。[1] 刑释人员回归社会后，其原有的社会关系（如亲戚、朋友）已出现裂变

① 参见［美］莎伦·布雷姆等著，郭辉、肖斌译：《亲密关系》，人民邮电出版社2005年版，第5页。

的现象，其自身的归属需要得不到满足，他们必然要建立和维持新的亲密关系，即狱友群体。在他们看来，狱友之间相互了解、信任、关心，满足了他们寻求归属的欲望，而在原来的朋友圈中已经找不到这种内心地满足了。

> 后来和原来的战友在一起吃过几次饭，拉（聊）不到一起去。他们这十多年都是一步一步发展，现在不能说是很好吧，但都还是不错。即使在一块儿，他们拉（聊）那些个买卖上的事，俺也听不懂。俺现在种地的事，他们也不感兴趣。唯一共同的话题就是原来部队上的那些事，但同样的事总是重复就没意思了嘛，有时候俺和他们坐在一起的时候挺难受，不知道说什么，他们说的俺也不懂，后来他们再聚的时候我就找理由推了。（案例 11，刑释人员梁成坤）
>
> 在厂里的时候和工友联系多一些，但没什么深交，还是拉（聊）不到一块儿去，跟他们一起说话就总是觉得隔着一道墙，心里想说的说不出来，不太愿意和他们拉（聊）。但是要碰到都是里边出来的人，在一块儿拉（聊）的就多咧，互相一问是哪个地方（监狱）出来的，原来都干过什么，共同语言就多了，比如说说里边有趣的事儿啦、哪个队长啦、哪个狱友啦，有时候会拉（聊）到共同认识的人，谈天说地的那股劲儿就别提啦，就这样越拉（聊）越亲，越走越近。我们之间谁也不会嫌弃谁，更不会看不起谁。如果他看不起我，就是看不起他自己，都是“圈养”的人，说起话来也不用顾忌，交往起来特别随意。（案例 13，刑释人员刘亮）

相互依赖理论提出了“比较水平”（CL）[①] 和“替代选择的比较水平”（CL_{alt}）[②] 以此来衡量人们在亲密关系中的满意度。而“替代选择的比较水平”就决定了人们在交往过程中对关系的依赖程度。伴随着社会流动的加速、价值观念的转变，个体与个体之间的关系呈现出瞬时性，而个体与其他事物、地方、组织之间的关系也出现了短暂性的趋势。[③] 传统的以情感为基础的初级社会关系日趋松懈，初级群体逐步衰落，人们为了寻求归属感，交往的群体从初级群体转向次级社会群体。刑释人员回归社会后，他们与原来的朋友交往过程中所获得预期的价值低于“比较水平”，因未能获取归属感而失望；在与狱友交往过程中能够高于“比较水平”，因获得归属感而愉悦。因此，一方面狱友群体为刑释人员带来了更好地收益（心理归属），从而形成一种无形的拉力，使他们脱离原有的关系依赖而转向狱友群体；另一方面，原有的朋友在与刑释人员交往的过程中所获得的应得结果也可能低于预期价值，并因此感到失望，从而脱离与刑释人员的关系依赖，转向与其他社会群体建立亲密关系。

齐美尔指出，任何个体进入到一个群体，并与这个群体建立一种互动关系时，他不仅从群体中获得了归属感，也受到这个群体的制约和束缚，这时他便与这个群体建立了社会关系网络。[④] 基于社会关系网络的资源获取功能、组织管理辅助功能和日常生活联系功能的强大作用，它对个人的生存与发展起着重要的作用。萨瑟兰差异交往理论认为，任何人出现违法行为，主要是由于在他

---

① 该理论认为，在与他人交往的过程中，个体都会有一个自己的比较水平，即个体在与他人的交往中应得结果的价值（预期价值）。当这种比较水平低于预期价值，个体就会觉得幸福；反之，如果比较水平高于预期价值，个体就会感到失望。参见［美］莎伦·布雷姆等著，郭辉、肖斌译：《亲密关系》，人民邮电出版社2005年版，第144页。

② 替代选择的比较水平是，如果脱离目前的关系，转向可以得到的、最好的、作为替代的伴侣关系或环境而得到的结果。其原因在于，如果其他关系能给我们带来更好的收益，即使我们对现状满意也会离开现在的伙伴，转而寻求更大的收益；即使对现在的关系不满意，在没有更好的替代选择出现之前，人们也不会脱离现有的关系。参见［美］莎伦·布雷姆等著，郭辉、肖斌译：《亲密关系》，人民邮电出版社2005年版，第145页。

③ 参见宋林飞：《西方社会学理论》，南京大学出版社1997年版，第510—514页。

④ 参见郑杭生：《社会学概论新修（第三版）》，中国人民大学出版社2006年版，第148—149页。

所在的群体中同意违法的论调远远超过了守法的论调。① 换言之，个体出现违法犯罪的行为是因为其所在的群体中已经形成了犯罪价值观念，群体对这一价值观念高度认同，同时也因为实施犯罪行为的人与反对犯罪的人处于一种隔离状态。人们交往的群体不同，其行为结果上也存在差异。国内还有人对影响中美两国城市居民服从法律的因素进行了分析，将受罚可能性和同辈群体评价作为控制变量与个人道德判断进行偏相关分析，以此来考察受罚可能性和同辈群体评价分别与个人道德判断之间的关系。从分析结果来看，无论是在美国还是中国，同辈群体的评价对于两国居民的个人道德判断均有相对较强的影响，这一点在中国表现得更为明显。② 由此看来，北京城市居民服从法律的规范性取向背后，实际上还隐藏着一种功利性的驱动因素——同辈群体的评价。基于此种分析和考察，刑释人员在选择社会关系网络时，会倾向于交往具有亲和力的狱友。有学者对刑释人员的家庭关系、邻里关系、同学朋友关系等具有私人关系型的社会资本进行了分析，并认为这些方面是刑释人员适应社会过程中的促进因素。③ 因此我们认为，刑释人员社会关系网络是可以通过外力的作用发生改变的，社区工作人员不仅要帮助他们逐渐恢复原有的对他们有帮助的关系网络，还要帮助他们重建对他们融入当前社会有益的关系网络。对他们而言，最具吸引力和归属感的群体对他们适应社会却未必是最优的。可以说，恢复和重建对刑释人员有益的社会关系网络更有利于他们适应社会，这对整个社会的和谐稳定也是大有裨益的。

---

① 参见吴宗宪：《西方犯罪学史（第二版）》第3卷，中国人民公安大学出版社2010年版，第923页。

② 中国城市居民“个人道德判断”与“同辈群体的评价”之间的偏相关系数为0.465，“个人道德判断”与“受罚可能性的预期”之间的偏相关系数为0.268；美国城市居民“个人道德判断”与“同辈群体的评价”之间的偏相关系数为0.373，“个人道德判断”与“受罚可能性的预期”之间的偏相关系数为0.281。参见袁诚斌：《我们为什么服从法律——中美城市居民法律意识的比较研究》，中国人民大学硕士学位论文2006年，第12—13页。

③ 参见吴鹏森、石发勇：《社会资本和社会排斥：刑释人员回归社会的影响因素分析》，《安徽师范大学学报（人文社会科学版）》2014年第5期。

本章小结

从刑释人员社会关系网络来看，传统社会中，以“已”为中心的差序格局是一种私人关系的叠合增加，人情是社会关系的联结和纽带，社会范围是一根根私人联系所构成的网络。伴随着社会的变迁，差序格局的社会关系出现了变动，传统的以人情为纽带的社会关系也趋向于理性化。相对于普通的社会群体而言，刑释人员是一个特殊的社会群体，都曾有过在监狱服刑的经历。这段刻骨铭心的经历一方面让他们回归社会后饱受罪犯的“标签”所带来的歧视和冷漠；另一方面，趋于社会关系理性化的趋势，以传统的人情为纽带的社会关系也发生了转变，即社会关系的重组。

兄弟姐妹关系受到剥蚀主要在于两方面：第一，家庭关系网络中差序结构的变化所导致的亲属关系的变动。在原来的家庭中，兄弟姐妹之间共同生活在同一个家庭里，不分彼此，同属于一个共同体。在结婚后的家庭中，哥哥姐姐都有了自己的孩子，在差序格局中与他们最亲近的人不再是原来的家庭成员，而是自己现在婚后家庭中的孩子。因此，在富于伸缩性的家庭网络中，刑释人员不再是哥哥姐姐的“自家人”，而是“外人”了。第二，“污名化”效应的影响。戈夫曼在分析污名和社会身份时认为，和蒙受污名者牵扯上关系的人，会被他者当作与蒙受污名者一样的人来对待。家庭关系中的某个成员的犯罪行为，使其他人因此而蒙受污名。他们虽然没有直接表达出这样的想法，但是内心对蒙受污名还是很不满的，并且在平时的行动中会体现出来，如不去监狱探监等。

在差序格局的亲属关系中，由血缘关系、伦理维度为决定因素的亲戚关系在同心圆中所处的位置（带有地理坐标意义）是仅次于家庭关系的。首先，伴随着改革开放进程的加快和市场经济利益导向机制的形成，社会成员在行为和观念上也趋向于利益化。与此同时，利益介入了人们之间的关系的互动过程，传统的情感因素逐渐被消解，理性化因素得以强化。在利益化力量的驱动下，差序格局中的亲戚关系交往呈也现出“易变性”。其次，“进监狱”的特殊“生命事件”对亲戚间的交往产生了影响。刑释人员出狱后一无所有，碍于关系、面子、情义等复杂因素，亲戚来看望的话是肯定要给他们钱，这种给予不同于人们之间“礼物的流动”的交换，它属于一种单方面的付出，相当于拿自己的利益来做赌注，而赢的希望又是很渺茫。基于互惠原则，亲戚们认为，刑释人员进过监狱，即使出来了还会“瞎混”“没出息”，更没有什么前途，将来给他们回报的机会少之又少，再加上亲戚中有当劳改的人让他们在外人面前颜面尽失，所以他们必须充分考虑到自己的利益得失，情感的因素逐步被利益所取代。当刑释人员从监狱出来后，缘于血缘的亲属关系，他们也会象征性地去看望以示关心。然而这一次看望并不代表以后仍然继续保持这份关系，每一次的交往，他们都要进行矛盾的选择和煎熬，往往很多时候就是以不怎么联系的方式走向了疏远。

同学朋友的关系属于一种家庭以外的社会关系，这种社会关系的交往不是以血缘为纽带，而是以业缘或趣缘为纽带建立起来的。不可否认，虽然以人情为纽带维系的个体社会关系在当前中国社会中仍旧普遍存在，但理性的成分在朋友的交往中已成为主导，这种理性化交往的对等性更是在人情的掩饰下进行的。笔者从刑释人员的叙述中发现，他们中很多人出狱后和原来的同学朋友关系越走越远，一方面是因为长期与社会隔离，与原来的朋友失去了联系；另一方面是他们之间的所做、所想产生了差异，兴趣、爱好、志向等形成趣缘的纽带也出现了变化。大多数刑释人员出狱后都处于一种“一穷二白”的状态，与原来的朋友相比，他们感觉有落差，产生了相对剥夺感，这种内心的落差也会拉大刑释人员与朋友之间的社会距离。当朋友联系他们时，他们以躲避、排斥的方式面对原有的朋友圈，这不仅强化了“自愿性隔离”的作用，还致使其与原有朋友圈出现了裂痕。

基于空间或地理位置关系，街坊邻居是社会成员交往的重要群体之一。由于刑释人员曾经“不光彩”的经历彻底改变了他们在人们内心原有的印象，在村民眼中，普通人创业都是如此之难，刑释人员刚刚从监狱走向社会，没资本、没关系，做成事更难。这是一种带有主观倾向性的不良标签，或者说是将刑释人员这一类人“妖魔化”，从而使这些问题在他们甚至家人的身上被无限地放大，导致他们与主流社会相区隔。由于熟人社会向陌生人社会的转型，乡土社会里从熟悉到信任的规矩成了现代社会的阻碍，那种预先给定的对“规矩的熟悉到不假思索时的可靠性”在人们的意识中已经模糊化了，街坊邻居或者村民们在主观上对他们的信任已经被消解了。邻居们带有主观倾向性的不良标签和信任的消解使刑释人员不愿再回到原来所熟悉的环境中，这就拉大了刑释人员与其他人之间的社会距离。在刑释人员看来，只有出人头地、衣锦还乡的时候才会在熟人面前重获自信，那时才会缩小这种社会距离，成为这个熟人群体中的一员。

基于社会关系网络的资源获取功能、组织管理辅助功能和日常生活联系功能的强大作用，它对个人的生存与发展起着重要的作用。在不同的社会结构下，个体或群体所建构的关系网络也存在差异。相对于普通的社会群体而言，刑释人员是一个特殊的社会群体。他们在监狱中只有狱友可以交往，没有选择的权利，也丧失了选择的能力。刑满释放后，他们虽然具备了选择关系网络的权利，但是长期的监禁使他们脱离了原有的社会关系网络，回归社会后不仅饱受罪犯“标签”所带来的歧视和冷漠，还遭遇了原有关系网络的排斥，导致他们失去了选择的机会和能力。已有的具有私人性质的社会关系网络在“理性化”趋势的影响下也出现了有碍于他们适应社会的变化，如兄弟姐妹关系受到剥蚀、亲戚关系的疏远、同学朋友关系的断裂等。刑释人员已有社会关系网络遭受地冲击致使他们在人际交往中变得孤立而无助，缺失了社会支持，其自身的归属需要得不到满足时必然要建立和维持新的亲密关系来实现替代性选择。在他们看来，朝夕相处的狱友比外面的朋友关系近，相互了解的更加全面，而且自己与交往的这些狱友都属于“同一种人”，相互之间是平等的，不存在高贵与低贱之分。狱友之间在心理上都产生了相互的自我认同感和群体的内聚力。与原来的社会关系网络相比，刑释人员和狱友之间彼此更容易认识和了解，能够寻找到共同的归属感，他们更在意狱友群体的评价和认同。因此，一方面，狱友为刑释人员带来了心理归属感，从而形成一种无形的拉力，使他们脱离原有的关系依赖而转向狱友群体。原有社会关系在与刑释人员交往的过程中所获得的应得结果也可能因低于预期价值而感到失望，从而形成一种推力，逐渐脱离与刑释人员关系的依赖，转向与其他社会群体建立亲密关系（如图 5-1）。另一方面，狱友群体对刑释人员的评价或认同会助长其守法或违法行为的出现。刑释人员自己在选择社会关系网络时，会倾向于交往具有亲和力的狱友。对他们而言，这样的群体是最具吸引力和归属感的，但这对他们适应社会却未必是最优的。可以说，恢复和重建对刑释人员有益的社会关系网络更有利于他们适应社会，这对整个社会的和谐稳定也是大有裨益的，值得我们去积极探索。

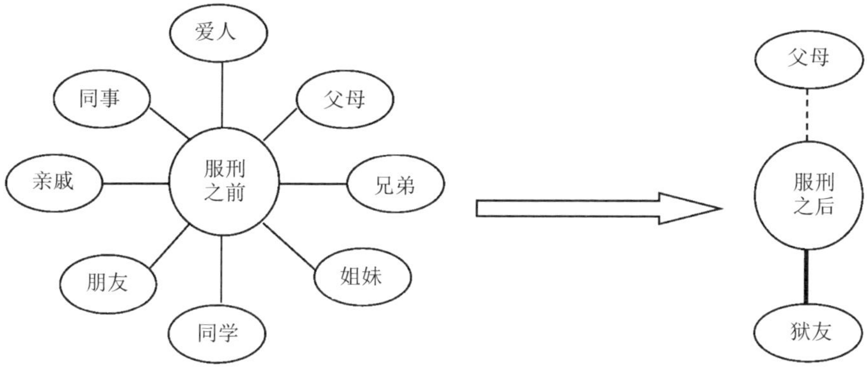

图 5-1　刑释人员服刑前后关系网络变化比较图

第六章　高墙内外的专家指导系统

如前文所述，刑释人员在回归社会的过程中面临选择性文化和社会关系网络变化的双重困境，导致刑释人员处于一种“双重脱嵌”的状态，从而出现社会适应的困境，增加了重新走上违法犯罪道路的风险。那么，如何才能使他们最大限度地融入社会，实现顺利回归社会？为此，我们从监狱内外的恢复和发展对此问题进行探讨。

第一节　专家指导系统：从“囚徒”走向“新生”

在刑释人员的叙述中，我们能够清晰地体会到监狱规训式文化所带来的影响。刑释人员陷入社会适应的困境，表面上是由于长期与社会隔离，而本质上是刑释人员在社会转型背景下经历不同阶段文化模式所导致的冲突。

根据我们的研究，从适应的过程来看，刑释人员从社会场域进入到监狱场域也存在适应的过程，只不过监狱场域的强制性迫使刑释人员在短时间内实现了过渡。当刑释人员遇到适应监狱生活的困惑时，他们可以向有经验的“老号”们请教和咨询。监狱里的人民警察也会扮演“专业人士”的角色，把一些他们不了解的事情提前告知，并提出一些建设性的意见帮助他们尽快适应监狱生活。在监狱场域的各类“专业人士”的帮助下，刑释人员在短期内都顺利地实现了适应的预期。

刑释人员从监狱规训式文化场域回归到社会选择性文化场域后，虽然他们已经成为法律意义上的自由人，具有了选择的权利，但他们已经丧失了选择的能力，再加上社会的变迁和关系网络的变动使其失去了选择的机会，从而陷入了适应选择性文化的困惑之中。从社会变迁的角度来说，当前社会正处于急速转型的过程中，科学技术的迅猛发展，网络技术的普遍应用，新能源、新材料的开发，致使社会分工向更深层次、更广领域发展，专业化趋势日渐凸显。例如东南亚地区的劳动力资本输出、欧美地区的技术资本输出，分工国际化、产业化趋势使社会分工已经超越了国与国之间的界限。这使得我们绝不能以之前的眼光来看待今天的问题，现代社会已相异于他们入狱前的社会。从学习的方式来看，现代社会的学习已不是传统社会中口耳相传式的经验累积，而是通过一系列的技术和设备，上下互动、双向学习的过程。从学习的内容来看，当今社会成员需要学习的内容涉及了更为广阔的领域，其广度和深度也是传统社会无法企及的。对于传统社会的个体而言，他们学习的内容涉及天文、地理，无所不包，可以说是一种“全能主义”的学习；而在信息爆炸的现代社会，即使某个社会成员通古博今，也只能是擅长其所学习或研究的某一领域，而不可能成为通才。因此，社会成员要尽其所学，用其所能，而对于他们不知或知之甚少的领域就需要专业人士的帮助来完成，如在诉讼过程中，当事人如果不了解法律常识就要向律师咨询相关的法律业务知识。为了充分说明现代社会的脱域机制，吉登斯指出，现代社会中越来越多的非专业的外行人士在遇到自己难以解决的问题时，总是去请教那些具有专业知识的专业人士。因此，由专业知识所形成的体系已经影响到我们生活的方方面面。[①] 在吉登斯看来，现代社会中的人们都需要一种专业知识来指导具体的行动。在纷繁复杂、驳杂多变的现代社会里，社会成员越来越依赖于专业知识，并将其作为个体行动的依据，缺失了这种专业知识，个体将会陷入一种焦虑、紧张之中。就问题解决的方式而言，网络化时代的到来，互联网技术以其快捷、方便、灵活的优势深深地嵌入人们的日常生活之中。当社会成员遇到不知或知之甚少的问题时，通过互联网的搜索就可以得到专业知识的帮助。社会成员对互联网的专业知识已经形成了

---

① 参见［英］安东尼·吉登斯著，田禾译：《现代性的后果》，译林出版社 2011 年版，第 24 页。

“依赖”，遇到任何难以解决的问题时，只要打开搜索引擎，就可以获取到解决问题的专业知识。人们对专业知识的“依赖”能够迅速地了解自身非专业领域的知识，方便了生活、提高了效率。但是，对专业知识的过度“依赖”会使一部分人丧失自主选择能力，在遇到问题时省略了思考的过程，当缺失专业知识的情况出现时，他们就会出现不适应的症状。当刑释人员从监狱场域回归到社会场域时，由于缺乏专业知识的帮助，他们便成了难以适应社会的特殊群体。

从文化场域的角度来讲，刑释人员两次适应的场域是存在很大差异的。从社会场域到监狱场域的适应过程中，刑释人员受到监狱场域中规训式文化的强制性作用，只能是被强迫的去适应。监狱是一个分化程度较低、分化速度较慢、具有较强同质性的场域。刑释人员在监狱服刑期间，一日生活变动既不大又是可预见的。因此，他们在服刑期间可能遇到的问题都是可以从比自己进来时间长的狱友那里得到答案的。当遇到不了解或者难以解决的问题时，他们也可以向监狱警察或者经验丰富的狱友请教或咨询。在这些“专业人士”的帮助下，他们顺利地度过了适应期。当刑释人员从监狱场域回归到社会场域时，当前社会发生了巨大的转型，其所熟知的事物已面目全非，所掌握的技术已悄然落伍，在缺失专业人士指导的情况下，他们出现了适应的困惑。吉登斯在谈论社会系统的脱域问题时认为，专家系统是一种脱域机制，因为它把社会关系从具体情境中直接分离出来，通过跨越伸延时—空来提供预期的保障。① 我们把吉登斯所谓的“专家系统”融合专业知识与专业人士后称为专家指导系统②。在吉登斯看来，在现代社会中，人们生活的时时刻刻都与专家指导系统相关，它以无孔不入和连续不断的方式影响着我们行动的方方面面。正如吉登斯所指出的那样，仅仅坐在家中，我就已经被卷进了我所依赖的一种或一系列专家系统之中。③ 换言之，现代社会中的任何个体都已经成为专家指导系统下的个

① 参见［英］安东尼·吉登斯著，田禾译：《现代性的后果》，译林出版社 2011 年版，第 25 页。

② 个体或群体为了更好地适应社会，在采取一定的社会行动前所依赖的由技术成就和专业队伍组成的为个体或群体提供指导意见和行为依据的体系。参见郭星华、任建通：《刑满释放人员社会适应的法社会学研究——主体间性的视角》，《国家行政学院学报》2014 年第 4 期。

③ 参见［英］安东尼·吉登斯著，田禾译：《现代性的后果》，译林出版社 2011 年版，第 24 页。

体，每个人所生活的场域都被专业知识或专业人士所包围，即专家指导系统无所不在。如专家预测股票走势、专家谈养生以及爱情专家、瘦身专家、心理专家、数据专家，等等。

南非社会学家莎莉塞认为，现代社会中人们面临的选择越来越多，因此，人们在日常生活中不得不依赖于各种专家的建议。

> 在发达国家里，选择越来越多，这些选择使生活模式化，但作为完美的选择却不能给人们带来更多的满足感；相反，人们更加焦虑、不满、内疚，这是为什么？为了减轻焦虑，人们倾向于采纳销售人员和占星师的建议，学习化妆品行业的美容小窍门，听从金融专家的经济预言，接受那些励志书作者关于建立人际关系的建议，这又是为什么呢？如果我们越来越依赖那些所谓的专家，我们卸去选择重担的愿望将越来越强烈。①

莎莉塞生动形象地阐述了专家对人们的生活产生了不可估量的作用，专家为人们提供了可供参考的建议，同时也使人们陷入一种无限制的依赖之中而失去了自主选择的能力。关于莎莉塞对人们因越来越依赖于专家而造成的负面影响的论述，我们不作谈论。但不可小觑的是，专家在我们的日常生活中确实发挥着极其重要的作用。从现实的需要来看，每一个社会成员都存在需要专家指导系统的可能。由于社会分工的专业化发展趋势，社会中涌现的大量各行各业的专家为普通的社会成员提供了帮助，如社工师、心理咨询师等。当社会成员遇到不解的问题或困惑时，社会中的专家就会发挥积极的指导作用。当社会成员缺失专家指导时，这仅会对他们的个人生活带来不便或造成了一定的影响，但不会对整体社会的和谐与发展构成威胁。而对于刑释人员而言，由于他们曾经犯罪的特殊经历，如果缺失了专家指导就会增强其适应社会的张力和重操旧业的可能性，致使他们再次对社会稳定产生一定的威胁。为此，我们认为，刑释人员在从监狱场域回归到社会场域的过程中亟需专家指导系统。

---

① ［南非］雷娜塔·莎莉塞著，杨佛尘译：《选择》“序言”，中信出版社 2011 年版，第 9 页。

从20世纪50年代开始，西方国家关于社会化的研究进一步深入。所谓社会化，“是指个体在与社会的互动过程中，逐渐养成独特的个性和人格，从生物人转变成社会人，并通过社会文化的内化和角色知识的学习，逐渐适应社会生活的过程”①。就类型划分而言，刑释人员从社会场域到监狱场域既是接受惩罚和矫正的过程，又是再社会化的过程。再社会化着眼于人的改造，它如同把布满错误符号的白纸擦拭干净再画上正确的符号。刑释人员接受再社会化，即经历矫正恶习的过程，要放弃原有的行为方式和价值观念，接受新的行为方式和价值观念，这也是重新做人的过程。当他们刑满释放后，从监狱场域回归到社会场域时，这一阶段又是发展社会化或者继续社会化的过程，他们为了适应当前社会的新形势、新特点，不断地进行学习来调适自身的角色要求。可以说，刑释人员社会适应过程的本质就是在不同的阶段学习文化的过程，或者说是社会化的不同阶段。因此，我们要对他们分期、分阶段进行专家指导（如图6-1），即高墙内外的专家指导系统——监狱恢复型专家指导和社会发展型专家指导，目的在于培养他们的适应能力，促进其顺利融入社会。

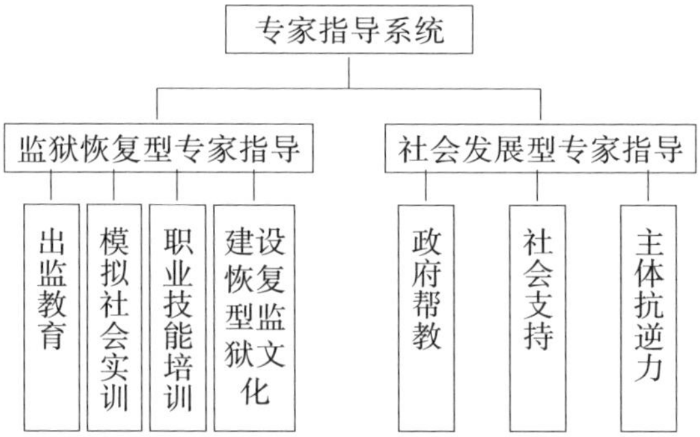

图6-1 高墙内外专家指导系统示意图

① 参见郑杭生：《社会学概论新修（精编版）》，中国人民大学出版社2009年版，第103－104页。

第二节　监狱恢复型专家指导

恢复型意指复原或重新获得，恢复型专家指导的定义为：为了使刑释人员回归社会后顺利地适应社会，监狱整合监内、监外的各种资源，通过释放前的一系列有针对性的措施让服刑人员重新获得适应的能力，使其能够尽快熟悉并融入社会。社会学的研究表明，犯罪是自然人、社会群体和法人组织在行动上与社会主流文化相冲突的社会现象，它是个人与社会之间关系紧张的产物。日本学者间庭充幸认为，犯罪不是特殊的人实施的行动，而是一般人都具有的攻击性与他周围的社会状况发生密切联系从而具体化的结果。[①] 换言之，人的犯罪行为不是与生俱来的，而是与社会因素密切相关的。因此，监狱场域要与社会场域实现有效的衔接，改革当前的行刑方式，孕育适合当前社会主流文化的监狱文化。监狱要根据诊断信息库和解释信息库的情况来对他们进行针对性的回归训练，最终形成综合信息库，为临释前回归社会做准备。在服刑人员临释前，应设立一个至少三个月的“文化缓冲期”或者“半自由”过渡阶段为他们回归社会做准备。在过渡期内，监狱应对即将刑满释放的服刑人员进行面对过去的总结性教育、针对当前的补充性教育和面向未来的适应性教育。除常规的法制教育、心理教育、形势政策教育、职业技能培训之外，监狱应整合监内、监外的各种资源，通过释放前的一系列有针对性的措施让服刑人员重新获得适应社会的能力，使其能够尽快熟悉并融入社会。基于监禁刑罚封闭性这一不可改变的事实，我们建议应对临释服刑人员在回归社会前进行有针对性的回归训练，即模拟社会实训[②]。全部的实训区域或中心应构成一个完整的现实生活情

---

① 参见［日］间庭充幸著，高增杰译：《文化与犯罪——日本战后犯罪史》，群众出版社 1987 年版，第 1 页。

② 模拟社会实训是将临释服刑人员回归社会后的生活场景浓缩移植至监狱内部，结合现代信息和多媒体技术，逼真、形象地呈现当代生活的方方面面，以“体验”为主要训练方式，让他们在实训区域内充分地感受现代社会生活中的变迁以及科学技术的发展。

景，使临释服刑人员足不出户即可熟悉并认知当前的社会生活，切身感受、预演回归社会后的社会人角色，身临其境地体验现实社会的方方面面，学会并熟练运用在社会中生存的基本技能，以便顺利渡过回归社会后的“真空期”和“融合期”。通过模拟社会实训可巩固、提升教育改造的效果，增强刑释人员适应、融入社会的能力，从而达到预防和减少重新犯罪的目的。近些年来，国内的监狱已经进行了有价值的探索，“山东微湖监狱模拟社会实训基地”模式、“天津长泰监狱仿真社会场景训练基地”模式都是对临释服刑人员恢复社会适应能力的有益实践，为促进刑释人员顺利回归社会起到了重要的借鉴意义。

一、常规的出监教育

出监教育是监狱改造服刑人员的最后一个工作环节，是提高改造效果的一项重要工作，对预防和减少刑释人员回归社会后重新犯罪具有十分重要的作用。监狱应对即将刑满释放的服刑人员进行面对过去的总结性教育、针对当前的补充性教育和面向未来的适应性教育，主要内容应包括法制教育、心理教育、形势政策教育、职业技能培训、生活和就业、创业指导以及其他专项专题教育等。

第一，法制教育。根据巩固教育成果和回归社会的需要，组织服刑人员重点学习和了解《中华人民共和国刑法》《中华人民共和国刑事诉讼法》以及工商、税收管理等方面的法律法规。通过教育，进一步增强服刑人员的法制观念、守法意识和同违法犯罪行为做斗争的自觉性。如充分利用监狱内外的资源，让法学专业的监狱警察进行前期的普法宣传，适当地引入地方高校的教学资源，利用线上教学等方式讲解法律知识。

第二，心理教育。通过心理健康教育和心理辅导，使服刑人员正确认识自己、他人和社会，正确对待回归社会的恐慌与焦虑，增强生活信心。通过针对服刑人员刑释前的思想动态和回归社会后可能遇到的困难和挫折进行心理辅导，帮助其解开心结，调整心态，正确认识自我，以积极的心态迎接新生活的挑战，为顺利回归社会做好心理上的准备。如对即将刑释的服刑人员进行心理测量，针对具有回归社会恐惧症、焦虑症的服刑人员进行个别的心理辅导，缓解其回归社会前的压力，调适其心理状态。监狱可以通过购买社会服务，借助社会工作机构专业优势对服刑人员开展专业性的团体社会工作、小组社会工作。

第三，形势政策和科技教育。监狱可以组织服刑人员学习党和国家的方针政策，帮助服刑人员了解我国政治、经济、社会等各方面的新形势，使其出监后能尽快适应社会环境，正确认识个人前途与社会现实和自身努力的关系。如通过播放视频、讲解当前形势政策的内容让他们了解当前社会的发展状况，通过此种教育让服刑人员了解一些基本的现实情况。对他们进行科普教育，尤其是当前影响人们日常生活的科学技术，通过学习和了解，减少他们对当代科技的陌生感。如智能手机在人们日常生活中的聊天、交友、出行、购物等方面的技术应用方便了人们的生活，加快了信息传递的效率。通过介绍和操作，提高他们适应社会的能力。

第四，就业、创业指导。时代快速发展，社会日新月异，知识的更新也越来越快。在这样的背景下，对于长期远离社会的服刑人员来说，刑释后要想理性地规划自己的职业生涯，实现成功就业或创业，需在服刑期间接受专业的就业、创业指导。为解决现实中刑释人员在回归社会过程中悲观失望、得过且过的问题，提高他们的职业意识，加强个人的职业生涯规划是非常重要的。监狱应该针对服刑人员刑释回归社会后可能遇到的婚姻家庭、人际关系、就业、创业、社会保障等问题进行针对性的指导，充分利用社会资源积极开展就业指导和推介活动。应结合当前就业形势，进行职业生涯规划教育，引导服刑人员对新的人生客观定位、理性规划，并结合自身实际树立正确的就业、择业、创业观。

第五，开展“监—社”衔接帮教和回归教育。监狱应详细介绍中央及地方有关刑释解教人员安置帮教工作的规定。通过介绍安置帮教的相关政策，让他们进一步了解刑释人员回归社会后享有的优惠政策，以便促进其更好地适应社会。监狱应积极会同有关部门努力改进和不断完善联合帮教的内容和形式，把成功回归社会的刑释人员请进来进行宣传，以例示范。对临释服刑人员的回归教育主要包括回归前的心理准备（如心理解压、自我激励、心理调适等）、生活准备（如办理入户、医疗、购物、保险等手续）、培养守法意识（如民事权利和义务等）、公民道德教育（如社会公德、家庭美德、职业道德等）等。通过安置帮教和回归教育，避免服刑人员因长期与现实社会隔离而产生对社会的陌生感，促使其顺利融入社会。

二、模拟社会实训

在出监监区或出监监狱中应建立高度仿真的模拟实训场馆，为临释服刑人员提供部分政府窗口单位、公共行政服务部门窗口单位，以及常用服务性企事业单位的服务流程咨询及办理。为了充分体现刑释人员回归社会和感受现代化社会的主题，模拟社会实训中心应通过搭建高仿真的社会场景，结合音视频及多媒体技术、仿真模拟技术，将刑释人员在服刑期间所掌握的技能与模拟社会的真实需求相结合，同时将刑释人员回归社会后可能遇到的场景以及常见问题通过模拟真实环境的方式进行展现，使刑释人员回归社会后能更容易地融入现代社会。模拟社会实训中心应由四个区域组成（实训培训区、实训操作区、自助查询考核区、总结归档区）（图 6-2），这四部分相辅相成，真实地展现了现实生活场景。

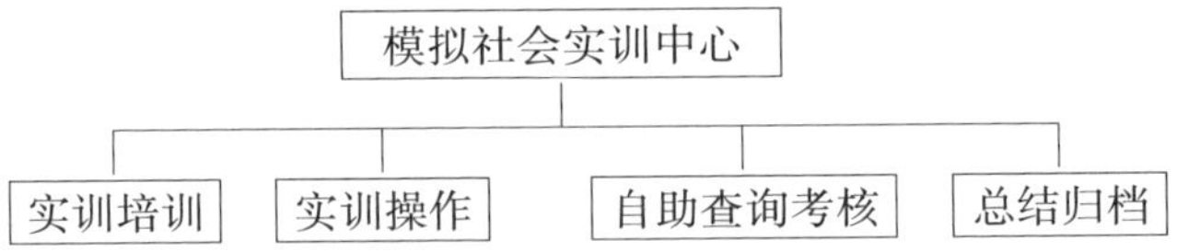

图 6-2 模拟社会实训中心

第一，实训培训。它主要是在多媒体实训授课教室进行，通过培训教室的现代化建设，让临释服刑人员通过电子化直观地了解外部相关生活、就业、公共服务类信息等，如定期让临释服刑人员观看纪实影像，从视觉上感受现代生活的变化。通过教师对临释服刑人员的培训，使之了解整个实训中心的建设意义和目的，以及实训的具体流程。教师的讲解要细致到位，通过通俗、巧妙的语言让他们尽快理解什么是实训、实训的内容及作用。

第二，实训操作。在实训操作区内进行的操作主要包括模拟交通导引实训、模拟公安派出所或交通警察实训、模拟行政服务大厅实训、模拟银行实训、模拟人才市场实训、现代生活馆实训六个方面。模拟交通导引实训就是在实训室内将客运中心的查询、购票、安检、验票、出入站等场景进行模拟，让刑释人员了解现有交通运输中常见的一些问题。还可以通过自助查询设备和购票设备的实训操作，让临释服刑人员了解现有的交通方式和交通工具以及其对应的具体出行信息，以便其顺利了解刑释后应该如何回家。如实训区除了常规的人工售票窗口外，还应安装铁路自助售票、取票一体机，地铁、公交售票机，促使临释服刑人员尽快熟悉如何乘坐交通工具。

模拟公安派出所和交通警察实训是通过公安派出所的业务流程介绍以及模拟办理，让临释服刑人员了解常规的户籍管理、治安管理、法律法规等方面的政策及办理渠道。临释服刑人员回归社会后首先就要办理入户手续，通过实训使他们熟悉入户的相关手续，如刑释人员从释放当日起 5 个工作日内，持《刑满释放人员证明书》副本并携带户口簿、本人近期照片到当地公安派出所报道，办理入户手续等。外出时必须要携带身份证，例如在银行开户、申请手机号码、坐火车、住宾馆等都要出示身份证。因此，办完入户手续后，还要持本人户口簿到派出所交给相关人员审验，办理身份证。交通警察服务站的办理业务包括交通安全意识、常规驾驶员相关手续、车辆相关手续的办理。这项内容主要是针对驾驶机动车的刑释人员进行的实训操作。

模拟行政服务大厅实训主要是对涉及与刑释人员密切相关的几个重要行政部门的职能模拟，如工商税务、房管局、公证处、人口计生业务以及民政局业务。通过实训流程的介绍以及模拟办理，让临释服刑人员了解办理企业纳税、房产证、房产公证、结婚、离婚、生育、低保等的政策和渠道，以便其顺利了解刑释后的日常行政事务办理章法及流程。

模拟银行实训是通过模拟银行存取款、办卡业务，让刑释人员了解银行基本业务的处理流程以及注意事项，以便其顺利办理刑释后的银行柜面金融业务。尤其是在现代社会中要熟悉网上银行、手机银行和用银行卡在ATM机上取款、存款、查询、转账、缴费等自助金融业务，这些都有助于刑释人员了解并适应社会。

模拟人才市场实训是通过模拟人才市场，让临释服刑人员了解各类就业信息，提供就业指导服务，以便他们刑释后能顺利进入工作岗位。同时，人才市场实训可以与监狱内部的职业技能培训基地实现互动，即按市场所需学技能，根据技能找市场。在人才市场实训室内，临释服刑人员可以通过观看企业场景的宣传，直观感受现代企业的运行情况。更为重要的是，在临释服刑人员取得执业技能资格证后，监狱可以联系社会上的企业到监狱实训区进行现场招聘、现场签约，实现“走出监狱，进入企业”的就业目标。这可以有效降低招聘和求职的成本，有力地促进了刑释人员回归社会。

现代生活馆实训一方面通过传感技术，将日常生活中的衣、食、住、行四大类进行音视频多媒体的结合介绍，让临释服刑人员了解社会的发展情况，如播放餐饮、旅游行业的发展等的视频。另一方面就是通过科技展示，让他们切身体会到现代社会发展之迅速，如使用模拟智能手机①、网上购物②等。

第三，自助查询考核。自助查询考核是培养和提升临释服刑人员社会适应能力的必要途径。它通过自助查询引导系统，让临释服刑人员自主了解他们希望了解的信息，并通过演练、问答的形式使其更加直观、深刻地理解社会。如临释服刑人员可以点击查询考核机上相应的菜单，对不熟悉的项目进行咨询，自助查询机会自动解答他们的相关问题。临释服刑人员还可以通过自助查询考核机对自己的学习成果进行自测。临释服刑人员输入个人编号点击考核菜单时，自助查询考核机会自动弹出选择、判断、填空等试题对他们的社会实践技能进行考核，临释服刑人员可根据考核内容温故而知新，客观评价自己的实践

---

① 模拟智能手机不能进行通话，但安装的软件与一般的手机相似，可以在固定的区域内进行操作，但不准带出实训区。

② 网上购物不同于社会中的电子商务，而是服刑人员通过监狱局域网，可以选购监狱内部超市的商品，并通过局域网输入自己的编号，用卡上的存款以电子转账的形式支付，然后超市派专门的服刑人员送货上门。

能力。自助查询考核机将对每一个参与考核的临释服刑人员的考核结果进行记录，为下一步强化培训的内容提供参考。

第四，总结归档。监狱对临释服刑人员实训档案电子化管理，将实训的成果进行分类归档，并且加以分析和汇总。负责实训的教师对临释服刑人员模拟社会实训的结果进行汇总分析，可以归纳出他们在实训过程中存在的问题，为将来实训工作的努力方向提供一定的借鉴。

三、职业技能培训

职业技能是个人谋生的手段，参加培训是获取职业技能的重要途径。所谓职业技能培训，是指通过对劳动者有计划、有目的的教育和训练，使受教育者的技能素质得到改善，以适应劳动岗位的需要。随着社会生产力的不断提高，职业技能培训对促进社会生产发挥着越来越重要的作用。在回归社会之前，刑释人员都对未来的生活充满着幻想和憧憬，但回归社会后才发现，由于自己缺乏必要的生存技术和能力，在遇到挫折和困难的时候，有些刑释人员就会通过重操旧业的方式来实现“快速致富”，这将对社会的和谐稳定构成巨大的威胁。因此，监狱应与其他部门通力合作，采取积极措施，把加强对服刑人员以及刑释人员的职业技能培训纳入监管改造创新体系，积极推进对他们的职业技能教育，强化对他们的就业、创业技能培训，特别对临释服刑人员应建立系统化、组织化、市场化的职业技能培训系统（如图 6-3），帮助他们树立积极新生的决心和信心，实现授人以渔。

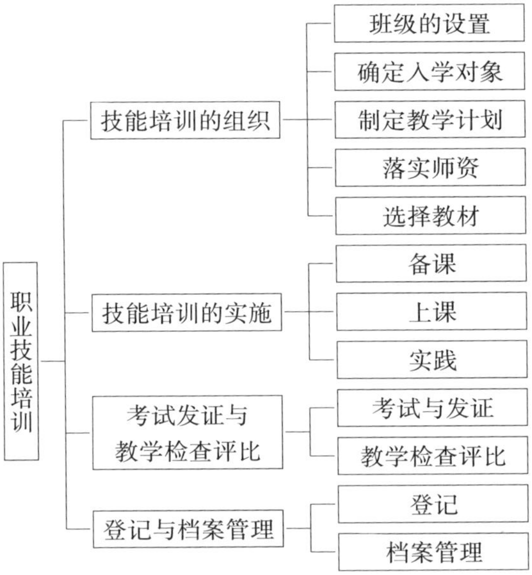

图 6-3 职业技能培训系统

在组织职业技能培训之前，监狱应对临释服刑人员进行摸底调查，目的在于了解他们回归社会后的就业意向，最大限度的满足他们对职业技能的学习需求，然后进行报名受理和资格审查，确定培训对象，并对符合培训条件的临释服刑人员进行集中培训。在技能培训的组织阶段，首先，出监监区要根据临释服刑人员的就业需要和他们的个人出监意向组织临释人员参加各类职业技能培训班。其次，还要根据课程的内容编写教学计划，教学计划应包括教学内容、教学实践、师资安排、教学进度等内容，并根据临释人员的情况来选择教材，也可以自编教材或采用社会上相应的职业技能培训教材。最后，要落实师资，监狱应着力建立以承训单位教师为主、本监狱教师为辅的教师队伍。承训单位要选派优秀教师参与临释人员的职业技能培训，监狱也要选聘狱内有技术、懂教学的人员担任临释人员职业技能培训教师。对于劳动技能较高、操作经验丰富、表现突出的临释人员也可吸纳为临释人员教师，协助教学。

在技能培训实施阶段，负责职业技能培训的教师在课前应认真钻研教材、教具，设计教法，认真撰写教案。教育改造部门和出监监区应对教师的课程安排进行检查。一般来讲职业技能课应分为理论和实践两部分，一部分是教师讲解相应的技能理论知识，另一部分是在教师指导下开展相应的技能实习。这两个方面可以交互进行，也可以边学理论边实践。在实训过程中，临释服刑人员在培训教师的指导下熟悉实训的各项安全规定、实训的原理、操作步骤和注意事项等内容，先由教师做示范，然后再由培训对象分节、分步骤操作。如在出监监区可以开设汽车维修、电工维修、电气焊维修、计算机、农业种植、烹饪等专业培训班，通过培训使临释服刑人员能够掌握一门立足社会的技能，增强他们刑释后的就业谋生能力。

在教学检查评比阶段，出监监区应根据职业技能培训的特点，组织临释服刑人员开展技术比武、职业技能比赛等实践活动，激发他们学习职业技能的积极性。如定期进行考核，给予在比赛中获奖的临释服刑人员一定的物质奖励或者推荐就业等优惠政策，以此来鼓励他们在培训期间认真学习技能，促进实现其顺利回归社会的目标。监狱还要与地方人力资源和劳动保障部门联合，借助地方职业技术学院的师资，积极争取当地人社局组织职业技能鉴定，并对合格者颁发相应的资格证书，让他们在刑释后的应聘过程中以“证”证明自己的能力，提升他们生存发展的能力。

在登记与档案管理阶段，出监监区应为所有参加职业技能培训的服刑人员制作学籍卡，按学期登记所学课程、考试成绩和发证情况，登记完成后按工种分类归档，以便查询、跟踪和回访。临释服刑人员职业技能培训的登记与档案管理，一方面有利于监狱对刑释人员的职业技能培训情况进行总结，形成综合信息库，并根据市场需求不断完善职业技能培训体系；另一方面还有利于有针对性地对刑释人员回归社会的状况进行进一步的跟踪和回访，收集其回归社会后就业、创业的典型案例，并进行宣传，教育、鼓励在押服刑人员，帮助他们树立自信积极主动地争取重获新生。

除此之外，笔者还建议对于一些主观恶性较浅、社会危害程度不大的服刑人员，监狱应该在其释放之前让他们提前走出监狱适当地接触社会，如可以考虑让他们在监狱警察的陪同下到社区中去做义工，亲身感受社会的变化，这样会对他们适应社会有积极的促进作用。

四、建设恢复型监狱文化

从社会学意义来讲，广义的文化是人类社会所创造的一切物质和精神的总和。文化具有多元和复杂的特点，根据不同的标准，可以将文化分为不同的类型。关于文化的分类，从社会成员接受程度来看，可分为主文化和亚文化；就文化的存在形式而言，可分为物质文化、精神文化和行为文化。我们主要从文化的存在形式来研究创新监狱文化建设的问题。总体而言，“监狱文化是国家文化体系中的重要组成部分，也是衡量一个国家法治文明的重要标尺”①。换言之，监狱是社会系统的组成部分，监狱文化必然植根于社会文化，属于中国特色社会主义文化的组成部分。由于监狱具有惩罚和改造的双重职能定位，其封闭、强制的特性决定了监狱文化与社会文化存在着一定的差异性。前文所论述的监狱规训式文化和社会选择性文化就突显了两种文化的相异之处。刑释人员经历了从社会到监狱和从监狱到社会的过程，在任何一个场域中，他们都要接受不同文化的影响。从社会结构的角度来看，这种影响也是导致其出现适应困境的根源所在。因此，刑释人员社会适应的过程也是如何接受或适应社会文化的过程。那么，应如何使监狱文化适应社会文化充分发挥监狱文化改造人的功能，尽可能避免出现“文化堕距”② 现象，更好地促进刑释人员适应并融入社会生活？建设恢复型监狱文化是实现教育改造功能的重要途径和关键举措，通过“以文育人、以文教人、以文化人、以文导人”实现监狱文化对服刑人员的“专家指导”作用。

第一，监狱景观设计融入文化元素，提升文化育人效果。监狱安全是景观设计的前提和基础，因此，监狱景观设计首先要满足监狱管理的需要。围墙、

---

① 方昌顺、周荣瑾：《监狱文化改造实践样态与路径拓展研究》，《中国监狱学刊》2020 年第 2 期。

② “文化堕距”理论认为，由相互依赖的各部分所组成的文化在发生变迁时，各部分变迁的速度是不一致的，有的部分变化快，有的部分变化慢，结果就会造成各部分之间的不平衡、差距和错位，并由此造成社会问题。文中所引用的文化堕距意指因监狱的固有特征导致监狱文化不同于社会文化，在社会急速转型的情况下，出现监狱文化变迁滞后于社会文化的变迁，因而出现文化堕距现象。

地面、绿化、监舍、食堂、办公区等要根据国家关于监狱建设的标准进行设计和建设。在满足安全要求的前提下，监狱景观更应该融入文化元素，借助文化元素对服刑人员进行教育改造。已有研究表明，我国监狱文化建设存在着认识不到位，缺乏可持续性和系统性，不均衡、错位的问题，如不少监狱把景观设计当作一种点缀应景，奉行简单的“拿来主义”，一味效仿，千狱一篇，导致监狱景观设计不仅没有培育出自己的特色，还失去了长期积淀形成的自身特色。[①] 有的监狱在景观设计上过分注重外在的“塑形”，而忽视“塑神”，一味地追求现代化设施，很多建设过于分散、碎片化，缺乏整体性和系统性，致使“文化育人、文化教人”的初衷难以实现。正如有学者指出，监狱文化不是展示柜、观光廊，其功能必须与“改造人”这一宗旨一致，不能偏离。[②] 因此，监狱应该从安全性、教育性、整体性、可持续性和现实性的原则出发，科学合理地开展景观设计，以此引导和助推教育改造工作。由于监狱警察和服刑人员是监狱的双主体，监狱景观不仅要考虑服刑人员的需求，还要满足监狱警察的需要。如在监狱墙壁上的宣传画既要有指引服刑人员改造的内容，又要体现警察文化、团队文化、廉政文化等。在绿化环境方面，可以引入园艺疗法，通过植物对人的视觉、触觉、听觉、嗅觉、味觉的“五感”刺激，缓解服刑人员和监狱警察的心理压力，激发服刑人员主动改造的热情。也可以让服刑人员参与园艺劳动，既能让他们在亲近自然的过程中消除消极情绪、培养爱心和健康心理，又能使他们掌握一项职业技能。在监狱的会见、监舍、劳动等场所的墙壁和通道上设计忠孝、勤俭等文化元素，可实现安全与美观、整体与部分、均衡与比例的统一。

第二，共享社会资源，助推监社融合式文化建设。错位问题是监狱文化建设存在的突出问题之一，即监狱文化建设与社会文化相脱节。从历史进程来看，监狱文化建设经历了从零散到统一的过程。早期的监狱文化建设重心在监

---

① 参见朱阳宇：《现代监狱文化建设研究》，《犯罪与改造研究》2017 年第 4 期。

② 参见王雪峰、苏黎明：《监狱文化建设的基本问题与努力方向》，《犯罪预改造研究》2018 年第 7 期。

区，通过文体活动、标语口号展示监狱工作的目标和方针。伴随着社会的发展，监狱文化建设也进行了诸多有益的探索，如引入优秀的传统文化和国学对服刑人员进行教育改造。但由于监狱作为相对封闭的场域，在文化资源、文化要素的整合方面仍然存在着先天不足的困境。与社会文化相比，监狱文化建设总是处于相对滞后的状态。因此，刑释人员从监狱回归社会后，终究会面临文化冲突或文化适应的问题。只有实现监狱文化和社会文化的融合，才能实现不同场域文化的顺利过渡。监狱可以充分利用和调动社会资源创新监狱文化建设，让监狱文化和社会文化一体化发展。如监狱可以尝试性地联系社会组织开展文化项目的合作、共建活动，主动“走出去”，在社会上建立文化帮教基地，让具有书法、音乐、绘画等文艺特长的服刑人员参观、参与项目合作，让他们了解社会生活。还可以把社会组织和志愿者“请进来”，联合组织活动，让服刑人员在活动中感受社会文化。监狱还可以和科研院校开展矫正项目合作，让理论指导教育改造的实践。

第三，发挥特色优势，打造恢复型文化建设的品牌。要根据监狱所处地区的文化特色，创新文化建设的品牌，特别是突出区域特色和内涵创新。如山西太原第一监狱提出了“传承三晋历史文明，建设特色文化监狱”的工作构想，通过“道、德、善、孝、勤”文化建设，走出了一条“文以载道，道以化人，是以文化，得以文明”的特色监狱文化发展之路。① 各省或各监狱可以结合自身优势，借助区域特色打造一系列主题鲜明且富有内涵的文化建设品牌。可以定期开展以家庭为单位的夫妻、亲子文化活动，如“家人的一天”，邀请服刑人员家属或亲属到监狱进行交流，这样既可以促进服刑人员接受教育改造，又起到示范引领作用；还可以借助当地的风俗习惯举办文化艺术节，让大墙内部充分感受外部的变化。如浙江省监狱系统就进行了积极探索，浙江省第一监狱的“动漫文化”、十里坪监狱的“镜湖文化”等。②

---

① 参见陈博策：《监狱文化建设研究——以太原第一监狱为例》，山西大学硕士学位论文 2015 年，第 7 页。

② 参见方昌顺、周荣瑾：《监狱文化改造实践样态与路径拓展研究》，《中国监狱学刊》2020 年第 2 期。

第三节　社会发展型专家指导

社会发展型专家指导主要是指社会帮扶教育。广义上讲，社会的帮扶教育已经突破了传统意义上的仅指司法部门的安置帮教，更为主要的是社会对刑释人员进行的帮助和教育，通过恢复和重建社会关系网络，使其重新融入社会。从预防刑释人员重新犯罪的角度，国内的一些学者对刑释人员的帮扶教育措施进行了研究。如有学者认为，结合当前我国刑释人员重新犯罪率上升的现实，预防刑释人员重新犯罪应当是一项系统工程，需要家庭、社会和刑释人员自身共同努力。[①] 由于监狱的教育改造受到诸多因素的限制，其功能是具有局限性的。[②] 因此，作为高墙外的社会发展型专家指导应包括政府帮教、社会帮助引导等。

一、福利支持视角下政府帮教

福利支持视角下的政府帮教主要是指，在完善福利制度的基础上，实施有针对性的福利政策或过渡型救助，在刑释人员面临生活困难时提供暂时性救济帮助的活动。鉴于刑释人员面对困境的现实，我们认为政府应加大帮教的力度，实现与监狱的无缝对接，帮助其渡过回归社会的危险期。

第一，制定出台完善的福利制度，保障刑释人员的权益。特别是为他们提供临时性的具有过渡性质的救助，帮助他们解决衣、食、住、行等方面的基本生活需要，使他们在回归社会后能够先解决生存问题，为逐步适应社会奠定基础。国外的一些学者针对刑释人员的"过渡性援助"进行了对照实验设计，以此来测试促进刑释人员社会适应措施的有效性。[③]特别是过渡性住房在促进刑释人员顺利回归社会方面取得了显著的成效。因此，政府对刑释人员过渡性的

---

① 参见梅传强：《预防重新犯罪的对策研究》，《重庆大学学报（社会科学版）》2000 年第 3 期。

② 参见翟中东：《关于重新犯罪防治政策调整的思考》，《法学家》2009 年第 2 期。

③ 参见 Charles D. Mallar，Craig V. D. Thornton："Transitional Aid for Released Prisoners：Evidence from the Life Experiment"，*The Journal of Human Resources*，vol. 13，1978，pp. 208-236.

救助应该着重从金融援助和过渡性安置基地两方面开展工作。如对于回归社会不久的刑释人员，在出监的6个月内，可按照当地最低生活保障标准发放生活补助。尤其是对那些回归社会后年老体衰，已经丧失劳动能力的刑释人员，应将其纳入当地最低生活保障的范围，实现“应保尽保”。同时，各地根据实际情况，可吸收一部分社会捐助来充实救助基金，更好地帮助“三无”人员走出生活困境，对于捐助、援助的企业或社会组织可给予一定的优惠政策。过渡性安置基地主要是为了帮助无家可归、无亲可投、无经济来源的刑释人员建立的具有过渡性质的机构，这种机构可以在短期内为他们提供住房、就业，解决最基本的生存问题。

第二，创新延伸帮扶。政府应把对刑释人员的帮扶工作当作一个系统的过程，主要在于建立帮扶一体化机制，使监狱恢复型指导和社会发展型指导相连，实现帮扶工作的无缝对接。延伸帮扶具体体现在向监狱场所延伸、向刑释人员家庭延伸、向社区延伸，以此来创新安置帮扶工作、推进刑释人员社会适应的新思路、新途径。向监狱场所延伸是在服刑人员临释前帮扶单位与监狱实现对接。司法所与监狱协同建立刑释人员回归社会综合评估制度，将临释服刑人员认罪悔罪、服刑服法、遵守监规监纪、思想动态、经常反映申诉的问题、掌握劳动技能情况、刑释后可能遇到的生活困难、家庭变化、社会交往等问题及回归社会危险性等情况进行客观评估，制作《刑释人员回归社会综合评估表》。帮扶单位根据评估结果对刑释人员在回归社会之前进行有针对性的帮教，这样刑释人员可能遇到的问题才会得到及时、有效地解决。向刑释人员家庭延伸是对刑释人员的家庭中存在特殊困难的，各帮扶单位及职能部门及时派出工作组深入家中，对家庭成员进行思想安抚，对子女上学困难和家庭成员生活困难的家庭帮助申请民政救助、协调学校解决就学问题。向社区延伸是各帮扶单位深入刑释人员所在社区，了解刑释人员的思想动态信息和行为表现，发现问题及时与社区沟通，共同帮助刑释人员重返社会。

第三，做好就业和社会保障的帮助。首先，拓展刑释人员就业思路和就业安置渠道，鼓励自主创业。政府应不断探索刑释人员就业的新途径、新思路，鼓励刑释人员通过灵活多样的形式实现就业，逐步实现就业市场化、社会化。在帮助和引导刑释人员依靠自身努力实现就业的同时，制定并落实积极的政策措施，使他们获得相应的社会保障或救济。如给刑释人员自主创业提供小额贷款、贴息补贴和减免税费等政策。其次，提供就业指导，提高职业技能。搭建刑释人员就业指导平台，通过网站和社区宣传，把收集到的就业信息及时发布到平台上，以微信等聊天工具为媒介，让他们及时了解相关就业信息。遵循自愿原则，利用社会上的职业技能培训机构对刑释人员进行职业技能培训。按照"注重实际、追求实效、学以致用、按需施教"的工作方针，积极组织刑释人员参加各类培训，帮助其实现创业、发展、增收。再次，集中安置和分散安置相结合。由政府投资组建刑释人员就业安置基地，通过集中建立一批刑释人员就业安置基地，创造更多就业岗位，为刑释人员融入社会提供条件。积极拓展社区公益性岗位作为刑释人员就业的保底岗位，特别是政府开发的面向社区居民生活服务、企事业单位后勤保障和社区公共管理的就业岗位以及清洁、绿化、公共设施养护等公益性岗位。

在社会保障方面，政府依法对刑释人员的基本生活予以物质帮助和保障。为进一步实现社会稳定和促进刑释人员社会适应，从人道主义的层面来看，刑释人员享有社会保障的权利也是社会实现正义的必然要求。对刑释人员的社会保障应从保障理念的转变、完善法律体系、统筹社会保障机制和完善社会保障（如失业保险、医疗保险、养老保险）内容四方面扎实推进刑释人员安置帮教工作。① 对于在服刑前参加失业保险的人员，在其释放后，符合条件的可以按规定销售或恢复失业保险的待遇。在市场经济优胜劣汰的竞争机制作用下，刑释人员由于长期与社会隔离，很容易在激烈的竞争中沦为失败者。因此，可以为刑释人员设置具有互助救济性质的"特种社会保险"来解决他们在一定时间内的基本生活问题。②

---

① 参见成志刚、杨平：《论我国刑满释放人员社会保障制度的完善》，《北京师范大学学报（社会科学版）》2008 年第 2 期。

② 参见应培礼、严斌：《关于在服刑人员中设置"特种社会保险"的构想》，《刑侦研究》（现用名《犯罪研究》）1999 年第 6 期。

二、社会支持视角下的适应型帮助引导

社会支持视角下的适应型帮助引导主要是指，在政府的领导、支持和鼓励下，通过各种社会力量对刑释人员的帮助指导，恢复和重建刑释人员的社会关系网络和家庭关系，最大限度的消除排斥，促进其适应社会的过程。刑释人员社会适应的过程绝不是政府单方主体的责任，社会力量的积极参与也发挥着巨大的作用。在刑释人员就业方面，可鼓励民营企业参与帮助工作。通过社会力量宣传刑释人员帮助政策，动员民营企业吸纳刑释人员就业安置，在互利互惠基础上，努力解决刑释人员的就业问题，实现刑释人员、家庭、企业、社会多方共赢。虽然刑释人员的就业渠道主要依靠政府开拓，但社会力量的参与不容忽视，尤其是一些民营企业在这些方面进行了积极探索。如江西省九江市刑释人员汪金小的“回归山庄”，免费为700多名刑释人员提供技术培训，让这些“回归人员”在自己的山庄内就业，使他们在社会上找到了自己的尊严，重返社会。① 在建立社会性帮助机构方面，社会力量可以充分发挥自身资源优势，建立专门的社会适应型帮助机构，政府通过购买服务的方式委托社会工作机构，由受过专业训练的社会工作者对刑释人员进行帮助引导。如北京朝阳区的“中途之家”、王金云在深圳创办的阳光之家刑释解教人员帮教中心等。

通过社区服务和社区教育，帮助刑释人员修复社会关系网络和家庭关系。有学者通过调查发现，以往立法机构和实务工作部门大多围绕物质层面对刑释人员进行安置帮教，致使实践工作和刑释人员的实际需求出现了重大错位，而对其自身而言，社会关系的恢复或融入才是其首要需求②。社区中包含着自然的、人工的资源，这能够为刑释人员提供就业、生活的条件，如社区的厂矿、水利部门等。刑释人员回到社区中，社区应组织好社区服务，相助互爱，促进他们适应社会生活。现实中，社区中的社会群体、社会关系会对刑释人员存在一定的排斥心理，不能正视他们的社会价值，对这一特殊群体情感上冷漠、思

---

① 郭建光：《获刑18年男子刑释后免费为700名刑释者培训》，http://news.szhk.com/2011/10/27/282791992959394.html（2015-11-27）。

② 王鹏飞：《恢复性司法介入刑释人员安置帮教问题研究——以“关系融入”为内容的探讨》，《齐鲁学刊》2019年第5期。

想上畏惧，导致刑释人员融入社会存在一定的阻碍。我们的调查也表明，刑释人员回归社会后最担忧的就是“害怕见到熟人”，缺乏对正常社会生活的自信，无法适应社会生活，更没有自己的朋友圈子和关系网络。这些已然成为他们融入社会的最大障碍。

社区中会形成相应的人际关系、群体心理，特别是作为社区生活的基本单位——家庭，是人们生活、教育、生育，文化传统和生产相联系的感情纽带。国外的研究也表明，犯罪人的犯罪行为在很大程度上与他们的家庭问题有关。① 刑释人员由于长期在监狱服刑，对家庭生活产生陌生感，夫妻关系和亲子关系出现隔阂，很容易导致他们被家庭关系所疏远或剥离。从刑释人员的实际需求来看，“出狱后的家庭支持是其关系融入的最重要部分，是使其能够增强自身社会适应性、抑制再犯的关键力量，于是应当成为社会支持网络构建的核心，这是刑释人员实际需求标准衡量下的结果”②。从客观的关系亲密度来看，基于血缘关系和婚姻关系的基础，刑释人员与家庭成员的关系最为密切。良好的家庭关系对于促进其融入家庭和社会发挥着至关重要的作用。

因此，社区通过社区内的社会组织开展家庭、社区与刑释人员的互动活动可增强社区内的社会群体对刑释人员的认同感，重建刑释人员的家庭和社会关系网络，降低他们在社区生活中的隔离感，如组织以家庭为单位的文艺会演、体育竞赛等。社区还要根据所属辖区刑释人员的状况分别规划、制定不同的方案，建立由社区干部、志愿者、家庭成员组成的指导体系，及时发现他们存在的问题并加以指导纠正，为促进刑释人员融入社会提供社会支持。充分发挥“枫桥经验”的调解优势，调动社区内具有调解资源和能力的成员，搭建刑释人员与受害人及家属沟通对话平台，获得他们的宽容和谅解，修复因犯罪行为损害的社会关系。发挥社会工作者的专业优势，通过小组工作和个案工作等形式，在刑释人员家庭内部进行有效沟通，缓和家庭紧张关系，消除家庭隔阂，

---

① 转引自刘柳：《从福利支持视角论刑满释放者的社会融入》，《国际行政学院学报》2014 年第 6 期。

② 王鹏飞：《恢复性司法介入刑释人员安置帮教问题研究——以“关系融入”为内容的探讨》，《齐鲁学刊》2019 年第 5 期。

促进其重新融入家庭之中。

三、优势视角下提升刑释人员主体抗逆力

优势视角是20世纪80年代以来西方社会工作领域中应用较为广泛的重要理论之一。以往问题视角下刑释人员在面对困难或问题时总是“无能的”和“脆弱的”。[①] 而优势视角不同于问题视角，它在承认刑释人员存在问题的前提下，强调以更加积极的心态去看待刑释人员自身及其生活环境中正向、积极的因素，“其假设人与环境中蕴含着众多的优势和潜力，主张以运用优势作为主要方法去解决案主生活中的问题和困境，帮助案主（刑释人员）回归期待的生活轨迹”[②]。换言之，优势视角超越了问题视角下刑释人员难以应对的“问题”，充分发掘刑释人员自身及其环境所蕴含的潜能和优势，协助刑释人员走出困境、克服挫折，以前瞻性的眼光不断创造更多的机会和可能，指导他们最终实现复原。它包括赋权、成员资格和抗逆力。

抗逆力（resilience）是优势视角理论的核心内容，指人们在遭遇困境时会反弹，个人和社区可以超越和克服严重的负面事件。抗逆力并不是对个人困难和伤痛人生经验的漠视，也并不是对生活中痛苦的天真忽略，它是一种面对磨难而抗争的能力[③]。一般而言，当个体或群体面对逆境、困难时，潜能往往会被压制在问题和困难之下，个体或群体的潜能不能有效发挥。当个体或群体具有一定的抗逆力时，个体或群体能够有效地激发潜能，生成应对困境的力量，从而做出理性、正确的选择。因此，在刑释人员回归社会的过程中，在缓解他们面对的困境、促进其融入社会等方面，抗逆力能够借助优势激发潜能，整合多方资源，创造适合刑释人员融入社会的环境，最终实现其顺利回归。

第一，了解刑释人员的需求，客观分析他们适应社会的风险性因素和保护

---

① 参见赵罗英：《社会工作理论与实务的“优势视角”模式》，《国际关系学院学报》2010年第2期。

② 参见孟洁：《社会工作优势视角理论内涵探究》，《华东理工大学学报（社会科学版）》2019年第1期。

③ 参见印子：《优势视角下农村养老需要及其自组织满足》，《中州学刊》2017年第9期；［美］Dennis Saleebey，李亚文、杜立婕译：《优势视角——社会工作实践的新模式》，华东理工大学出版社2004年版，第14—17页。

性因素。经过调研，吴鹏森等认为，刑释人员回归社会后，服刑经历成为他们的“污名”标签，并受到来自人际关系、社会保障、就业等方面的社会排斥，这使得他们不但生存状况堪忧，而且在心理和情感上的基本需求都难以得到满足，严重阻碍了其回归社会正常生活。① 特别是那些工作无着落和打零工的刑释人员，遭受了最为严重的社会排斥。而有的研究者调研后认为，当前对刑释人员的安置帮教主要是物质层面，而忽略了他们的精神困境，社会歧视和关系破裂是刑释人员面临的主要困境，帮教工作出现了供需脱节的问题。② 目前学界关于刑释人员社会适应基本需要的认识存在着分歧，究其原因在于调查地点、样本选择等存在不同，因此结论有所差异③。因此，我们需要了解刑释人员的真实需求是什么，分析其存在哪些风险因素和保护性因素，这样才行提出有针对性地指导，提高其主体抗逆力。

首先，应该对刑释人员的需求进行分类。在调研的基础上，可根据人的需求层次分为一级指标物质需求和精神需求。物质需求再分为二级指标，包括住房、就业、生活保障等；精神需求的二级指标包括家庭关系、同辈群体和社区的接纳、自我的评价等。其次，对不同类型需求刑释人员的风险因素和保护性因素进行分析。如对家庭关系破裂或不良的刑释人员，应努力弥合、修复其家庭关系，促进其关系融入。以往的实践中，安置帮教人员走访入户为刑释人员社会适应做了基础性工作，但因刑释人员曾经犯罪的经历给家庭造成的伤害具有惯性作用，“污名”的标签作用很难在短时间内消除，家庭关系断裂、家庭支持的缺乏成为刑释人员回归社会的最大障碍。帮教人员、社区工作人员、社会工作者等应根据家庭中内核（父母）—外围（兄弟姐妹）的不同关系层次，

---

① 参见吴鹏森、石发勇：《社会资本和社会排斥：刑释人员回归社会的影响因素分析》，《安徽师范大学学报（人文社会科学版）》2014 年第 5 期。

② 参见王鹏飞：《恢复性司法介入刑释人员安置帮教问题研究——以“关系融入”为内容的探讨》，《齐鲁学刊》2019 年第 5 期。

③ 笔者认为，得出的结论之所以存在差异，是因为调查者在地区、样本选择等方面存在不同。但是刑释人员回归社会后亟需解决的问题将是我们努力的方向，不能客观、真实地了解刑释人员的需求，我们便无法分析他们在适应社会过程中的风险因素和保护性因素，这对有效解决问题会带来一定的困难。

分析刑释人员和家庭中哪些成员关系不好、和哪些成员关系较为融洽、哪些是最容易恢复的家庭关系、可以借助哪些资源修复成员关系等，归纳出刑释人员家庭关系中阻碍关系修复的风险因素和促进关系修复的保护性因素，为修复工作和提高主体抗逆力奠定基础。最后，针对存在的风险性因素和保护性因素制定指导方案，并逐步实施。在制定方案的过程中，不仅应总结出保护性因素包括哪些方面，还要详细列出具体的举措，即如何借助保护性因素避免风险性因素。还应该应遵从易到难、由简入繁、由内到外的原则，为刑释人员搭建修复家庭关系的平台，修复家庭关系。

第二，分析刑释人员主体抗逆力特质，发挥内部保护性因素的优势。刑释人员的主体抗逆力特质包括个体的认知、情绪、心态、自制力、归属感、自立能力等方面。很多刑释人员在临释前存在精神上的困扰或心理负担，希望能够得到家人、亲戚、朋友的接纳和宽容。但因其犯罪的经历导致情感上长期处于孤立状态，既对未来充满憧憬，又担心不被接纳和认可，这种矛盾心理使得他们缺少自信和希望。因此，帮教人员应该对其自信心进行客观评价，使刑释人员对自我进行肯定评价，让他们充满希望，保持乐观的心态，帮助他们正视自己是具有无限潜力的，并学会应对或改变当前适应不良的状况，预见可能出现的困难或挫折，避免出现因心理落差而产生的悲观情绪。培养他们的自我控制力和自立能力，让刑释人员在遇到挫折的时候不能逃避，更不能遇到困难就“重操旧业”，增强抵制外界不良因素的影响，要敞开心扉地与帮教人员交流沟通。增强他们在社会中立足的能力，除了必要的职业技能以外，还需要不断地去学习新知识，了解社会的新变化。

第三，引导“去污名化”的舆论导向，让刑释人员重获社会信任。戈夫曼将污名这一概念引入社会学研究，并指出污名是一种社会特征，该特征使其拥有者在日常交往和社会互动中身份、社会信誉或社会价值受损。[①]“污名”的研究被广泛应用于特定的职业、疾病、性别等对象或者群体，是社会成员对污

---

① 参见苗大雷、夏铭蔚：《风险社会中的污名现象研究——基于新冠肺炎疫情时期“湖北人”污名的分析》，《中国农业大学学报（社会科学版）》2021 年第 2 期。

名的客体建构起来的负面的标签，如残疾人、吸毒者、艾滋病患者等。刑释人员由于自身不光彩的经历被贴上了罪犯的标签，很多社会成员戴着有色眼镜去看待他们，并且将他们的污名无限地夸大，使得刑释人员回归社会后在就业、婚姻、人际关系方面受到了严重的社会排斥。因此，消解污名化的负面效应，让刑释人员在“去污名化”过程中重获社会信任意义重大。一方面，应加大宣传力度，树立“去污名化”的舆论导向。社会关于对监狱改造服刑人员的宣传力度较小，使社会成员对服刑人员的印象多以“曾经的犯罪行为”来以偏概全。因此，谈及刑释人员，大多数社会成员都是以“拒之千里之外”的心态去对待，污名化的效应愈加明显。为此，政府、主流媒体、监狱、社会应该加大对监狱改造服刑人员、刑释人员回归社会的宣传力度，通过“去污名化”的电视剧、短视频、动漫等形式广泛宣传，使家庭、社会成员客观对待刑释人员的过去，将曾经的犯罪者和未来的社会人区分开来，以此消解污名化的负面效应。另一方面，应构建和谐的社区关系，增强人际信任。社区是刑释人员回归社会后生活的主要区域，社区适应也是其再社会化的开端。由于社会转型和价值观念的转变，原有的以血缘、地缘为基础的信任体系受到一定的冲击和破坏，传统的熟人社会正在向半熟人或陌生人社会转变。当新的信任体系尚未确立时，人与人之间因缺乏信任的基础而常常持怀疑、不相信的态度。加之刑释人员曾经的犯罪经历，社会成员对其更是拒而远之、处处提防。刑释人员感受到人际交往之间的巨大推力后，极易出现自暴自弃，从而转向和同类型，有过犯罪经历者的过密交往。因此，帮教人员等应经常性地让刑释人员参与社区公益活动，赢得社区成员的认可，让他们了解、认识到刑释人员也是社区的一员，只是在处理一些问题时出现了行为偏差。刑释人员也应该主动和社区成员交往，逐渐融入环境和群体。

主体抗逆力是刑释人员在政府、社会、家庭的支持和鼓励下，通过自身的努力，发挥主观能动性克服困难积极适应社会的活动。虽然政府、社会、家庭的帮扶指导对刑释人员顺利回归社会起到了举足轻重的作用，但解决刑释人员适应社会问题最重要的因素是其自身的努力。因此，我们应该鼓励和支持通过助人自助的方式，使刑释人员发挥主观能动性去适应社会。首先，要树立自立意识。虽然刑释人员依法享有与其他公民平等的权利[①]，但在实践中有一些权利受到了现实因素的限制。由于社会对他们的歧视在短时间之内很难消除，致使刑释人员回归社会遇到了各种社会排斥。例如刑释人员在就业、社会保障、人际交往等方面都存在一定的排斥因素。为充分了解社会不同系统对刑释人员的社会排斥状况，有学者从福利支持的理论视角，以 Evers 的福利三角理论为基础建立了理论框架，从家庭、市场以及国家的三角互动中分析刑释人员所遭遇的社会排斥现状和原因，并且寻找帮助他们融入社会的方法。[②] 从某种意义上讲，刑释人员应该摆正心态，客观、全面地对待社会歧视。毕竟刑释人员的犯罪行为给社会、家庭、个人造成了伤害，接受、原谅他们的过错行为需要一个过程。因此，他们在适应社会的过程中所遇到的问题，必须立足于个人树立自立意识，通过自身不懈的努力去解决。这也是一个循序渐进的过程。

其次，要自主努力。刑释人员应在树立自立意识的基础之上，积极主动地去适应社会。刑释人员要充分借助政府的帮扶政策，不能仅靠政府和社会的临时性救济，还要考虑长远的发展。他们应根据自己的实际情况来谋求生存发展之计，绝不能眼高手低、好高骛远，脱离实际地过分挑剔。从笔者所访谈的刑释人员中看，一部分刑释人员已经成功的融入当前社会。其成功的背后也不是一蹴而就地，他们都是根据自己的实际情况依靠自身的努力和长远规划发展起来的。例如从“打工仔”到“大老板”的姚伟，大墙里走出的“新型农民”梁成坤等就是典型的样例。

---

① 《中华人民共和国监狱法》第三十八条规定：“刑满释放人员依法享有与其他公民平等的权利。”《中央办公厅国务院办公厅转发〈中央社会治安综合治理委员会关于进一步加强刑满释放解除劳教人员安置帮教工作的意见〉的通知》中指出：“刑释解教人员在就业、就学、社会保障等方面不受歧视，享受社会同等待遇。”虽然文件中这样规定，但现实中的歧视还是普遍存在的。歧视是社会成员对刑释人员的不平等对待的一种心理，在短时间内通过法律的规定来消解歧视是很难的。

② 参见刘柳：《从福利支持视角论刑满释放者的社会融入》，《国际行政学院学报》2014 年第 6 期。

本章小结

在高墙内外专家指导系统作用下，刑释人员在积极发挥主观能动性去适应社会的过程中，要自强不息，积极努力争取在社会上立足，逐步消除自身对社会的陌生感和隔离感，与社会接轨，最终真正地实现由“囚徒”走向“新生”。

基于以上分析，刑释人员社会适应的问题是一个必须面对的现实，任何一个国家、社会都要考虑这一问题的妥善解决方法。对我国现今社会而言，刑释人员社会适应问题在不同历史时期有不同表现形式，并非仅就当前社会存在。如新中国成立初期，国家对刑释人员采取了“多留少放”的政策，主张“给出路”，之后又经历了“四留、四不留”和“分类放留”，帮助他们解决户口、就业、生活等问题。纵观新中国成立后 70 多年的发展历程，国家关于刑释人员的政策都在不断地调整以适应社会发展的需要，“既有变的一面，也有不变的东西，始终坚持不变的是‘给出路’，这一条的长期坚持反映了中国刑释政策的基本性质和基本精神”[①]。同时，这反映出我国刑释政策的出发点从国家和社会的维稳本位向公民权利本位的转换，充分体现了社会治理能力和治理水平的不断提升。在改革开放前“单位制”的社会中，单位作为一项制度填充了国家与个人之间的真空地带。传统的“单位制”承载了诸多的社会功能，如单位为个人承担了生、老、病、死等社会保障功能。由“单位制”整合的社会，无疑是高度组织化的。在这种社会中，几乎每个人都被整合到各种各样的组织之中，而这些组织又都与社会的政治中心有着密切的关系。社会被单位分割成低度整合的各种组成部分，社会成员的流动性相对较小，而且人们很难从一个交往体系转移到另一个交往体系。[②] 国家通过单位对个人实现高度、严密的控

---

① 吴鹏森、石发勇：《社会资本和社会排斥：刑释人员回归社会的影响因素分析》，《安徽师范大学学报（人文社会科学版）》2014 年第 5 期。

② 参见郭星华：《当代中国社会转型与犯罪研究》，文物出版社 1999 年版，第 120 页。

制，基层的居委会、村委会、街道、公安派出所甚至是普通社会成员对刑释人员的监督和管理是非常严格的。在这种情况下，刑释人员回归社会后很难与曾经的狱友进行联系和交往。单位对刑释人员控制和监督的同时，也对其顺利回归社会起到了不容小觑的作用。在“单位制”这种类似于“透明的人际交往体系”中，刑释人员得到了熟人的有效指导顺利地实现社会适应，其重操旧业的可能性随之降低。可以说，在改革开放以前的社会结构背景下，“单位制”的功能在降低刑释人员重新犯罪率，促进他们顺利回归社会等方面都发挥了积极作用。但当前社会出现了转型，具有中国社会结构特征的“单位制”已逐步被“社区制”所取代，其原有的作用和功能也渐趋式微，而刑释人员回归社会的问题还尚待以新的方式、方法来得以有效的解决，这就需要我们所分析的专家指导系统来促进刑释人员回归社会，以此来发挥“单位制”社会解体前提下的“替代性”的功能。①

需要说明的是，社会转型背景下的专家指导系统给社会成员带来了诸多的方便。换句话说，它是一件善品，但绝非必需品。虽然它发挥的是一种“替代性”功能，但这并不是绝对意义上的生存必需之物。当然，即使这种具有替代性的专家指导系统也不能实现全面的指导，更不可能理想化的让所有刑释人员都顺利回归社会，或者让当前的重新犯罪率降低到“单位制”时代的水平。每一类犯罪所呈现的特征和规律不一样，产生的原因也存在差异。因此，刑释人员社会适应问题也不会仅靠一套专家指导系统就得到解决。专家指导系统能够实现的目标就是尽可能地缓解社会和刑释人员的再罪之痛。

应当指出的是，专家指导系统的功能和作用并不是仅适用于刑释人员社会适应的问题，现代社会中的任何个体都存在需要的可能。在《现代性的后果》一书中，吉登斯充分而翔实地论证了专家指导对社会成员方方面面的影响。社会成员越来越依赖于专家指导，并将其作为个体行动的依据，缺失了这种专家指导，个体将会陷入一种焦虑、紧张之中。刑释人员在监狱服刑期间，当他们

---

① 参见郭星华、任建通：《刑满释放人员社会适应的法社会学研究——主体间性的视角》，《国家行政学院学报》2014 年第 4 期。

遇到难以解决的问题时可以向监狱警察或者“经验丰富”的狱友请教或者咨询。在这些“专业人士”的帮助下，他们顺利地渡过了适应期。但由于高墙内的具有强制性的专家指导让他们产生了依赖性，从而失去了自主性和能动性。当他们刑满释放回归社会时，这种专家指导的缺失使他们无所适从，成为社会适应过程中的屏障，提高了重操旧业的可能性，进而对社会的良性运行构成巨大的威胁。关于专家指导的负面影响，莎莉塞认为，人们过度地依赖专家指导就失去了人的自我性。

> 人们努力靠求助于专家来提升生活品质，结果往往会陷入一种恶性循环之中。①

随着现代社会生活中“选择”因素的增加，人们的满足感却变得更差，焦虑、不满甚至是负罪感充斥着我们的生活。为了减轻选择的负面效应，人们不得不去听从各行各业专家的建议。莎莉塞生动形象地阐述了专家对人们生活产生的不可估量的作用，专家为人们提供了可供参考的建议，而过度地依赖于专家也让人们陷入一种恶性循环之中，即丧失了独立思考的能力。吉登斯对现代性的社会表示怀疑，现代化的进程改善了人们的生活质量，改变了人们的生活方式，同时也使人们失去了自主的能力。过度地依赖于专家的建议，却养成了人们事事期待着权威的惯习。② 基于莎莉塞等人对现代社会成员对过度依赖专家指导的责难，我们认为，刑释人员适应社会中的专家指导系统有利于促进他们顺利地融入当前社会，但是过度的依赖会导致他们从一种依赖进入另外一种依赖之中。由于长期的监禁和与社会相隔离，再加上高墙内具有强制性的专家指导，使刑释人员失去了自主性或适应现代生活的能力。我们所主张的为刑释人员提供必要的专家指导系统，目的在于恢复和培养他们适应现代生活的能

---

① ［南非］雷娜塔·莎莉塞著，杨佛尘译：《选择》“序言”，中信出版社 2011 年版，第 9 页。

② 参见郭星华、任建通：《刑满释放人员社会适应的法社会学研究——主体间性的视角》，《国家行政学院学报》2014 年第 4 期。

力。但如果刑释人员对专家指导产生过度依赖，就会对他们顺利融入社会产生新的障碍，从而衍生出新的社会适应的问题。因此，对刑释人员的专家指导系统是短期的、恰当的，而不是长期的、过度的。我们在为刑释人员提供专家指导系统的同时，也应谨防他们在适应社会的过程中出现从“听从指导”到“过度依赖”的转变。总之，刑释人员适应社会的目标能否实现不仅是关系到这一特殊社会群体的个人问题，更是关乎社会的良性运行和法治中国、平安中国目标能否实现的重大问题。因此，对这一问题的关注和努力应是政府与每一个社会成员责无旁贷的追求。

第七章 总结与讨论

第四章和第五章论述了高墙外社会变迁的日新月异和关系网络的变化，这些都是刑释人员回归社会后必然要经历和适应的选择性文化。面对急速的社会变迁，他们已悄然落伍，与社会相区隔，陷入多元选择的困惑之中。曾经不光彩的犯罪经历给他们带来了歧视和冷漠，社会关系理性化的趋势打破了传统以人情为纽带来联结的社会关系结构（如兄弟姐妹、亲戚、同学朋友、邻里等），致使刑释人员的社会关系网络出现了断裂和疏远，缺失了社会支持。客观来讲，刑释人员回归社会后虽然从形式上拥有选择的权利，但他们已经在监狱规训式文化的作用下丧失了选择的能力，再加上当前多元社会的急速变迁和关系网络的变化使他们丧失了选择的机会，从而增加了适应社会的难度。第六章论述了在高墙内外的专家指导系统作用下，从监狱、社会、家庭及培养刑释人员主体抗逆力四个层面如何促进刑释人员顺利适应社会。

行文至此，刑释人员从监狱场域到社会场域的全景已最大限度地呈现在文中。经过前文有关刑释人员社会适应研究的叙述及简析后，本章无疑有必要对前文进行归纳总结。应该说，文化是人类社会所特有的产物，是人类后天习得的，并为人类所共同享有。基于文化产生的场域不同，文化的表征形式也是相异的。监狱场域蕴育了监狱规训式文化，而社会则生产了社会选择性文化。

从文化的角度来看，不同社会结构下的文化是存在差异的，这种差异也是产生冲突的根本原因，而社会成员失范行为的出现皆可以归结为不同文化之间的冲突所致。这正如塞林所指出的那样，任何一个社会，如果社会成员的价值观念表现出高度的统一性，那么在这样的社会中，文化之间的差异不大，冲突也不会发生。然而，在当前转型社会中，文化呈现出多元性和多样化，社会中的规范意识异质性较强，文化之间极易出现冲突。[①] 换言之，每一种文化就代表着一种社会行为的价值与行为准则的体系。一般情况下，人最终只能接受并内化一种文化，并把这种文化的价值体系和准则作为评判标准，从而决定行为模式。如果两种文化体系共存于同一种社会结构中，或者是从一种文化模式过渡到另外一种文化模式时，人们在选择自己的行为时就会出现一定的困难。因此，在不同文化并存且发生冲突的情况下，人们的社会行为就会出现无法选择的困惑。本研究从文化的角度出发，描述和解释了刑释人员社会适应的问题。刑释人员在监狱中经历再社会化，回归社会后经历继续社会化，这都是在不同场域中学习、接受文化模式的过程。但由于个体学习不同场域的文化模式具有一定的差异性，致使个体在从一种场域过渡到另一种场域的过程中出现冲突或困惑。受监狱文化浸染的刑释人员从单一的、规训的文化场域进入到多元的、选择性的文化场域时，会经历相异文化的冲突，甚至是“文化震惊”，从而产生思想上的混乱与心理上的压力。例如监狱中带有强制性的、去个性化的单一文化，与社会中自愿选择、鼓励张扬个性的多元文化之间的冲突导致刑释人员丧失了选择的能力；狱友之间以人情为基础维系的关系文化，与社会中趋于理性化的关系文化的冲突导致信任感缺失等。同时，社会中的各种制度安排并不是为刑释人员而设计的，这使得他们在面对文化的冲突或困惑时无法应对自如。从某种程度上说，文化上的冲突和调适会伴随刑释人员社会适应的全过程，但最为重要的是在其回归社会的初期阶段要尽快适应当前社会，这样才可以最大限度地降低文化冲突的负面影响，实现顺利回归社会的目标。可以说，刑释人员适应社会的过程就是从文化冲突到文化适应的过程。

---

① 参见吴鹏森：《犯罪社会学》，社会科学文献出版社 2008 年版，第 255 页。

第一节　总结

一、新的解释：从规训式文化到选择性文化

与既往研究不同之处在于，以往关于刑释人员社会适应都是对歧视因素、社会资本和社会排斥因素的探讨，我们则通过文化的解释，将刑释人员社会适应的个体行为与场域文化环境联系起来。本研究通过文化的视角来解释刑释人员产生适应社会问题的真实原因，由于监狱场域文化和社会场域文化的差异导致了他们陷入适应的困境。在本研究中，我们借助了福柯的规训一词，把监狱场域这种以禁止型为主、倡导型为辅的文化称为规训式文化。在这种文化中，监狱通过不间断的、持续的强制控制模式对个体加以控制和征服，使其被驯服，行为主体被动地接受，从而弱化或丧失了选择的能力。而普通社会的文化则是一种以提倡型为主、禁止型为辅的文化，在这种文化中，行为主体可以主动、自愿地从多种可供其选择的行为模式中进行选择，我们把社会场域的文化称为选择性文化。

服刑人员在监狱接受矫正的过程，不仅是社会化的一个特殊阶段，更是他们学习、内化监狱规训式文化模式的过程。因此，全面分析监狱规训式文化对服刑人员的影响是必不可少的。本研究运用了法律社会学、时空社会学、身体社会学的理论对监狱规训式文化进行分析。在我们看来，监狱对服刑人员的规训是通过时间、空间和身体三个维度实现的。就时间而言，它不是纯粹的时钟，而是被社会所建构的社会事实。从某种程度上讲，在监狱精确、专注的时间、程序、生产内容的安排下，服刑人员的时间和身体都失去了自主性，这种控制并非暴力式的雕刻，而是一种完美形塑的过程，是追求永无止境的对肉体的征服。从利用时间的角度来讲，精打细算的时间表上的安排应该是毫无瑕疵和高效率的。监狱通过将服刑人员的作息安排在固定的时间段以内来控制他们的时间，把活动的时间变成活动的程序，服刑人员在监狱度过的每一秒都不会

被浪费和闲置，从而勾勒出一幅完美的“解剖计时图”。在描述监狱里的时间安排时，福柯指出，监狱教育是依靠这种简单而重复的时间安排来控制他们在任何时段内的活动，工作如此，生活如此，休息亦如此。① “反反复复”的时段积累使服刑人员的自然时间呈现一种线性的或者说是定向的特征，成为一种社会性的思想范畴和集体现象。无论是起床、出操还是出工、就寝，这些活动的时间累积都是监狱为服刑人员精心设计的，其目的是为了让这些曾经偏离社会轨道的人在经过矫正之后重新回归正轨，也恰恰是这样的时间累积让他们在监狱的操练中失去了自主性。

就空间的角度而言，监狱既是改造服刑人员物化的围场，又是社会关系再生产的产物。监狱是改造服刑人员物化的空间，高墙、电网、监控等警戒设施组成了物质上的空间结构。同时监狱的空间又被赋予了更多的社会含义和属性，成为真正的社会性的存在或具有社会意义的存在。从工具或功能的角度来看，监狱空间并非是客观的、中性的，它是政治性的。从一定意义上讲，只要空间进入人类的视野，空间就具有了社会性，相应地也就具有了政治性。因此，监狱空间便成了达致政治目标的工具，被用来贯彻政治意图。监狱封闭和隔离的空间有利于实现规训和控制服刑人员的目的。福柯把人看作是“空间中的人”，这种“空间”不同于人们日常生活中的与时间相对的空间，而是人体行为的维度。为了贯彻纪律，就要从人的空间分配入手，而空间分配最基本的形式就是划分出不同的、彼此隔离的封闭空间（如生活区和生产区的隔离），进而实现监狱权力对人的肉体在空间上的控制。监狱这个特定的封闭的空间就成为规训服刑人员，贯彻监规纪律的“保护区”。

监狱权力的运作是塑造服刑人员的重要方式，监规生产和监狱教育又是通过由外到内对身体的规训来实现形塑的。从一定意义上讲，身体既是社会所建构出来的，又受到文化和社会生活环境的制约。这就意味着人的身体不仅是具

---

① 福柯形象地描绘出监狱对服刑人员时间的控制，他指出，这种教育就是简单地控制着肉体在餐厅到车间再到囚室之间的运动，甚至在休息时也是如此。参见［法］米歇尔·福柯著，刘北成、杨远婴译：《规训与惩罚》，生活·读书·新知三联书店 2012 年版，第 265 页。

有物理属性的身体，更是具有社会属性的身体。当物理的身体被赋予一定的社会意义之后，身体的物理性就变成了社会性。监规纪律是一种“权力力学”，是控制服刑人员身体的微观技术，这种控制不同于传统的宏观权力，它通过微观渗透连续地对身体进行控制。监狱教育作为控制服刑人员的技术和策略，在服刑人员接受改造的过程中也发挥了极其重要的作用。它通过话语教导、思想教化和对行为的规制将服刑人员塑造的合乎监狱的心意，实际上是监狱对服刑人员身体永无止境的征服。

通过研究发现，监狱对服刑人员惩罚和矫正的过程就是规训式文化不断内化到服刑人员行为规范与价值准则的过程。规训式文化的全面渗透使他们成了“规训中的我”。监狱作为福柯眼中的“全面规训机构”，在时间、空间、身体三方面对服刑人员实施了全面控制和塑造。在服刑人员被规训的过程中，规训式文化通过连续的、不易察觉的方式渗透到服刑人员的方方面面，以此剥离那些不符合监狱需要的特征，塑造合乎想象的个体或整体，而身处于其中的每一个服刑人员主体都深深地留下了监狱规训的烙印，亦可以说这是一种“身体记忆”。当他们回归社会后，由于规训式文化的惯性作用，刑释人员在短时间之内不可能完全遗忘掉身体的记忆，从而将长期处于一种“我在规训中”的状态。

当刑释人员由规训式文化场域进入选择性文化场域时，他们经历了从“离轨”到“转轨”的复杂过程。在普通人看来，“循规蹈矩的生活方式、被禁锢的思想观念、不愿与人交流”已成为这些长期生活在“号子”里的人的典型特征，这种所呈现出来的特征正是他们在监狱场域中被规训式文化浸染的结果。由于刑释人员服刑的特殊经历，来自于就业、社会保障、婚恋与家庭等方面的排斥导致了他们在适应社会的过程中困境重重。应该说，社会排斥的确给他们造成了一定阻碍，但这不是根本的因由。从产生的根源来看，社会中一切现象的产生皆可以归结为文化的因素，因此，我们通过文化的解释来分析刑释人员社会适应的问题。本研究通过对规训式文化和选择性文化的比较发现，高墙内的规训式文化与高墙外的选择性文化之间存在着巨大的差异。从一定意义上讲，特殊的监狱文化和普通的社会文化是异质的两种文化，因此，它们在某些方面还是存在差异的。通过本研究中这些刑释人员的切身感受可以看出，长期的监狱生活让他们饱受规训式文化的影响，主体选择能力丧失，个体的人格特征也发生了重大变化。当他们回归社会后，当前的社会已不是他们入狱前所熟谙的社会，而是正在经历着急速变迁的日新月异的社会。社会中出现了一些新事物、新观念、新技术、新现象等多元的新元素，这些变化不仅给社会成员带来了全新的挑战，还使刑释人员异化为主流社会的“边缘人”。他们的观念、思想、认识、技术、经验等已经赶不上时代潮流，面对社会中出现的多元选择的新元素，困惑、彷徨、焦虑、失落感骤然出现。就刑释人员社会关系网络而言，伴随着社会的变迁，差序格局的社会关系出现了变动，传统的以人情为纽带的社会关系也趋向于“理性化”。相对于普通的社会群体而言，刑释人员是一个特殊的社会群体。他们都曾经犯下了不可饶恕的罪行，有过在监狱服刑的经历。这段刻骨铭心的经历一方面让他们回归社会后饱受罪犯的“标签”所带来的歧视和冷漠；另一方面，趋于社会关系理性化的趋势，以传统的人情为纽带的社会关系网络也出现了断裂和疏远，从而使其缺失了社会的支持。

基于上述分析，我们认为，刑释人员从监狱规训式文化场域进入到社会选择性文化场域，经历了从“离轨”到“转轨”的过程。由于急速的社会变迁，他们在一系列多元的新元素面前已悄然落伍，与社会相区隔，从而陷入困惑、彷徨的选择性文化的“迁徙矛盾”之中。由于社会关系与社会结构之间是一种相互作用的共生关系，而不同文化场域的社会结构就必然对他们的社会关系产生一定的影响。客观来讲，受监狱规训式文化浸染的刑释人员进入到社会选择性文化中时，虽然从形式上拥有了选择的权利，但他们已经在监狱规训式文化的作用下丧失了选择的能力，再加上当前多元社会的急速变迁和关系网络的变化使他们丧失了选择的机会，从而增加了适应社会的难度。当然，本研究并不反对关于社会排斥或歧视的相关解释，与既往不同的是，我们把监狱场域规训式文化和社会场域的选择性文化进行了对比分析，试图以一种文化的理论来解释刑释人员社会适应的问题。从解释的向度来看，这是具有一定意义的。

二、新的尝试："跨域田野"

田野调查是人类学研究的基础，并与人类学的发展密切相关。最早的田野调查是研究者深入到调查点中，聆听和记录当地人生活的方方面面，将当地人的生活习俗、传说以及引人好奇的事件以报道的形式传播开来。应该说，早期人类学者对调查点人物和事件的报道皆是一种对既有往事的回顾，成了一种对社会具有描述性的记忆，它距离现实生活已经很遥远，人类学者充当的是记录者或报道者的角色。人类学大师马林诺夫斯基开创了动态的田野调查法——参与式的观察。马林诺夫斯基的《西太平洋的航海者》让我们感受到了田野调查法的魅力。他以实地调查者的身份去参与观察，直接描述所看到的社会现象，将特罗布里安岛土著人真实的生活描述并展现在世人面前，马氏的记述材料没有脱离现实的情境，而是与社会环境密切、有机地结合起来。这样的呈现依靠的是研究者亲自深入到调查点，通过观察获取直接的、第一手的材料。马林诺夫斯基以一种"彻底的经验主义"挑战了既有理论和方法的权威性，打破了传统田野调查"干巴巴"的描述，这就是马林诺夫斯基所谓的"异域田野工作法"。从某种意义上说，"人类学家的田野就是人类学家的实验室"①。

虽然马林诺夫斯基的田野调查在社会研究方面具有里程碑式的意义，但是它仍然是仅限于某个或几个场所、区域内的实地调查，亦是一种"场所聚焦法"② 的体现，它强调的是一点或多点的聚焦清晰度，是一种截面式的观察和描记。然而，由于人及人类社会并不是静止不动的，而是以运动的方式呈现出来的，这就使得聚焦式田野调查法出现了一定的局限性。这种截面式的观察和描述只是有限时间内的田野调查，关注的是某一场所、某一时期内的人和事，它不能展现社会生活的全部。之后，美国人类学家马库斯提出"多点民族志"对"一点"聚焦进行了补充和超越。从理论上讲，"多点民族志"虽然可以弥

① 参见赵旭东：《文化的表达——人类学的视野》，中国人民大学出版社2009年版，第83页。

② 赵旭东把传统的田野调查称为"场所聚焦法"，它的核心做法类似于坐标式的定点研究，关注的是某个场所或地点里的人群生活，它可能会用某种并非完善的抽样方法选定在时空中的某点展开实地调查，这个点可以是村落、县城、城市、岛屿、工厂等，以灯光聚焦的方式清晰地展示了研究对象的细节。参见赵旭东：《线索民族志：民族志叙事的新范式》，《民族研究》2015年第1期。

补“一点”存在的问题和缺陷，但它未能建立点和点之间的动态化联系，仍旧缺乏连续性的补充。因此，依靠此种方法和依据所得到的多点之间的内在关联性的推论皆是不充分的，或者说是很难让人信服的。

鉴于西方哲学观念中人与自然的分离和传统人类学叙事方法、社会研究的局限性，赵旭东认为，西方启蒙运动强调以人为中心的理论和实践对智识学科的发展产生了深远的影响。由于调查者关注的中心主要是在于人，因此，人被习惯性地固定在时空的坐标点上，并以此进行一种静态的、截面式的观察。为了克服田野调查中的局限性，他提出了“线索追溯法”①，并把这种“线索追溯法”的叙事方式称为“线索民族志”。可以说，“线索追溯法”并非是一种截面式的或者某一时刻的“聚焦”，而是一种根据事物和人的移动轨迹进行的追踪，以此方式来发掘事物与事物之间、人与人之间、人与事物之间的内在联系和宏观的理解。② 换言之，“线索追溯法”的核心就是以一种动态的视角把人或物放置于宏观的社会环境中，根据人或物的发展变化轨迹进行追溯，以此来弥补“一点”和“多点”观察的不足。

从一定意义上说，人类学田野调查的经验和方法为本研究提供了很好的借鉴和思路。笔者最初的田野调查是在社区中进行的，访谈的对象也是从海州监狱释放的刑释人员。在访谈的过程中，刑释人员身上呈现出的监狱化的烙印引起了笔者的注意，如说话时木讷的表情、僵化的动作等。更令笔者惊讶的是，这些刑释人员很少提及监狱二字，都是把服刑称为“进去”，把监狱称为“里面”“里头”“里边”，这段经历对于他们来说或许真的是一段不堪回首的往事，

---

① 线索追溯法是指循着某种线索可以不断深入下去，这种线索可以是可见的事实，也可以是凭借想象而实现的一种感受性的联结，由此将某种线索不断延伸出去的行动轨迹追溯出来。参见赵旭东：《线索民族志：民族志叙事的新范式》，《民族研究》2015 年第 1 期。

② 这种理解的核心就是将循着人或物移动的轨迹生发出来的各种现象去实现一种在点之上的线和面上的整体宏观理解，把人和物都放置到某个自然或人造环境的大背景之中，由此去追溯人行动的轨迹。这种理解的基础是人的行动能力及因人使用、欣赏、享用自然或人造之物而有的某种物的行动轨迹。通过展现这个线索不断延伸出来的轨迹，也便成为另外一种形式的社会与文化研究法，它所展现出来的乃是景与物、人与景、物与人的，静与动、虚与实、隐与显的结合，而非传统聚焦法的那种景与物、人与景、物与人之间的分离或疏远。参见赵旭东：《线索民族志：民族志叙事的新范式》，《民族研究》2015 年第 1 期。

这也是未在监狱服刑过的人无法体会到的。那么，到底监狱的生活为何让他们如此不堪回首，这段经历对他们回归社会后又有着怎样的影响？为了避免截面研究的静态性，充分展现刑释人员从监狱到社会的动态过程，我们所关注的焦点不能局限于社区，而应是从监狱到社会的整个过程。如果仅是研究其中之一，就无法充分地说明刑释人员从监狱到社会的适应过程问题。只有将监狱和社会视为整体，才能更加全面地展现刑释人员回归社会的全景图式。因此，本研究中的个案，一部分是来自于笔者所调查的监狱，另一部分来自于普通的社区，这就意味着本研究必然包含着两个场域，即监狱和社会。

由于监狱地理空间的隔离性、封闭性，监狱中的服刑人员不可能短期内被释放到社会，而我们所研究的刑释人员已经从监狱回归到社会上，如果不是重新犯罪，他们是无法再次回到监狱中去的。即使重新犯罪的刑释人员，也不可能总在同一所监狱服刑。因此，如何通过共时性的方法来研究历时性的问题、实现个案的通约性成为本研究中最大的难题。面对现实中两个场域无法衔接的问题，我们试图寻找在押服刑人员和刑释人员这两组人的共性所在。由于监狱场域的区隔性和异质性特征，“多点民族志”和“线索民族志”的研究方法在本研究中都不能很好地解决这一现实的难题。然而，美国人类学家鲁思·本尼迪克特撰写的关于日本社会和日本民族性的分析报告——《菊与刀》[①] 或许会对我们破解研究的难题有所助益。本尼迪克特是在日美交战期间对日本进行地研究，由于两国战争的持续，她无法进入自己要研究的场域，必须放弃进行实地调查的想法，她认为，战争期间由于客观的社会环境，她无法亲身到调查点去了解日本人的日常生活，通过自身的直接观察和分析得出自己想要的结

① 二战后期，美国亟需制定战后的对日政策。对日本，美国了解的还是相对较少，有关日本的许多疑问亟需作出解答。为了客观地分析日本是否会投降和美国是否应当利用日本政府机构进行统治的问题，美国政府动员专家、学者研究日本这个特殊的民族、特殊的国家。这本书就是本尼迪克特受美国政府委托研究的成果。参见［美］鲁思·本尼迪克特著，吕万和等译：《菊与刀》“译者序言”，商务印书馆 1990 年版，第 1 页。

论。[①] 鉴于现实场域无法进入的限制，她巧妙地利用现有的条件和研究方法，把战时在美国拘禁的日本人作为调查的对象，与这些曾经在日本生活过的日本人直接接触，询问他们亲身经历的具体事例，发现他们如何进行判断的方法，根据他们的叙述来研究日本人的思维和感情习惯，以及这些习惯所形成的模式。[②] 本尼迪克特凭借间接资料对日本文化进行“遥研”的调查方法给我们的研究带来了巨大的启发。为了突破个案特殊性的困扰，我们也采取了对研究问题的“权变”[③] 性处理，根据具体的情境、情况而随机应变的处理此类问题。

本研究想展现的是刑释人员从监狱回归社会的动态过程，进行的是一项历时性的研究。但由于监狱地理空间的隔离性和封闭性，在监狱的研究对象不可能短期内被释放到社会，而我们所研究的刑释人员已经从监狱回归到社会上，如果不是重新犯罪，他们也无法再次回到监狱中去。因此，在这种情况下实现历时性的研究是不太现实的。面对现实中两个场域互相隔离的问题，我们试图通过一种共时性的方法来研究历时性的问题，以此实现历时与共时的通约化和相互隔离场域间的衔接，我们尝试性地采用了“跨域田野”的方式进行研究（图 7-1）。

---

① 就像她所描述的：我无法到日本去……在日本人的家庭中生活，用自己的眼睛观察他们日常生活中的种种作风，并区分出哪些是关键性的，哪些是非关键性的。我无法观察他们作出决定时的复杂过程。我无法观察他们的下一代是如何培育的。参见［美］鲁思·本尼迪克特著，吕万和等译：《菊与刀》，商务印书馆 1990 年版，第 4 页。

② 参见［美］鲁思·本尼迪克特著，吕万和等译：《菊与刀》，商务印书馆 1990 年版，第 4—5 页。

③ 权变是与平衡的稳态相对应的，如果平衡强调的是系统的存在与运行，权变强调的则是系统的发展，权变理论意指要根据环境变化，管理应随机应变。参见廖塬：《权变与平衡——管理是如何运行的》，华南理工大学出版社 2006 年版，第 43—46 页。

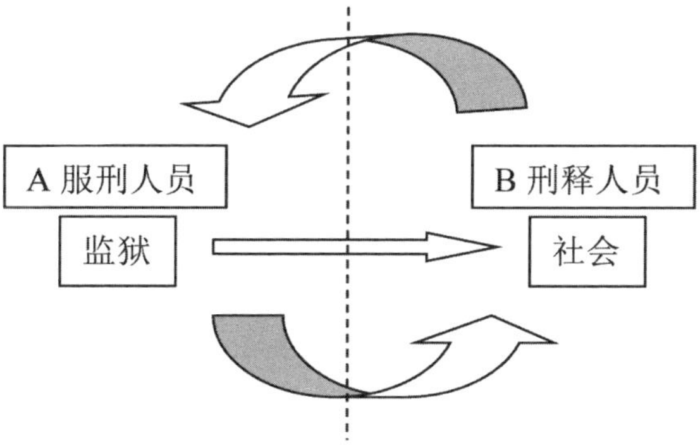

图 7-1 “跨域田野”研究方法

我们在这里进行了假设，如果我们想研究B曾经在监狱的生活，那么我们可以间接地去考察A在监狱生活的状况，因为A与B都在同一所监狱服刑。即使他们不在同一所监狱，基于我国监狱同质化的现实状况，各个监狱之间除了基础设施存在着略微的差异外，在对服刑人员惩罚和改造方面基本上大同小异。任何被执行刑罚的个体进入监狱场域后，他所接受的惩罚和矫正是不变的，因此从监狱中寻找与刑释人员具有类似监狱生活经历的服刑人员才成为了可能。于是，我们从社会场域跨入到他们回归社会前所服刑的监狱场域，沿着他们从服刑到释放的轨迹来实现从点到面的整体的、宏观的理解，通过对“与刑释人员具有类似生活经历的服刑人员”的研究来考察他们曾经的监狱生活，通过这种共时性的方法来研究历时性的问题，我们不妨把这种方法称为“跨域田野”①，并把它定义为：由于时空或制度环境的制约，使得研究对象被固定在相对封闭的场域中而不能处于具有历时性的两个场域中。研究者通过共时性的方法来探讨历时性的问题，就需要通过跨越封闭场域的方式来实现历时与共时的通约化。

我们尝试使用的这种“跨域田野”相异于之前的“多点民族志”或者“线索民族志”，它的特殊性突出表现在三方面。

① 由于我们所研究的个案与田野之间存在一种脱域和重新嵌入的关系，为了描述刑释人员从监狱回归社会的过程，我们将刑释人员重新放入到其回归社会前的监狱场域中去研究。

第一，“跨域”指的是跨越“区隔”之域、异质之域。如监狱和社会两种场域之间具有区隔性和异质性，是相互隔离、互不相通的，普通人无法在两个场域之间随意流动或穿行。而“多点民族志”的研究可以是从甲地到乙地，也可以是从乙地到丙地，它强调的是个体、群体或事件在“多点”之间的内在关联性，“多点”的研究是为了更好地补充“一点”研究要素的缺失问题，其点与点之间具有相似性，是可以实现互通的。

第二，“跨域田野”中的研究对象是不可能在场域之间跨越的，只有研究人员才可以实现跨域。“线索民族志”可以根据研究对象的流动轨迹或者事物变化发展的外在社会环境，从一个地点进入到另外一个地点进行研究，并根据事物发展的共时性或历时性进行分析和描述，研究对象自身是可以跨越不同场域的，如研究村庄中“礼物的流动”，既可以追溯村庄中礼物流动的历史，也可以描述现实中不同村庄礼物流动的形式，研究对象可以在不同场域中跨越。“跨域田野”中的研究对象，无论是人，或者事物，都是不能跨越其所存在的场域空间的，如监狱的服刑人员或者刑释人员不能同时跨越监狱和社会两个场域。

第三，“跨域田野”中研究对象的非同一性。一般的“线索民族志”研究中，他们描述的是一个事件的过去、现在和未来，按照事物的发展轨迹，“通过时间在空间中的不断延伸和展开而有一种记录和解释……还保证了这种关联前后之间的可追溯性”①，如农民工群体从农村到城市的过程，无论是在农村还是城市，研究对象都是同一群体的农民工。一般而言，线索追溯研究的是相同的人或事，只是在不同的时期或不同的发展阶段表现的形态会有所不同。“跨域田野”研究的是不同的两组人，这两组人不是任意的群体，他们具有共同的生活经历，或正在经历，或已经经历，这两组人是具有高度相似性的。如本尼迪克特在研究日本的民族性和日本的文化类型时，由于美日交战她无法进入现场进行实地研究，所以她选择了被拘禁在美国的日本人作为研究对象。这些日本人曾经都在日本生活过，根据他们的叙述可间接了解日本的文化。再

① 赵旭东：《线索民族志：民族志叙事的新范式》，《民族研究》2015 年第 1 期。

如，本研究研究了刑释人员曾经的监狱生活，迫于刑释人员不能实现跨域，我们只能研究与其具有相似性经历的服刑人员，以此来了解他们曾经的监狱生活。相比于那些仅是利用图书、文献和统计资料的分析来说，这种“从生活在这种文化的人们中进行研究，答案将会更加满意”[①]。

可以说，“跨域田野”不是某个或几个田野点的静态地、截面地描述和观察，而是根据研究的需要，把研究对象和研究问题放置于整个生活的背景中，“全息”[②] 地展现他们的动态发展轨迹。这种“跨域”的处理研究问题的方式可以对研究问题实现有效地延伸，将现实中分离的、具有相似性的人、事、景巧妙地匹配在一起，把研究中出现的难题能动性的转化并有效解决。

本研究以这种“跨域”的方式对刑释人员在监狱的生活进行回溯是本研究呈现刑释人员回归社会动态过程的主要形式。当然，本研究中的“跨域田野”不是为了突显研究的特殊性而“跨域”，主要目的在于解决两组具有共性的研究对象在“异域”间不能衔接的问题，是特殊问题特殊处理的方式，不得已而为之，这就是本尼迪克特所谓的“还有些研究方法和必要的条件可以利用”[③]。笔者通过“跨域”，实现了监狱与社会两个场域之间的衔接，破解了个案不可通约的难题，展现了刑释人员在监狱和社会的不同生活形态，以动态的方式研究具有类似经历的刑释人员在社会和监狱的真实生活，呈现其全景图式。值得注意的是，针对这种特定研究对象、研究问题的特殊性，“跨域田野”是最为合适的。从某种程度上说，这种“跨域田野”的调查方法是马林诺夫斯基先生所倡导的一种“彻底的经验主义”的体现或者说是在传统田野研究基础上的有益补充和丰富。在调查的实践中，如果具备上述“跨域”的三个特征，这种“跨域田野”的调查方法也是可以进行推广的，但其实践意义能在多大程度上发挥其科学性和有效性还需要在未来更为广阔的研究领域进一步挖掘和不断地完善。

---

① ［美］鲁思·本尼迪克特著，吕万和等译：《菊与刀》，商务印书馆 1990 年版，第 5 页。

② 所谓“全息”，是指部分能够反映整体的全部信息，强调的是一种最大限度和最彻底的整体性，即“在一个整体中，不仅整体具有整体性，而且每个部分也具有整体性”。参见严春友、严春宝：《全息论对系统论与还原论的超越》，《河北学刊》2008 年第 2 期。

③ ［美］鲁思·本尼迪克特著，吕万和等译：《菊与刀》，商务印书馆 1990 年版，第 4 页。

第二节　讨论

一、规训式文化的相对价值

我国《监狱法》中对监狱的性质、原则、方针作出了明确的规定[①]，监狱既是刑罚执行机关，又是矫正服刑人员维护社会安全稳定的机构，将服刑人员矫正成为守法公民是监狱的重要责任和使命。然而，正是源于这样的定位，监狱既呈现出其维护人民根本利益的正功能，也呈现出刑罚执行过度化的负功能。因此，监狱的刑罚执行功能定位决定着监狱文化的规训性必然突显。

需要指出的是，文化是具有相对性的，文化相对论是直接涉及文化价值判断的方法和理论，是人类学家研究的核心。[②] 任何一种文化都有自身所独具的特殊性，每一个社会或群体都有自己特色的文化。因此，各种文化在价值上不存在高低贵贱之分，是平等的。我们绝不能用一种绝对的、普适的标准去衡量所有文化的价值和意义。任何一种文化都有其产生的地域、族群、国家或社会背景，都是有价值的。但一切文化的价值又是具有相对性的，文化与文化之间在价值上不存在落后与先进之分，绝对的优劣的结论都是不客观的。所以，我们不能对文化的价值认识带有主观性的色彩。文中对监狱规训式文化进行了描述和分析，并把它与社会选择性文化进行了差异性比较，在充分地认识到选择性文化价值的同时，也对规训式文化的价值给予了肯定。在分析、比较两种文化差异的过程中，我们无意对其进行褒或贬，只是客观地解释两种文化的差异对刑释人员适应社会产生了一定的影响。从本质上讲，刑释人员社会适应的过程也是适应不同阶段的文化模式的过程。受监狱规训式文化浸染的刑释人员从单一的、规训式的监狱文化场域回归到具有多元化和选择性文化的社会场域，

---

① 《中华人民共和国监狱法》规定："监狱是国家的刑罚执行机关。依照刑法和刑事诉讼法的规定，被判处死刑缓期二年执行、无期徒刑、有期徒刑的罪犯，在监狱内执行刑罚。监狱对罪犯实行惩罚和改造相结合、教育和劳动相结合的原则，将罪犯改造成为守法公民。"

② 参见周大鸣：《人类学导论》，云南大学出版社2007年版，第5页。

基于文化之间存在着一定的差异，他们会经历文化冲突或文化震惊的过程。例如面对社会中出现的新元素而茫然、不知所措，面对渐行渐远的社会关系网络而产生了无助和不信任感等。[①] 当这种刑释人员社会适应的困境达到一定程度时，他们就有可能重操旧业，给个人、社会、家庭带来一定的损失。

传统的监狱曾经把服刑人员当作是实现报复的对象，服刑人员接受刑罚处罚是报应的体现。就像中世纪时期，人们认为以一种严厉的、公开的酷刑仪式[②]对待那些犯罪的人可以起到震慑作用，并获得一种守法的安慰感。然而，福柯却对监狱的惩罚进行了一种鞭辟入里的分析[③]，他认为，监狱是依靠一整套带有知识、话语体系的系统，通过“权力—知识”对犯罪人的身体进行了规训与惩罚，从而达到征服的目的。基于传统报应主义的作用，惩罚是监狱的基本功能，监禁刑罚的目的在于限制和剥夺犯罪人的自由和权利，使其感到压力和痛苦，以此来制止犯罪和预防犯罪。作为国家监禁刑罚的执行机构，监狱承载了多种功能，但基本的惩罚功能势必会在监狱刑罚执行过程中体现得淋漓尽致。因为监狱产生、发展的历史证明，其本身具有与生俱来的矛盾性，它通过自由刑实现其矫正服刑人员功能的同时，也对他们产生了负面的功能，即衍生了回归社会的障碍。[④] 在研究监狱规训式文化的过程中，我们不能仅强调监狱文化所蕴育的规训的目的，而忽视了他们融入社会的归宿，致使监狱在刑罚执行的过程中矫枉过正。因此，在未来的研究中，如何弱化规训式文化的负功能，强化其正功能，仍旧是值得我们不断挖掘的学术富矿。

---

① 参见郭星华、任建通：《规训与选择——对刑释人员回归社会的法社会学研究》，《江苏行政学院学报》2014 年第 4 期。

② 在中世纪，人们把在公开的广场执行严酷的死刑当作社会正义的仪式那样。尽管那种极刑是一种延续生命痛苦的艺术，它把人的生命分割成“上千次的死亡”，在生命停止之前，制造“最精细剧烈的痛苦”。酷刑是以一整套制造痛苦的量化艺术为基础的。参见［法］米歇尔·福柯著，刘北成、杨远婴译：《规训与惩罚》，生活·读书·新知三联书店 2012 年版，第 37 页。

③ 福柯对监狱进行了无情的剖析，一整套知识、技术和“科学”话语已经形成，并且与惩罚权力的实践愈益纠缠在一起。参见［法］米歇尔·福柯著，刘北成、杨远婴译：《规训与惩罚》，生活·读书·新知三联书店 2012 年版，第 24 页。

④ 参见袁登明：《监禁刑悖论与行刑社会化》，《中国监狱学刊》2005 年第 6 期。

二、生命历程理论与刑释人员社会适应问题研究

生命历程理论是兴起于 20 世纪初的一种研究方法，最早应用于美国芝加哥学派关于移民问题的研究，20 世纪 60 年代得到迅速发展。它将个体社会化过程与宏观的社会结构有机结合起来，通过时间、事件等方面考察结构性因素对个体或群体的影响。该理论创造了一系列概念工具和分析方法，将生命历程理论区别于其他研究的理论和方法。特别是关于时间和事件的理解、分析，生命历程理论具有独特的优势，这也是近几十年来它被广泛应用于研究健康、贫困、职业流动等领域的重要原因。

社会学关于时间的讨论，一般不总是将时间看作是一种物质运动变化的先后顺序，而是将其视为一种具有社会性质、可以称为社会时间的面向。① 也就是说，社会学关于时间的认识已远远超越了传统意义上物理时间概念的范畴，更多的是从社会结构的维度把握时间的意涵。正如 Elder 所指出，在人类生活中则体现为经历事件的相互关联性，过去的经历是未来事件发生的基础，过去的经历需要依赖现在和将来的事件维持和延续。时间的因果效应在社会研究中得到越来越多的应用。真正明确地将时间概念纳入社会科学经验研究的是生命历程理论。这一理论与结构主义的共时研究不同，它以历时分析和过程分析为方法论的研究策略，沿着生命演化的时间轴去逆向追溯个体与外部世界的互动过程以及这种经历和个体行为决策形成的生命状态的系统性差异。②

为此，生命历程在考察宏观社会结构与个体生命历程的关系时，把握时间的社会结构主要包括四个方面：一是关键时刻或转折点，即生命事件发生的时间不同，其所处的社会结构也会存在差异，由此导致个体经历的社会变迁、事件出现不同的景观。不同社会结构下事件发生的时间不同，个体的发展轨迹也会发生不同的变化。二是生命时间的相关性，每个人总是生活在一定的社会关系之中，个体的生命时间总是和其他相关人的生命时间相互联系。三是生命时

---

① 参见郑作彧：《生命时间的结构性》，《华中科技大学学报（社会科学版）》2018 年第 5 期。

② 转引自石智雷、吴志明：《早年不幸对健康不平等的长远影响：生命历程与双重积累劣势》，《社会学研究》2018 年第 3 期。

间具有一定的顺序，每个个体的生命时间都被赋予一定的社会角色，被置于一定的社会结构之中，生命时间要与整个社会期待相符，在相应的时间内扮演一定的角色。四是主动建构的生命时间，个体可以在不同阶段充分发挥主观能动性，通过自己的努力来改变生命的轨迹。从上述内容来看，我们出生的时间、地点以及生活的历史时空条件对我们个人的发展以及所遵循的生命历程有着深远的影响。①

关于刑释人员社会适应问题的共时性研究，诸多研究成果关注了刑释人员回归社会后遭受的制度排斥、经济排斥以及安置帮教工作的错位等问题，这些研究以问题为切入点，沿着制度性的因素进行考察，着重分析了刑释人员回归社会后的积累劣势过程。从一定程度上讲，这是一种共时性积累劣势的结果。而个体生命历程和生命轨迹的变化往往是由劣势和优势共同作用的结果。如果单纯研究个体成长过程中积累的劣势因素，而忽视了积累的优势是不客观、不全面的。在我们看来，刑释人员回归社会的生命轨迹是以其具体行为体现出来的，无论是正常的行为还是越轨行为，都是历时性和共时性交汇于某个点上“推力—拉力”综合作用的结果。如果积累的劣势成为社会适应的推力因素，那么积累的优势将成为社会适应的拉力因素。因此，在未来的研究中，我们不仅要分析推力因素，更要着重分析对刑释人员的拉力因素，特别是在如何加大拉力、减小推力，在拉力大于推力方面进行深入研究，这样才有利于促进他们融入社会，预防重新犯罪，最终实现社会的和谐与秩序。

在我们研究的过程中，刑释人员经历“服刑事件”的时间长短对他们回归社会产生了不同的影响，这也是前文所述规训式文化的作用。但是，在共同的“服刑事件”前提下，不同的刑释人员在社会适应过程中也出现了很大的差异。如受生命时间相关性的影响，拥有社会资本、家庭资本较多的刑释人员能够很快融入社会，并且能在社会中很好地发展。这也充分说明了社会关系网络对刑释人员融入、适应社会的重要作用。“婚姻事件”对于刑释人员也起到了至关

---

① 转引自张小虎：《生命历程犯罪学的本土探究：典型罪案与核心原则》，《社会学研究》2021 年第 3 期。

重要的作用。在服刑期间，稳定的婚姻关系对转变刑释人员的发展轨迹，中止越轨行为也会起到了积极作用。相反，如果刑释人员在服刑期间出现离婚、失恋等事件则不利于他们在监狱安心接受改造，更不利于他们回归社会后步入正轨。除此之外，其他家庭成员，特别是子女的关心和期待成为刑释人员改变原有的发展轨迹，转入正轨的强大动力。因此，将生命历程理论应用于刑释人员社会适应问题研究将会是一个值得探索的新领域。

三、存在的局限性

现象社会学大师舒茨在《生活世界的结构》中指出，社会科学所要探究的生活世界具有“根本上的不透明性”，而“透明性”只是相对的，人们（包括社会科学家）只能试图去理解其中的一部分，一旦社会学宣称能够解释世界之谜，就已经成为虚无主义恶魔的俘虏。[①] 由此看来，运用一种理论来解释所有的犯罪或者刑释人员社会适应的问题也是不符合社会科学发展规律的。根据我们的研究，刑释人员社会适应问题产生的根本原因在于从规训式文化到选择性文化的文化冲突。然而，我们并非企图通过这种理论来彰显普适价值或解释所有类型刑释人员社会适应的问题。鉴于时间等诸多方面的原因，本研究的资料还尚需进一步完善。此外，基于刑释人员的生命历程、犯罪原因等方面存在着差异，处理具体的问题要因人、因时、因事而异。我们仅是希冀本项研究作为一种社会科学的尝试性探索，或许能够从所研究的具体个案中概括出一些有价值的命题和结论，为未来的研究提供一些具有启发性的思路或者有价值的方向，这便是我们最大的心愿。

---

① 参见杨善华：《当代西方社会学理论》，北京大学出版社 1999 年版，第 35 页。

参 考 文 献

一、中文著作

1.包亚明.现代性与空间生产[M].上海:上海教育出版社,2003.

2.包亚明.文化资本与社会炼金术[M].上海:上海教育出版社,1997.

3.蔡宝刚.社会转型与法理回应:以21世纪初的中国为背景[M].北京:社会科学文献出版社,2007.

4.蔡家麒.田野拾遗——文化人类学随笔[M].昆明:云南教育出版社,2009.

5.费孝通.乡土中国[M].北京:人民出版社,2008.

6.风笑天.社会学研究方法(第三版)[M].北京:中国人民大学出版社,2009.

7.郭星华.当代中国社会转型与犯罪研究[M].北京:文物出版社,1999.

8.贺雪峰.乡村社会关键词:进入21世纪的中国乡村素描[M].济南:山东人民出版社,2011.

9.胡春光.规训与抗拒:教育社会学视野中的学校生活[M].武汉:华中师范大学出版社,2011.

10.金生鈜.规训与教化[M].北京:教育科学出版社,2004.

11.景天魁等.时空社会学:理论和方法[M].北京:北京师范大学出版社,2012.

12.廖塬.权变与平衡——管理是如何运行的[M].广州:华南理工大学出版社,2006.

13. 刘少杰. 国外社会学理论[M]. 北京:高等教育出版社,2006.

14. 刘小枫. 这一代人的怕和爱[M]. 北京:华夏出版社,2007.

15. 刘永谋. 福柯的主体结构之旅——从知识考古学到“人之死”[M]. 南京:江苏人民出版社,2006.

16. 梁漱溟. 中国文化要义[M]. 上海:上海人民出版社,2011.

17. 马胜利. 身体、空间与科学[M]. 南京:江苏人民出版社,2015.

18. 马云泽. 规制经济学[M]. 北京:经济管理出版社,2008.

19. 莫瑞丽. 刑释人员回归社会中的社会排斥研究[M]. 北京:中国社会科学出版社,2010.

20. 莫伟民. 主体命运——福柯哲学思想研究[M]. 上海:上海三联书店,1996.

21. 渠敬东. 缺席与断裂:有关失范的社会学研究[M]. 上海:上海人民出版社,1999.

22. 宋林飞. 西方社会学理论[M]. 南京:南京大学出版社,1997.

23. 孙立平. 社会现代化[M]. 北京:华夏出版社,1988.

24. 孙立平. 转型与断裂——改革以来中国社会结构的变迁[M]. 北京:清华大学出版社,2004.

25. 孙平. 监狱亚文化[M]. 北京:社会科学文献出版社,2013.

26. 谭同学. 桥村有道——转型乡村的道德权威与社会结构[M]. 北京:生活·读书·新知三联书店,2010.

27. 潘泽泉. 社会、主体性与秩序:农民工研究的空间转向[M]. 北京:社会科学出版社,2007.

28. 汪民安. 身体、空间与后现代性[M]. 南京:江苏人民出版社,2006.

29. 汪民安,陈永国. 后身体文化、权力和生命政治学[M]. 长春:吉林人民出版社,2003.

30. 王铭铭. 西方人类学名著[M]. 南昌:江西人民出版社,2004.

31. 王晓东. 西方哲学主体间性理论批判[M]. 北京:中国社会科学出版

社,2004.

32. 吴猛. 福柯话语理论摘要[M]. 北京:九州出版社,2010.

33. 吴鹏森. 犯罪社会学[M]. 北京:社会科学文献出版社,2008.

34. 吴宗宪. 西方犯罪学史(第二版,第 3 卷)[M]. 北京:中国人民公安大学出版社,2010.

35. 吴宗宪. 监狱学导论[M]. 北京:法律出版社,2012.

36. 夏建中. 文化人类学理论学派——文化研究的历史[M]. 北京:中国人民大学出版社,1997.

37. 谢立中. 从马林诺夫斯基到费孝通:另类的功能主义[M]. 北京:社会科学文献出版社,2010.

38. 谢立中. 西方社会学名著提要[M]. 南昌:江西人民出版社,1998.

39. 阎云翔. 礼物的流动——一个中国村庄中的互惠原则与社会网络[M]. 上海:上海人民出版社,2000.

40. 杨世光,沈恒炎. 刑满释放人员回归社会问题专论——回归社会学研究[M]. 北京:社会科学文献出版社,1995.

41. 杨国枢,余安邦. 中国人的心理与行为:理论及方法篇[M]. 台北:台湾桂冠图书公司,1994.

42. 叶南客. 边际人——大过渡时代的转型人格[M]. 上海:上海人民出版社,1996.

43. 翟学伟. 人情、面子与权力再生产[M]. 北京:北京大学出版社,2005.

44. 翟学伟. 社会信任:理论及应用[M]. 北京:中国人民大学出版社,2014.

45. 翟中东. 国际视域下的重新犯罪防治政策[M]. 北京:北京大学出版社,2010.

46. 翟中东. 矫正的变迁[M]. 北京:中国人民公安大学出版社,2013.

47. 张远煌. 犯罪学原理[M]. 北京:法律出版社,2008.

48. 张杰,傅跃建. 萨瑟兰与犯罪学[M]. 北京:法律出版社,2010.

49. 张甘妹. 刑事政策[M]. 台北:三民书局,1979.

50. 赵旭东. 文化的表达——人类学的视野[M]. 北京：中国人民大学出版社，2009.

51. 郑杭生. 社会学概论新修（第三版）[M]. 北京：中国人民大学出版社，2006.

52. 郑杭生. 社会学概论新修（精编版）[M]. 北京：中国人民大学出版社，2009.

53. 郑震. 作为存在的身体——一项社会本体论研究[M]. 南京：南京大学出版社，2007.

54. 周大鸣. 人类学导论[M]. 昆明：云南大学出版社，2007.

二、中文论文

1. 陈氚，刘少杰. 网络流行语的感性化与讽喻性[J]. 人文杂志，2013(3).

2. 陈寒松，张文玺. 权变管理在管理理论中的地位及演进[J]. 山东社会科学，2010(9).

3. 成志刚，杨平. 论我国刑满释放人员社会保障制度的完善[J]. 北京师范大学学报（社会科学版），2008(2).

4. 储琰. 躲不开的符号：指向刑释人员的话语规训[J]. 华东理工大学学报（社会科学版），2014(3).

5. 丁金城. 重新犯罪问题研究[J]. 铁道警官高等专科学校学报，2005(1).

6. 方昌顺，周荣瑾. 监狱文化改造实践样态与路径拓展研究[J]. 中国监狱学刊，2020(2).

7. 冯卫国. 对完善我国出狱人保护制度的思考[J]. 政法论丛，2003(6).

8. 葛新斌. 学校，抑或监狱？——福柯对学校与规训关系之描绘[J]. 华南师范大学学报（社会科学版），2009(3).

9. 郭星华，褚卉娟. 从乡村到城市：融入与隔离——关于农民工与城市居民社会距离的实证研究[J]. 江海学刊，2004(3).

10. 郭星华，任建通. 刑满释放人员社会适应的法社会学研究——主体间性的视角[J]. 国家行政学院学报，2014(4).

11. 郭星华. 从“他者”到“主体”——一项关于犯罪人自我归因的实证研究[J]. 中国人民大学学报，2010(3).

12. 郭星华. 城市居民相对剥夺感的实证研究[J]. 中国人民大学学报，2001(3).

13. 郭星华，周延东. 规则僭越：转型期的社会失范[J]. 探索与争鸣，2013(2).

14. 郭星华，任建通. 规训与选择——对刑释人员回归社会的法社会学研究[J]. 江苏行政学院学报，2014(4).

15. 高梅书，张昱. 国外出狱人社会适应研究及对当代中国的启示[J]. 华东理工大学学报(社会科学版)，2013(1).

16. 黄国强. 刑释解教人员重新犯罪的心理原因及对策[J]. 福建论坛(人文社会科学版)，2010(4).

17. 黄盈盈，鲍雨. 经历乳腺癌：从“疾病”到“残缺”的女性身体[J]. 社会，2013(2).

18. 贾洛川. 试论社会管理创新视域下出狱人社会保护的创新[J]. 河北法学，2012(12).

19. 金惠敏. 从主体性到主体间性——对西方哲学发展史的一个后现代性考察[J]. 陕西师范大学学报(哲学社会科学版)，2005(1).

20. 景天魁. 中国社会发展的时空结构[J]. 社会学研究，1999(6).

21. 孔一. 刑释人员再犯风险评估量表(RRAI)研究[J]. 中国刑事法杂志，2011(10).

22. 李均仁. 转换观念，预防控制重新犯罪的上升趋势[J]. 犯罪与改造研究，1998(5).

23. 李路路. “单位制”的变迁与研究[J]. 吉林大学社会科学学报，2013(1).

24. 力康泰. 关于制定回归人员社会保护法的思考[J]. 法学家，1997(5).

25. 力康泰，韩玉胜，袁登明. 刑满释放人员重新犯罪的原因及预防对策思考——兼论监狱的行刑改革[J]. 法学家，2000(3).

26. 刘柳. 从福利支持视角论刑满释放者的社会融入[J]. 国家行政学院学报,2014(6).

27. 刘能. 重返空间社会学:继承费孝通先生的学术遗产[J]. 学海,2014(4).

28. 连新,胡晓红. 身体:社会学的新视域[J]. 山西师大学报(社会科学版),2015(1).

29. 廉勇,李宝山. 分工协作理论及其发展趋势[J]. 青海社会科学,2006(2).

30. 卢晖临,李雪. 如何走出个案——从个案研究到扩展个案研究[J]. 中国社会科学,2007(1).

31. 路永泉,赵军. 生存问题是刑释解教人员重新犯罪的最直接的原因[J]. 中国监狱学刊,2007(5).

32. 罗大华. 论对罪犯刑满释放后重新犯罪的预测和预防[J]. 政法论坛,1987(1).

33. 骆群. 非刑罚惩罚:犯过罪的人养老保险社会排斥探析[J]. 东北大学学报(社会科学版),2008(2).

34. 苗大雷,夏铭蔚. 风险社会中的污名现象研究——基于新冠肺炎疫情时期“湖北人”污名的分析[J]. 中国农业大学学报(社会科学版),2021(2).

35. 梅传强. 预防重新犯罪的对策研究[J]. 重庆大学学报(社会科学版),2000(3).

36. 孟洁. 社会工作优势视角理论内涵探究[J]. 华东理工大学学报(社会科学版),2019(1).

37. 潘绥铭,黄盈盈. “主体建构”:性社会学研究视角的革命及本土发展空间[J]. 社会学研究,2007(3).

38. 潘泽泉. 当代社会学理论的社会空间转向[J]. 江苏社会科学,2009(1).

39. 任希全. 新时期刑释人员的社会保护[J]. 中国青年政治学院,2012(6).

40. 石奎. 预防刑满释放流动人员再犯罪问题的实证研究[J]. 西南民族大学学报(人文社会科学版),2013(2).

41. 孙立平. “关系”,社会关系与社会结构[J]. 社会学研究,1996(5).

42. 王东，林锋.《资本论》异化观新探——与《1844 年手稿》异化观的比较研究[J]. 江海学刊，2007(3).

43. 周建国，童星. 社会转型与人际关系结构的变化——由情感型人际关系结构向理性型人际关系结构的转化[J]. 江南大学学报(人文社会科学版)，2002(5).

44. 王贵楼. 当代空间性社会理论的主题与路径阐释[J]. 中国人民大学学报，2015(4).

45. 王鹏飞. 恢复性司法介入刑释人员安置帮教问题研究——以"关系融入"为内容的探讨[J]. 齐鲁学刊，2019(5).

46. 王雪峰，苏黎明. 监狱文化建设的基本问题与努力方向[J]. 犯罪与改造研究，2018(7).

47. 王志强. 论刑满释放人员社会处遇的法律调整机制——预防重新犯罪法治化的再分析[J]. 中国人民公安大学学报(社会科学版)，2006(6).

48. 吴宁. 列斐伏尔的城市空间社会学理论及其中国意义[J]. 社会，2008(2).

49. 吴鹏森，石发勇. 社会资本和社会排斥：刑释人员回归社会的影响因素分析[J]. 安徽师范大学学报(人文社会科学版)，2014(5).

50. 吴鹏森. 新中国刑释人员社会政策的历史演变[J]. 学术月刊，2016(7).

51. 辛志英. 话语分析的新发展——多模态话语分析[J]. 社会科学辑刊，2008(5).

52. 徐晓军. 内核—外围：传统乡土社会关系结构的变动——以鄂东乡村艾滋病人社会关系重构为例[J]. 社会学研究，2009(1).

53. 阳朝全. 建立创业基金助推刑释解教人员就业[J]. 人民调解，2010(5).

54. 杨诚. 借鉴与推广：从推广中途之家到创建社区矫正职业[J]. 河南司法警官职业学院学报，2011(1).

55. 杨善华，侯红蕊. 血缘、姻缘、亲情与利益[J]. 宁夏社会科学，1999(6).

56. 杨玲，李鹏程. 吸毒者回归社会的过程：归属与认同的剥夺[J]. 心理学新探,2007(2).

57. 叶涯剑. 空间社会学的方法论和基本概念解析[J]. 贵州社会科学,2006(1).

58. 应培礼,严斌. 关于在服刑人员中设置“特种社会保险”的构想[J]. 刑侦研究(犯罪研究),1999(6).

59. 应培礼. 论刑满释放人员回归社会的制度排斥[J]. 法学,2014(5).

60. 殷晓. 重新犯罪的心理归因分析及其心理预防[J]. 中州大学学报,2004(7).

61. 印子. 优势视角下农村养老需要及其自组织满足[J]. 中州学刊,2017(9).

62. 袁登明. 监禁刑悖论与行刑社会化[J]. 中国监狱学刊,2005(6).

63. 翟中东. 关于重新犯罪防治政策调整的思考[J]. 法学家,2009(2).

64. 翟中东. 出狱人保护事业在当代中国的前景[J]. 犯罪与改造研究,2002(7).

65. 曾晓剑. 新闻影像传播与受众行为变化[J]. 国际新闻界,2011(6).

66. 赵方杜. 规训权力演绎中的身体境遇——论福柯的现代性诊断[J]. 理论月刊,2012(10).

67. 赵旭东. 线索民族志:民族志叙事的新范式[J]. 民族研究,2015(1).

68. 郑杭生,郭星华. 中国社会的转型与转型中的中国社会——关于当代中国社会变迁和社会主义现代化进程的几点思考[J]. 浙江学刊,1992(4).

69. 朱孜. 承实证主义之雄风,启科际整合之大势——对迪尔凯姆、默顿、赫希犯罪学研究之解读[J]. 铁道警官高等专科学校学报,2011(5).

70. 张丽芬,朱颖,张才安. 社会工作介入刑满释放人员社会融入问题研究[J]. 社会工作,2012(1).

71. 张丽芬,孙秀兰,李丹妃. 监狱:一种社会学视角的分析及启示[J]. 湖北社会科学,2012(1).

三、中文译著

1. [匈牙利]阿格妮丝·赫勒. 日常生活[M]. 衣俊卿译. 哈尔滨:黑龙江大学

出版社,2010.

2.[美]艾尔·巴比.社会研究方法[M].邱泽奇译.北京:华夏出版社,2009.

3.[法]埃米尔·涂尔干.社会分工论[M].渠东译.北京:生活·读书·新知三联书店,2013.

4.[法]埃米尔·涂尔干.宗教生活的基本形式[M].渠东译.上海:上海人民出版社,1999.

5.[美]安德鲁·斯特拉桑.身体思想[M].王业伟,赵国新译.沈阳:春风文艺出版社,1999.

6.[英]安东尼·吉登斯.失控的世界[M].周红云译.南昌:江西人民出版社,2001.

7.[英]安东尼·吉登斯.现代性的后果[M].田禾译.南京:译林出版社,2011.

8.[英]安东尼·吉登斯.社会的构成[M].李康,李猛译.北京:生活·读书·新知三联书店,1998.

9.[英]安东尼·吉登斯.现代性与自我认同[M].赵旭东,方文译.北京:三联书店,1998.

10.[美]芭芭拉·亚当.时间与社会理论[M].金梦兰译.北京:北京师范大学出版社,2009.

11.[美]巴特勒斯.矫正导论[M].孙晓雳等译.北京:中国人民公安大学出版社,1991.

12.[英]本·海默尔.日常生活与文化理论导论[M].王志宏译.北京:商务印书馆,2008.

13.[美]伯尔赫斯·弗雷德里克·斯金纳.科学与人类行为[M].谭力海等译.北京:华夏出版社,1989.

14.[美]丹尼·L.乔金森.参与观察法[M].张小山,龙筱红译.重庆:重庆大学出版社,2015.

15.[美]丹尼尔·贝尔.资本主义文化矛盾[M].赵一凡译.北京:三联书

店,1989.

16.[荷]费尔迪南·德·索绪尔.普通语言学教程[M].高名凯译.北京:商务印书馆,1980.

17.[荷]冯·戴伊克.话语·心理·社会[M].施旭,冯冰编译.北京:中华书局,1993.

18.[美]赫伯特·马尔库塞.单向度的人——发达工业社会意识形态研究[M].刘继译.上海:译文出版社,2006.

19.[意]吉娜·龙勃罗梭·费雷罗.犯罪人:切萨雷·龙勃罗梭犯罪学精义[M].吴宗宪译.北京:中国人民公安大学出版社,2009.

20.[德]伽达默尔.真理与方法(上卷)[M].洪汉鼎译.上海:上海译文出版社,2004.

21.[日]间庭充幸.文化与犯罪——日本战后犯罪史[M].高增杰译.北京:群众出版社,1987.

22.[日]菊田幸一.犯罪学[M].海沫等译.北京:群众出版社,1989.

23.[德]凯泽.欧、美、日本监狱制度比较[M].刘瑞祥等译.北京:中国政法大学出版社,1989.

24.[英]克里斯·希林.身体与社会理论[M].李康译.北京:北京大学出版社,2010 年版

25.[英]克里斯·希林.文化、技术与社会中的身体[M].李康译.北京:北京大学出版社,2011.

26.[法]克洛德·列维—施特劳斯.结构人类学[M].谢维扬,俞宣孟译.上海:上海译文出版社,1995.

27.[南非]雷娜塔·莎莉塞.选择[M].杨佛尘译.北京:中信出版社,2011.

28.[法]列斐伏尔.空间与政治[M].李春译.上海:上海人民出版社,2008.

29.[美]罗伯特·K.默顿.社会理论和社会结构[M].唐少杰,齐心译.南京:译林出版社,2006.

30.[美]鲁思·本尼迪克特.菊与刀[M].吕万和等译.北京:商务印书

馆,1990.

31.[加]鲁辛·摩林.论监狱教育[M].李引,徐学译.南昌:江西人民出版社,2001.

32.[德]马丁·海德格尔.存在与时间[M].陈嘉映译.北京:生活·读书·新知三联书店,1987.

33.[美]曼纽尔·卡斯特.网络社会的崛起[M].夏铸九,王志弘译.北京:社会科学出版社,2006.

34.[美]曼纽尔·卡斯特.认同的力量[M].曹荣湘译.北京:社会科学文献出版社,2006.

35.[法]米歇尔·福柯.规训与惩罚[M].刘北成,杨远婴译.北京:生活·读书·新知三联书店,2012.

36.[法]米歇尔·福柯.知识考古学[M].谢强,马月译.北京:生活·读书·新知三联书店,2012.

37.[英]尼古拉斯·布宁,余纪元.西方哲学英汉对照词典[M].北京:人民出版社,2001.

38.[美]欧文·戈夫曼.污名——受损身份管理札记[M].宋立宏译.北京:商务印书馆,2009.

39.[法]皮埃尔·布迪厄,(美)华康德.实践与反思——反思社会学导引[M].李猛,李康译.北京:中央编译出版社,1998.

40.[英]乔安妮·恩特维斯特尔:时髦的身体:时尚、衣着和现代社会理论[M].郜元宝等译.桂林:广西师范大学出版社,2005.

41.[美]乔治·B.沃尔德等:理论犯罪学[M].方鹏译.北京:中国政法大学出版社,2005.

42.[法]让·鲍德里亚.消费社会[M].刘成富,金志钢译.南京:南京大学出版社,2008.

43.[美]莎伦·布雷姆等.亲密关系[M].郭辉,肖斌译.北京:人民邮电出版社,2005.

44.[英]特纳. 身体与社会[M]. 马海良,赵国新译. 沈阳:春风文艺出版社,2000.

45.[美]托马斯等. 不适应的少女[M]. 钱军等译. 济南:山东人民出版社,1988.

46.[挪威]托马斯·马蒂森. 受审判的监狱[M]. 胡菀如译. 北京:北京大学出版社,2014.

四、其他文献

1. 李飞. 二重性:主体建构视角下农民工的社会认同[D]. 北京:中国人民大学硕士学位论文,2009.

2. 袁诚斌. 我们为什么服从法律——中美城市居民法律意识的比较研究[D]. 北京:中国人民大学硕士学位论文,2006.

3. 张晓红. 纠纷与抗争——对农村女性犯罪的田野研究[D]. 北京:中国人民大学博士学位论文,2010.

4. 陈博策. 监狱文化建设研究——以太原第一监狱为例[D]. 太原:山西大学硕士学位论文,2015.

后　记

本书是在我的博士论文的基础上修改完成的，也是我 2018 年承担的河北省社会科学基金项目最终成果（项目编号：HB18SH033）。当我执笔写起这篇后记的时候，仿佛又回到了五年前博士毕业之际。或许是因为对博士论文的出版还没有做好充分的思想准备，或许是因为对博士生活还留有许多的遗憾而懊悔，我的内心总觉得有些莫名的焦虑与不安，但这又是我不得不面对的现实。细数起自己学术研究中的点点滴滴，有欢笑也有酸楚，有自信也有迷茫，最终这些都会成为一种抹不去的记忆。在这条艰辛地道路上，应该感谢那些伴我一路走来和给予我莫大关心与帮助的人们。

衷心感谢我的博士生导师郭星华教授。郭老师平易谦和、睿智博雅、豁达乐观。在跟随老师学习的三年时光里，他不仅教给我如何治学、更为重要的是潜移默化地影响着我如何为人、做事，这一切将是我受益终身和最为宝贵的财富。八年前，承蒙老师不弃，我有幸到中国人民大学学习，成了郭门弟子中的一员。起初，在学术研究上我是缺乏自信的。也正是因为这一点，我每次见到老师讨论问题的时候总是异常的紧张，对这样一位德高望重的长者、师者心存敬畏。即便是在博士一年级上学期快要结束时，有一次我在办公室见到老师，仍旧是大汗淋漓。为了让我建立自信，在求学道路上少走弯路，郭老师一直鼓励我，孜孜不倦地指导我，教会我如何去看待问题、思考问题、分析问题，给我一切可以锻炼的机会，帮助我在学术研究的过程中树立自信。还记得第一次拿到和老师合作发表文章的纸质刊物时，我恨不得抱在怀里永不释手，那份激动直到现在我仍旧记忆犹新。感谢老师如此的良苦用心，让我重获自信。在治学上，老师还强调“欣赏——批判——创新”的学问三部曲，写论文要“大处着眼，小处着手”“文章要有诗眼”，这些都使我获益良多。在博士论文的写作过程中，郭老师更是不辞劳苦地给我提供诸多的帮助，提出了很多具有建设性的建议，从选题、调研、构思再到修改经历了无数次的讨论，每一个环节无不倾注了老师的心血。有时候用“感谢”一词来表达对恩师的感激之情都显得那么苍白而无力。在为人、做事方面，郭老师更是言传身教，经常把自己的心得体会与我们分享，他教导我们，男人要做“三心男人”①。尤其是对于我这样的已婚男士来说，“三心男人”的标准应成为对待生活、工作、学习的准则，要敢于担当，敢于负责，要对帮助和关心自己的人抱有感恩之心。在生活中，老师告诉我做人做事没有最好，只有最合适，凡是适合自己的就是最好的。可以说，聆听老师的教诲是一种享受，更是一种想象式的人生体验，其乐无穷，其味亦无穷。就是这样一位师者、长者，督促、激励着我不断地努力和成长。博士学习的光阴稍纵即逝，总觉得和老师相处的时间过于匆匆，这也应了老师的那句话“快乐的时光总是短暂的”。博士毕业后，郭老师还时不时地打电话过来问问我的近况，指导、督促我在学术研究的路上继续前行。郭老师把自己的人生感悟和知识无私地与我们分享，希望我们在以后的人生路上少些坎坷和磨难，更希望我们能够在各自的领域实现人生的理想。这一刻，我更加深刻地体会到这份情谊的厚重，重的难以言状。老师的恩情，学生难以回报，我将铭记恩师教诲，以您的治学、为人作为自己的人生追求，将内心的感激之情化为践行的不竭动力，以此来回报您的再育之恩。在此，还要感谢优雅大方的好师母刘瑞芳女士。师母每次看到我一脸愁容时，总是以幽默、轻松的语言为我释压，感谢师母一直以来对我的关心和照顾，祝愿恩师、师母安康快乐！

衷心感谢我的硕士生导师吕红平教授。吕老师为人和蔼和亲、治学严谨。在读硕期间，吕老师在学习和生活上给予了我极大的帮助和鼓励。即使来人大读博之后，每次见到吕老师，他首先问的就是我的学习情况如何，是否顺利，有没有困难等。在我遇到困难需要帮助时，吕老师总是不遗余力的给予我关心

① 责任心、上进心和感恩心。

和支持，让我在追逐梦想的道路上笃定前行。

感谢人民大学这一片精致的校园和辛勤付出的老师们。在博士论文修改过程中，刘少杰老师、陆益龙老师、冯仕政老师、潘绥铭老师、黄家亮老师提出了建设性意见，在此特向各位老师致以谢忱。在人民大学求学的三年里，我感受到了人民大学浓厚的学习氛围，让人感觉在这里学习是一种生活方式。如此静谧、人性化的地方怎能不让人向往和怀念。感谢同门师兄弟姐妹和 2013 级社会学博士班的同学们，是你们为我在人大的生活增添了色彩！

在本书的田野调查过程中，海州监狱的领导和干警给予了我莫大的帮助和支持。如果没有他们的帮助，我就无法进入田野，无法顺利进行调研。他们对待工作的敬业精神让我感受到了监狱人民警察的无私和高尚，他们的热情让我倍感亲切。感谢我的大学同窗好友闫林、李建忠。在我调研的过程中，他们放下手中的工作，陪同我进监区，入社区，异常辛苦，有了他们的帮助，整个调研过程中少了许多不必要的麻烦。另外，我还要感谢的是那些被访的，与我素昧平生的服刑人员和刑释人员。由于我的到来，再次打扰了你们本该平静的生活，让你们的内心再起涟漪，每一次的提问都可能让你们重提往事，触及你们尚未愈合的伤疤。为此我深感愧疚，在这里我向你们道一声抱歉。如果不是你们道出真实的经历和想法，我便无法得出书中的结论。感谢中央司法警官学院的领导和老师们，在你们的关心和支持下，我才有这样一个学习平台和环境，得以有充足的时间完成研究工作，你们的关心、爱护、包容、理解给予我前进的不竭动力。

最后，应该感谢我的家人。感谢岳父岳母对我求学的理解和支持，并帮我悉心照顾年幼的儿子。感谢父母含辛茹苦地把我养育成人，他们没有什么文化，只知道整天辛勤地劳作来养育儿女，希望我们将来能够有所成就。最为遗憾的是，我的父亲于十二年前病故，再也分享不到我们现在的喜悦。父亲的去世让我真正地明白了“子欲养而亲不待”的苦痛。幸运的是，母亲的身体还算康健。感谢母亲的理解，我将会继续努力，把父母的愿望转化成奋斗的精神动力。愿父亲泉下有知，感到欣慰！

感谢妻子冯景的包容和理解。求学和工作期间，家里所有的事都由她一个人承担，这些年她默默地付出了很多。有时候我给她开玩笑说："等我博士毕业了，你就成了'博士后'了。"虽然这仅是一句玩笑话，但这意味着多少辛酸是不言而喻的。感谢两个儿子带给我的快乐和幸福，有了他们，我才真正地懂得了生命的意义和为人父母的责任。

本书的完成受益于学界前辈们的累累硕果，我将书中引用的有关资料和观点尽可能一一列出，但由于写作到出版的时间跨度较长，有些文献难免有错漏之处，谨向学界同仁和读者朋友们致以歉意。敬请各位专家、同仁批评指正。

任建通

2021 年 9 月于古城保定